Prof. Dr. Stefan Behringer
Ernst Schneider
Dr. Ellen Ulbricht

Die optimale Regelung der Praxisnachfolge

Planung – Nachfolger- oder Partnersuche – Umsetzung

FORUM

WISSEN,
DAS ANKOMMT.

Bibliografische Information der Deutschen Bibliothek

Die Deutsche Bibliothek verzeichnet diese Publikation in der Deutschen Nationalbibliografie; detaillierte bibliografische Daten sind im Internet über http://dnb.dnb.de abrufbar.

© 2018 by FORUM VERLAG HERKERT GMBH
Mandichostraße 18
86504 Merching

Telefon: +49 (0)8233 381-123
Fax: +49 (0)8233 381-222
E-Mail: service@forum-verlag.com
Internet: www.forum-verlag.com

Dieses Verlagserzeugnis wurde nach bestem Wissen und nach dem aktuellen Stand von Recht, Wissenschaft und Technik zum Druckzeitpunkt erstellt. Der Verlag übernimmt keine Gewähr für Druckfehler und inhaltliche Fehler.

Titelfoto/-illustration: © pict rider – stock.adobe.com
Satz: mediaTEXT Jena GmbH, 07747 Jena
Druck: Esser printSolutions GmbH, 75015 Bretten

Printed in Germany 2018

ISBN: 978-3-96314-137-9

Vorwort

Wer heute für seine Arztpraxis einen Nachfolger sucht, der muss frühzeitig mit der Nachfolgeplanung beginnen und mit Hürden rechnen, die für Ärzte und Zahnärzte bisher fremd waren. In manchen Regionen fehlt es mittlerweile nämlich schlicht an Kaufinteressenten für eine Arztpraxis. An anderer Stelle gibt es zwar den einen oder anderen Arzt, der Interesse an der Praxis bekundet, sie jedoch nicht in dieser Form und der zeitlichen Belastung weiterführen möchte. Work-Life-Balance hat für die Generation „Nachfolger" heute eine andere Bedeutung als noch für die Gründergeneration.

Hinzu kommen noch die gesetzlichen Rahmenbedingungen, die sich ebenfalls deutlich verändert haben. Es sind neue Kooperationsformen der Berufsausübung entstanden, was zugleich eine Chance für die Praxisnachfolge bedeuten kann.

Dieses Handbuch unterstützt Ärzte bei der lang- und mittelfristigen Vorbereitung der Planung für eine Praxisveräußerung. Es liefert Unterstützung für eine erste Orientierung, hilft dabei, die Vorgehensweise strategisch zu planen. Es richtet sich in gleichem Maße an junge Ärzte, die sich mit dem Gedanken tragen, künftig in der eigenen Praxis tätig zu sein. Für sie stellt sich in erster Linie die Frage, ob sie eine Praxis neu gründen wollen oder ob es eine sinnvolle Alternative darstellt, eine bestehende Praxis zu übernehmen. Sie sind daher die idealen Kandidaten für eine Praxisübernahme.

Zahlreiche Gründe sprechen nämlich für die Übernahme einer gut eingeführten Praxis. In verschiedenen Regionen der Bundesrepublik gibt es nämlich Zulassungsbeschränkungen, sodass der Weg für eine Neugründung regelmäßig verwehrt ist. Wer sich dennoch als Arzt niederlassen möchte, dem bleibt nur die Übernahme einer bereits etablierten Praxis. Der vorhandene Praxisstamm macht eine Planung für die Zukunft deutlich einfacher.

Allerdings ist die Praxisübernahme eine komplexe Angelegenheit. Fehler, die bereits im Vorbereitungsstadium gemacht werden, können die berufliche Existenz des Praxisnachfolgers wie auch die Gestaltung des Ruhestands des ausscheidenden Arztes über viele Jahre hinweg negativ beeinträchtigen. Eine sorgfältige Vorbereitung und eine gewissenhafte Planung im Vorfeld sind daher unerlässlich. Dieses Praxishandbuch soll daher dazu beitragen, sowohl Ärzten, die einen Nachfolger für ihre Praxis suchen, wie auch jungen Ärzten umfassende Informationen zur Praxisübernahme zu verschaffen.

Das Praxishandbuch gibt daher zahlreiche Tipps und Tricks, wie man das Interesse bei Nachfolgern für die eigene Praxis weckt, widmet sich anschließend ausführlich dem Thema „Praxisbewertung". Schließlich steht und fällt eine erfolgreiche Praxisübernahme mit dem „richtigen" Kaufpreis – und zwar für beide Seiten. Dem Verkäufer dient der Kaufpreis zur Sicherung seines Ruhestands, der Käufer will sich damit eine neue Existenz aufbauen. Ganz „nebenbei" gilt es noch eine Reihe von Regularien zu berücksichtigen. Das Praxishandbuch gibt einen guten Einblick in das stringente Verfahren für die Vergabe von Kassenarztsitzen. Eine weitere Herausforderung bildet die Formulierung des Kaufvertrags, denn die Praxisübernahme ist genau genommen nichts anderes als ein Unternehmenskaufvertrag. Und schließlich gibt es sowohl auf Käufer- als auch Verkäuferseite eine Reihe von steuerlichen Optionen zu berücksichtigen.

Sie sehen, um eine Praxisübernahme zu bewerkstelligen, bedarf es genau genommen eines ganzen Stabs von Fachleuten, angefangen beim Steuerberater über den im Unternehmenskaufvertragsrecht erfahrenen Rechtsanwalt, ggf. einem Notar, bis hin zum Fachmann für Fragen rund um das Kassenarztrecht.

Dieses Praxishandbuch bietet einen umfassenden Eindruck über die Komplexität einer Praxisübernahme, beantwortet zahlreiche Fragen und gibt Hilfestellungen. Und es unterstützt Sie dabei im Rahmen einer fachlichen Beratung, die unerlässlich ist, die richtigen Fragen an der richtigen Stelle zu stellen.

Dr. Ellen Ulbricht

Gramatneusiedl, November 2018

Autorenverzeichnis

Prof. Dr. Stefan Behringer

Studium der Betriebswirtschaftslehre an der Universität zu Köln und der Copenhagen Business School; Promotion im Bereich Unternehmensbewertung zum Dr. rer. pol. an der Universität Flensburg; Beteiligungscontroller in der Konzernzentrale der Deutschen Post AG in Bonn; Leiter Konzerncontrolling mit der Verantwortlichkeit für Mergers & Acquisitions bei der Olympus Europa Holding GmbH, Hamburg; General Manager Corporate Governance bei der Olympus Europa Holding GmbH, Hamburg, mit der Verantwortung für Compliance, Interne Revision, Recht, CSR und Qualitätsmanagement; seit 2009: Professor an der EBC Hochschule Campus Hamburg; seit 2009: geschäftsführender Gesellschafter der CIMS Compliance & Integrity Management Solutions GmbH; Autor von Fachpublikationen auf den Gebieten Unternehmensbewertung, Controlling, Compliance und Corporate Responsibility.

Prof. Dr. Stefan Behringer ist Verfasser der Kapitel 3 und 4.

Ernst Schneider

Ernst Schneider ist Jurist, Informationswissenschaftler und Experte für technisches Recht. Er gründete 2009 ein Redaktionsbüro und veröffentlicht mit seinen Mitarbeitern seither eine Vielzahl von Fachbüchern, Zeitschriften und elektronischen Informationsdiensten.

Ernst Schneider ist seit vielen Jahren Mitglied mehrerer Arbeitskreise im DIN e.V.

Ernst Schneider ist Verfasser der Kapitel 2, 7 und 8.

Dr. Ellen Ulbricht

Dr. Ellen Ulbricht ist Volljuristin, Unternehmensberaterin und Fachautorin.

Studium der Rechtswissenschaften und Promotion in Deutschland. Sie verfügt über fast zwei Jahrzehnte Erfahrung als Unternehmerin und hat sich schwerpunktmäßig mit allen damit verbundenen Fragen des Gesellschafts- und des Steuerrechts sowie des Arbeitsrechts beschäftigt.

Seit 2004 lebt sie in der Nähe von Wien und ist als Unternehmensberaterin, Fachautorin und Referentin tätig. Während ihrer Tätigkeit als Unternehmerin hat sie zahlreiche Unternehmensankäufe begleitet und ist mit den dabei auftretenden Fragestellungen bestens vertraut. Als Fachautorin hat sie sich zudem im Bereich Arztrecht etabliert und vereint praxistaugliches Wissen zu fachübergreifenden Fragestellungen wie Medizinrecht, dem Kassenarztrecht oder den Besonderheiten eines Praxisverkaufs.

Dr. Ellen Ulbricht ist Verfasserin der Kapitel 1, 5 und 6.

Premium-Ausgabe

Dieses Werk ist als Print- und Premium-Ausgabe verfügbar. Sofern Sie sich mit Ihrer Bestellung für die Premium-Ausgabe entschieden haben, erhalten Sie zahlreiche einsatzfertige Vorlagen und Arbeitshilfen sowie die Software „Praxisbewertung direkt" zum Download. Der entsprechende Link wird an die bei Ihrer Bestellung angegebene E-Mail-Adresse übermittelt.

Upgrade für Print-Abonnenten

Sie sind Abonnent der Print-Ausgabe und möchten die zusätzlichen Vorteile der Premium-Ausgabe nutzen?

Melden Sie sich hierzu ganz einfach bei unserem Kundenservice unter:

Kundenservice: 08233/381-123

Premium-Ausgabe

Gesamtinhaltsverzeichnis

1 Altersvorsorge

1.1 Ärztliche Versorgungswerke – Teilnahmepflicht

Ärzte können es sich nicht aussuchen: Sie sind aufgrund der Ausübung der ärztlichen Tätigkeit und (Pflicht-)Kammermitgliedschaft zur Teilnahme an einem der ärztlichen Versorgungswerke verpflichtet.

Wer in einem der deutschen Bundesländer seine Tätigkeit als Arzt, Zahnarzt oder Tierarzt ausübt, der gilt als Pflichtteilnehmer. Davon ausgenommen sind lediglich

- Ärzte, welche bereits zum Zeitpunkt des Eintritts der Voraussetzungen für eine Pflichtteilnahme berufsunfähig sind,
- sowie Ärzte, die bereits das 65. bzw. 67. Lebensjahr vollendet haben,
- sowie Beamte, Berufssoldaten oder Soldaten auf Zeit, solange für sie Versicherungsfreiheit in der gesetzlichen Rentenversicherung besteht.

> **⚠ Hinweis**
>
> Für die Altersversorgung der Ärzte sind in Deutschland insgesamt 18 Versorgungswerke zuständig:
>
> - Baden-Württembergische Versorgungsanstalt für Ärzte, Zahnärzte und Tierärzte in Tübingen
> - Bayerische Ärzteversorgung in München
> - Berliner Ärzteversorgung in Berlin
> - Ärzteversorgung Land Brandenburg in Cottbus
> - Versorgungswerk der Ärztekammer Bremen in Bremen
> - Versorgungswerk der Ärztekammer Hamburg in Hamburg
> - Versorgungswerk der Landesärztekammer Hessen in Frankfurt
> - Versorgungseinrichtung der Bezirksärztekammer Koblenz in Koblenz
> - Ärzteversorgung Mecklenburg-Vorpommern in Hannover
> - Ärzteversorgung Niedersachsen in Hannover

- Nordrheinische Ärzteversorgung in Düsseldorf
- Versorgungswerk der Ärztekammer des Saarlandes in Saarbrücken
- Sächsische Ärzteversorgung in Dresden
- Ärzteversorgung Sachsen-Anhalt in Hannover
- Versorgungseinrichtung der Ärztekammer Schleswig-Holstein in Bad Segeberg
- Ärzteversorgung Thüringen in Jena
- Versorgungseinrichtung der Bezirksärztekammer Trier in Trier
- Ärzteversorgung Westfalen-Lippe in Münster

Angestellte Ärzte sind zugleich Pflichtversicherte in der gesetzlichen Rentenversicherung. Dadurch entsteht eine doppelte Beitragspflicht.

 Hinweis

Um sich von dieser zu befreien, besteht die Möglichkeit, einen Antrag auf Befreiung von der Versicherungspflicht in der gesetzlichen Rentenversicherung zu stellen. Im Falle eines Arbeitsplatzwechsels ist der Antrag neu zu stellen.

Umgekehrt lässt sich durch eine Mitgliedschaft in der Deutschen Rentenversicherung keine Befreiung von den berufsständischen Versorgungseinrichtungen erreichen.

Wechselt ein Arzt von einem Bundesland in ein anderes, kann er unter bestimmten Voraussetzungen die bisher geleisteten Beiträge in ein anderes Versorgungswerk übertragen lassen. Die beiden Systeme – gesetzliche Rentenversicherung und ärztliches Versorgungswerk – unterscheiden sich in mancherlei Hinsicht.

Im Hinblick auf die Finanzierung folgt die gesetzliche Rentenversicherung dem Umlageverfahren, demgegenüber gelangt grundsätzlich das Kapitaldeckungsverfahren bei den ärztlichen Versorgungswerken zur Anwendung.

1.2 Versorgungsabgaben am Beispiel des Versorgungswerks Baden-Württemberg

> **⚠ Hinweis**
>
> Alle nachfolgenden Angaben beziehen sich auf das Versorgungswerk Baden-Württemberg. In anderen Versorgungswerken können deshalb andere Werte maßgeblich sein.
>
> Ganz lapidar heißt es im Gesetz über die Versorgungsanstalt: „Die Teilnehmer sind zur Zahlung der satzungsmäßigen Beiträge verpflichtet.".

Was bedeutet das nun für die niedergelassenen Ärzte? –Von ihnen ist jährlich eine Pflichtabgabe zu zahlen, die sich an den Berufseinkünften orientiert.

> **⚠ Hinweis**
>
> Als Berufseinkünfte aus selbstständiger Tätigkeit gilt der Überschuss der Einnahmen über die Ausgaben (= also aus der Einnahmen-Ausgaben-Rechnung). Davon sind auch die Einnahmen aus einem Praxisverkauf oder die Ausgaben für den Kauf einer Praxis erfasst.
>
> Doch das ist noch nicht alles. Werden zugleich Berufseinkünfte aus Kapitalvermögen erzielt, also aus der Beteiligung an einer Kapitalgesellschaft, deren Zweck es ist, ärztliche Leistungen zu erbringen, sind diese hinzuzurechnen. Gleiches gilt für Berufseinkünfte aus Gewerbebetrieb, soweit hieraus ärztliche Leistungen erbracht werden. Bei Zahnärzten werden hiervon beispielsweise zahntechnische Tätigkeiten eines Labors erfasst.

Beispiel

Die Pflichtabgabe ist in Höhe von 12 % der Berufseinkünfte des vorletzten Jahres zu zahlen. Die Höchstabgabe beträgt dabei das 1,7-Fache, die Mindestabgabe 20 % der Durchschnittsabgabe.

In Zahlen bedeutet dies (Angaben beziehen sich auf das Versorgungswerk Baden-Württemberg):

Mindestabgabe (Jahresleistungszahl 20,00 %)	223,60 Euro
Durchschnittsabgabe (Jahresleistungszahl 100,00 %)	1.118,00 Euro monatlich
Höchstabgabe (Jahresleistungszahl 170 %)	1.900,60 Euro monatlich

In den ersten beiden Jahren ist die Pflichtabgabe reduziert. Hier muss auf Antrag nur die Mindestabgabe gezahlt werden.

⚠ Hinweis

Bis zur Vollendung des 57. Lebensjahrs steht es Ärzten frei, Zuzahlungen maximal bis zum Höchstbetrag in der Deutschen Rentenversicherung oder alternativ bis maximal 20 % der Pflichtabgaben zu leisten. Ab der Vollendung des 57. Lebensjahrs sind die Zuzahlungen auf 20 % der Pflichtabgabe begrenzt.

1.3 Welche Versorgungsleistungen sind zu erwarten?

Ärzte können daraus – übrigens ohne Wartezeit – ein Ruhegeld erwarten, und zwar sowohl im Falle einer vorübergehenden Berufsunfähigkeit, die länger als sechs Monate dauert, wie auch bei dauernder Berufsunfähigkeit.

Beim Altersruhegeld ist zu differenzieren. Ab dem 60. bzw. 62. Lebensjahr besteht ein Anspruch auf ein Altersruhegeld mit Abschlägen. Die Höhe der Abschläge bemisst sich danach, ob der Arzt aus dem Beruf ausscheidet oder nicht. Die Rede ist deshalb vom vorgezogenen Ruhegeld.

Erst ab dem 65. bzw. 67. Lebensjahr besteht ein Anspruch auf Altersruhegeld.

Seit dem Jahr 2009 ist die Altersgrenze schrittweise vom 60. auf das 62. und vom 65. Lebensjahr auf das 67. Lebensjahr angehoben worden.

Auch Hinterbliebene haben Anspruch auf Witwen- bzw. Witwerrente sowie Halb- und Vollwaisenrente und Sterbegeld.

Darüber hinaus können aus Billigkeitsgründen zudem Leistungen gewährt werden, auf die an sich kein Rechtsanspruch besteht, wie beispielsweise Zuschüssen, zu Reha-Maßnahmen usw.

1.3.1 Steuerliche Optionen

Durch das Alterseinkünftegesetz ist die einkommensteuerliche Behandlung von Alterseinkünften und Aufwendungen zur Altersvorsorge neu geregelt worden.

Anlass für die umfassende Änderungen war eine Entscheidung des Bundesverfassungsgerichts. Nach Auffassung der Richter ist die unterschiedliche Besteuerung von Beamtenpensionen und Renten aus der gesetzlichen Rentenversicherung mit dem Gleichheitsgrundsatz nicht vereinbar.

Aufgrund der Gesetzesreform sind nun die Beiträge für Renten aus der gesetzlichen Rentenversicherung sowie der berufsständischen Versorgung zwar von der Steuer freigestellt. Es erfolgt jedoch eine nachgelagerte Besteuerung der Leistungen. M. a. W., Renten werden seither der Besteuerung unterworfen.

§ 22 EStG Arten der sonstigen Einkünfte

1. [1]Einkünfte aus wiederkehrenden Bezügen, soweit sie nicht zu den in § 2 Absatz 1 Nummer 1 bis 6 bezeichneten Einkunftsarten gehören;
....

[3]Zu den in Satz 1 bezeichneten Einkünften gehören auch

a) Leibrenten und andere Leistungen,
aa) [1]die aus den gesetzlichen Rentenversicherungen, der landwirtschaftlichen Altersklasse, den berufsständischen Versorgungseinrichtungen und aus Rentenversicherungen im Sinne des § 10 Absatz 1 Nummer 2 Buchstabe b erbracht werden, soweit sie jeweils der Besteuerung unterliegen. [2]Bemessungsgrundlage für den der Besteuerung unterliegenden Anteil ist der Jahresbetrag der Rente. [3]Der der Besteuerung unterliegenden Anteil ist nach dem Jahr des Rentenbeginns und dem in diesem Jahr maßgebenden Prozentsatz aus der nachstehenden Tabelle zu entnehmen:

Jahr des Rentenbeginns	Besteuerungsanteil in %
bis 2005	50
....	....
2018	76
2019	78
2020	80
2021	81
2022	82
2023	83
2024	84
2025	85
2026	86
2027	87
2028	88
2029	89
2030	90

2031	91
2032	92
2033	93
2034	94
2035	95
2036	96
2037	97
2038	98
2039	99
2040	100

⚠ Hinweis

Die Öffnungsklausel in § 22 Nr. 1 Satz 3 Buchst. a Doppelbuchst. bb Satz 2 EStG eröffnet allerdings die Möglichkeit, dass Teile von Versorgungsbezügen, die auf Versorgungsabgaben beruhen, welche oberhalb des Betrags des Höchstbetrags zur gesetzlichen Rentenversicherung geleistet wurden, weiterhin nach Ertragsanteilbesteuerung behandelt werden können, wenn dies beantragt wird.

Das kann sich durchaus als günstiger erweisen. Der Ertragsanteil ist nämlich niedriger als jener Anteil im Falle einer nachgelagerten Besteuerung.

Allerdings ist die Inanspruchnahme der Öffnungsklausel wieder einmal an Voraussetzungen geknüpft. Die Ertragsanteilsbesteuerung kann nur für sich beanspruchen, wer Versorgungsabgaben über den Höchstbeitrag zur gesetzlichen Rentenversicherung hinaus bis zum 31.12.2004 (spätester Termin) für die Dauer von mindestens 10 Jahren gezahlt hat. Dabei können die Abgaben unter anderem auch bei der gesetzlichen Rentenversicherung sowie anderen berufsständischen Versorgungseinrichtungen erbracht worden sein.

1.4 Ansprüche aus der gesetzlichen Altersvorsorge

Wartezeit

Ein Anspruch auf Regelaltersrente aus der Deutschen Rentenversicherung besteht nur dann, wenn zum einen die Wartezeit erfüllt ist.

> **⚠ Hinweis**
>
> Als Wartezeit gelten bestimmte Mindestversicherungszeiten und diese wiederum orientieren sich an den sogenannten rentenrechtlichen Zeiten. Für diese ist die Anzahl der gezahlten Beiträge zur Deutschen Rentenversicherung relevant. Zur Wartezeit zählen nicht nur jene Monate hinzu, in denen gearbeitet und Beiträge geleistet wurden, sondern auch solche Monate, in denen der Versicherte arbeitslos war, Zeiten der Kindererziehung oder Krankengeld bezogen worden ist. Je nach Rentenart sind die Wartezeiten unterschiedlich lang. Für die Regelaltersrente sowie im Falle teilweiser oder voller Erwerbsminderung beträgt sie fünf Jahre.

Altersgrenzen

Zum anderen sind Altersgrenzen relevant. Hinsichtlich der Altersgrenzen ist einerseits zwischen

- der Mindestaltersgrenze für die Altersrente, also dem Alter, zu dem frühestmöglich ein Anspruch auf Altersrente besteht, und
- andererseits der Altersgrenze zu differenzieren, zu der eine abschlagsfreie Zahlung der Altersrente möglich ist.

Seit dem Jahr 2012 wird die Regelaltersgrenze angehoben, und zwar stufenweise für die Geburtsjahrgänge 1947 bis 1963. Erst im Jahr 2031 wird die Regelaltersgrenze bei 67 Jahren liegen.

§ 235 SGB VI Regelaltersrente

1. [1]Versicherter die vor dem 1. Januar 1964 geboren sind, haben Anspruch auf Regelaltersrente, wenn sie

1. die Regelaltersgrenze erreicht und
2. die allgemeine Wartezeit erfüllt

haben. [2]Die Regelaltersgrenze wird frühestens mit Vollendung des 65. Lebensjahres erreicht.

2. [1]Versicherte, die vor dem 1. Januar 1947 geboren sind, erreichen die Regelaltersgrenze mit Vollendung des 65. Lebensjahres. [2]Für Versicherte, die nach dem 31. Dezember 1946 geboren sind, wird die Regelaltersgrenze wie folgt angehoben:

Versicherte Geburtsjahr	Anhebung um Monate	auf Alter	
		Jahr	Monat
1947	1	65	1
1948	2	65	2
1949	3	65	3
1950	4	65	4
1951	5	65	5
1952	6	65	6
1953	7	65	7
1954	8	65	8
1955	9	65	9
1956	10	65	10
1957	11	65	11
1958	12	66	0
1959	14	66	2
1960	16	66	4
1961	18	66	6
1962	20	66	8
1963	22	66	10.

Die Altersgrenzen stellen das Lebensalter dar, zum dem eine Rente ohne Abschläge gezahlt wird.

Abschläge

Ein früherer Renteneintritt ist daher mit Abschlägen durchaus möglich. Der Abschlag beträgt 0,3 Prozent, und zwar für jeden Monat, in dem Sie als Arzt früher in Rente gehen, die Rente also vor der abschlagsfreien Altersgrenze bereits bezogen wird.

 Hinweis

Der Abschlag wird während der gesamten Laufzeit der Rente vorgenommen.

 Beispiel

Dr. K. ist im Jahr 1954 geboren und wird im Juli 2018 64 Jahre alt. Er hat einen Nachfolger für seine Praxis gefunden und möchte sich daher in den Ruhestand verabschieden. Will er diesen Wunsch bereits mit 64 Jahren umsetzen, muss er – was die Rentenansprüche aus der Deutschen Rentenversicherung anbelangt – Abschläge hinnehmen. Dr. K. darf abschlagsfrei erst mit 65 Jahren und acht Monaten in Rente gehen. Die Differenz zwischen dem Rentenbeginn mit 64 Jahren und der abschlagsfreien Altersgrenze beträgt 20 Monate, die mit dem Abschlag von 0,3 Prozent multipliziert werden muss. Der Abschlag beträgt daher 6 Prozen, und zwar über die gesamte Dauer, die Herr Dr. K. seine Rente beziehen wird.

1.5 Die Arztpraxis als Altersvorsorge

Die Kapitel dieses Buches werden zeigen, dass sich die Suche nach einem geeigneten Nachfolger mitunter schwierig gestaltet. Veräußerungswillige Ärzte müssen damit rechnen, auf ihrer Praxis „sitzen" zu bleiben. Das mühsam über Jahre hinweg aufgebaute Lebenswerk lässt sich mitunter nur deutlich unter Wert veräußern. Besonders misslich ist die Situation, wenn der Verkaufserlös für die Praxis zumindest zum Teil als Altersvorsorge gedacht war. In Zeiten, in denen die Nachfrage nach einer Praxis insbesondere in ländlichen Gebieten geringer ist als das Angebot, hat der erhoffte Erlös aus dem Verkauf als Altersvorsorgeinstrument ausgedient.

Jüngere Ärzte müssen daher umdenken. Und trotz dieser Erkenntnis widmen sich Ärzte diesem Thema entweder gar nicht oder nur am Rande. Gerade eine umfassende und individuelle Planung der Altersvorsorge ist jedoch unabdingbar, um auch später den gewohnten Lebensstandard wenigstens annähernd halten zu können. Die Rentenanwartschaften aus der gesetzlichen Rentenversicherung und aus einem der ärztlichen Versorgungswerke sind dabei ein wichtiger Baustein, aber nicht alles.

In der Regel wächst der Lebensstandard im Laufe des Berufslebens. Meist entwickelt er sich analog zum Einkommen. Dabei sind auch „Brüche" in der Lebensplanung zu berücksichtigen, die weitreichenden Einfluss auf das, was an Geld im Ruhestand zur Verfügung steht, haben.

> ⚠ **Hinweis**
>
> Im Rahmen eines Scheidungsverfahrens erfolgt grundsätzlich von Amts wegen ein Versorgungsausgleich der Anwartschaften, die bei den Rentenversicherungsträgern bestehen. Stark vereinfacht dargestellt, erfolgt eine Teilung der Anwartschaften. Das betrifft auch jene Anwartschaften, die bei einer der berufsständischen Versorgungseinrichtungen erworben worden sind.

Welche Konsequenzen sich daraus ergeben, kann nur im Einzelfall anhand der aktuellen Daten in der Beratung durch einen Fachanwalt für Familienrecht errechnet werden.

In jedem Fall bedarf es jedoch nach einer Scheidung einer Neujustierung der Altersvorsorge. Im einen Fall mögen den notwendigen Korrekturen mal umfangreicher, im anderen Fall mal geringer ausfallen, auch wenn man bei der Planung nicht wieder von „null" anfangen muss.

Ganz unabhängig von dem Ereignis „Scheidung" lohnt es sich immer wieder einmal, den Zeitraum bis zum geplanten Eintritt in den Ruhestand näher zu betrachten und zu untersuchen, ob und ggf. welche Korrekturen erforderlich sind.

> **⚠ Hinweis**
>
> Es geht also darum zu klären, wie der Lebensstandard, der bis zum Eintritt in den Ruhestand in der Regel langsam, aber kontinuierlich aufgebaut worden ist, aufrechterhalten werden kann. Wie in der aktuellen Lebensphase gilt es also, Einnahmen und Ausgaben gegenüberzustellen. Auf der Ausgabenseite stehen die üblichen Lebenshaltungskosten, im zweiten Schritt müssen Ausgaben für Pläne im Alter, Kosten für kostspielige Hobbys etc. ebenso berücksichtigt werden wie der Unterhalt für eine Immobilie (alternativ die Mietkosten für eine altersgerechte Wohnung) oder die Unterbringung in einer Pflegeeinrichtung, wenn die gesundheitliche Situation dies erforderlich machen sollte. Die Inflation, der konkrete Zeitpunkt des Renteneintritts, mögliche Verschiebungen des Renteneintrittsalters durch den Gesetzgeber nach hinten, steuerliche Entwicklungen, all das sind „Unbekannte" in der Rechnung, die sich nur schwer fassen lassen.

Auf der anderen Seite stehen die Rentenbezüge aus der gesetzlichen Rentenversicherung und dem ärztlichen Versorgungswerk.

Selbst bei einer nur groben überschlägigen Berechnung wird sich schnell zeigen, dass die Bezüge nicht reichen werden, um den Lebensstandard auch nur annähernd abzudecken.

Während die Inflationsrate den Anstieg des allgemeinen Preisniveaus für einen bestimmten Warenkorb beschreibt, welches sich nur schwer über die nächsten 10 oder gar 20 Jahre ermitteln lässt, ändert sich zusätzlich mit dem Eintritt in den Ruhestand auch der „Warenkorb".

Wer aufgrund der hohen zeitlichen Belastung gar keine Zeit dafür hatte, Geld für Hobbys auszugeben, für den drehen sich die Verhältnisse im Ruhestand vielleicht um. Jetzt ist endlich die Zeit da, um Hobbys nachzugehen, vielleicht Reisen zu unternehmen. Die Ausgaben für solche Dinge werden im Alter daher möglicherweise steigen. Sinkt später aufgrund von Krankheit oder Alter hingegen die Mobilität und die Gelegenheit zur Freizeitgestaltung, wird möglicherweise Hilfspersonal benötigt, eine Haushaltshilfe, ein Gärtner, vielleicht auch ein Pflegedienst. Die Ausgaben werden dadurch nicht weniger. Und der Zeitraum, für den das Geld benötigt wird, hat gegenüber früheren Generationen zugenommen. Ein heute 40-jähriger Mann befindet sich in der Mitte seines Lebens, er hat statistisch gesehen fast noch weitere 40 Lebensjahre vor sich. Frauen können sich sogar auf rund weitere 43 Lebensjahre freuen (Angaben aus der Sterbetafel 2014/2016 des Statistischen Bundesamts). Wer mit 60 Jahren in den Ruhestand gehen will, muss also für rund 20 Lebensjahre noch Vorsorge treffen.

Der Erwerb einer Immobilie ist neben dem Kauf oder der Eröffnung einer eigenen Praxis in der Regel einer der „Meilensteine" im Leben, zumindest finanziell gesehen. Die Wohnimmobilie ist in der Regel an den individuellen Bedürfnissen ausgerichtet worden. Eine Familie hat andere Wohnbedürfnisse als ein berufstätiges Paar, der eine wohnt vielleicht lieber auf dem Land, der andere mitten in der Großstadt mit den vielfältigen kulturellen Angeboten. Die Bedürfnisse können sich im Alter freilich ändern. Das Haus kann zu groß sein, dessen Unterhalt zu kostspielig. Vielleicht ist die Anbindung an die nächstgelegene größere Stadt nicht mehr so gut und das trifft einen doppelt, wenn man selbst nicht mehr so mobil ist. Das sind alles Punkte, die sich nur schwer voraussehen lassen.

Anders sieht es hingegen bezüglich der Immobilienfinanzierung aus. Die Finanzierung einer Wohnimmobilie ist in der Regel eine langfristige Sache. Sie läuft häufig über 20 Jahre, manchmal auch länger. Ist die Finanzierung zum angestrebten Zeitpunkt des Renteneintritts noch nicht „erledigt", müssen die Raten für den Immobilienkredit selbst im Ruhestand weiterbedient werden. Hinzu kommt noch der Umstand, dass auch die Immobilie „in die Jahre" kommt, Reparaturen werden fällig, die ins Geld gehen. Vielleicht sind Umbauten im Haus oder der Wohnung notwendig, um das Ganze altersgerecht zu gestalten. Vielleicht „passt" die in der Mitte des Lebens erworbene Immobilie später gar nicht mehr zum Leben im Ruhestand. Vielleicht ist sie zu groß oder es ist geplant, den Ruhestand in einer anderen Region, in einem anderen Land zu verbringen, wo das Klima angenehmer, das Leben ruhiger ist. Dann muss oder soll die Immobilie verkauft werden, der zu erzielende Kaufpreis kann in die Ruhestandsplanung mit einbezogen werden. Vielleicht steht anstelle dessen der Erwerb einer Immobilie im Ausland im Raum.

Die Ansprüche aus der gesetzlichen Rentenversicherung und aus dem ärztlichen Versorgungswerk werden jedoch nicht ausreichen, den gewohnten Lebensstandard zu erhalten. Darüber sind sich alle einig. Es müssen daher frühzeitig weitere Einnahmequellen geschaffen werden, um die Lücke zu schließen. Eine Möglichkeit kann daher auch darin bestehen, die bisher selbst genutzte – und zu groß gewordene – Immobilie im Alter zu vermieten. Für wen das nicht infrage kommt, kann sich freilich frühzeitig Gedanken darüber machen, eine Immobilie gezielt in der Absicht zu erwerben, diese dauerhaft zu vermieten. Die Kosten und Risiken (Mietausfall, Mietnomaden usw.) müssen freilich immer den Mieteinnahmen und steuerlichen Besonderheiten gegenübergestellt werden. Und auch dabei gilt: Die Immobilie sollte abbezahlt sein, bevor der Ruhestand angetreten wird.

Berufsunfähigkeit und Pflegefall

Die zahlreichen „Wenn" und „Aber" machen die Ruhestandsplanung für sich gesehen schon nicht leicht. Selbst bei guter Planung lässt sich eines nur zum Teil beeinflussen: die eigene Gesundheit. Ein Unfall, eine schwere Erkrankung können die ganze Planung von heute auf morgen über den Haufen werfen.

Mit einer Berufsunfähigkeitsversicherung, aufgrund derer im Falle eines Falles eine Berufsunfähigkeitsrente ausgezahlt wird, lässt sich zumindest eine gewisse Absicherung schaffen. Eines sollte man dabei im Auge behalten: Wer dauerhaft nicht mehr arbeiten kann und deshalb keine Beiträge zum ärztlichen Versorgungswerk mehr leisten kann, hat im Alter zwangsläufig eine geringere Rente. Das kann die gesamte Ruhestandsplanung über den Haufen werfen. Auch die Gefahr, tatsächlich einmal selbst zum Pflegefall zu werden, darf bei den Überlegungen nicht ganz verworfen werden.

2 Modelle, Planung und Umsetzung der Praxisübergabe

2.1 Nachbesetzungsverfahren: Pferdefuß der Praxisübergabe

Jeder vierte oder fünfte Haus- oder Facharzt will laut Kassenärztlicher Bundesvereinigung in den nächsten Jahren seine Praxis verkaufen. Für die Abgabe einer Praxis gibt es natürlich diverse Gründe, bspw.

*   Erreichen des Rentenalters,
*   berufliche Neuorientierung oder
*   veränderte Familienplanung.

Für die meisten Ärzte ist ein Verkauf allerdings nicht nur ein rein wirtschaftlicher Vorgang, hier spielen auch Emotionen eine Rolle. Viele Ärzte möchten verständlicherweise ihre Praxis nicht irgendeinem Käufer überlassen, sondern an einen persönlich ausgewählten Arzt übergeben, dem Patienten und Mitarbeiter vertrauen können. Allerdings sind hierfür meist hohe Hürden bezüglich der vertragsärztlichen Zulassung zu überwinden, ohne die eine Praxis ökonomisch kaum überleben kann. Entscheidend ist diesbezüglich das sogenannte „Nachbesetzungsverfahren". Dies hat zur Folge, dass Ärzte zwar prinzipiell einen Praxisverkauf abwickeln können, ohne den Zulassungsausschuss einzuschalten. Bei der Übertragung der vertragsärztlichen Zulassung in überversorgten Gebieten ist es aber grundsätzlich notwendig, ein Nachbesetzungsverfahren durchzuführen.

2.1.1 Versorgungsstärkungsgesetz soll flächendeckende Ärzteverteilung optimieren

Die Bundesregierung hat 2015 das GKV-Versorgungsstärkungsgesetz („Gesetz zur Stärkung der Versorgung in der gesetzlichen Krankenversicherung") beschlossen. Damit wird bezweckt, die Verteilung der Ärzte in Deutschland zu verändern, indem die Überversorgung in Ballungsräumen entzerrt und Unterversorgung in ländlichen Regionen behoben wird. Unter anderem bedeutet dies, dass eine Praxis in einem überversorgten Gebiet nur dann nachbesetzt werden kann, wenn dies für die Versorgung der Patienten sinnvoll ist. Die betreffenden Planungsbereiche werden arztgruppenbezogen ermittelt, um eine optimale und wohnortnahe Versorgung zu gewährleisten. So wird für die jeweilige Region eine Vielzahl von unterschiedlich großen Planungsbereichen für Hausärzte, Fachärzte Psychotherapeuten etc. festgelegt. Ein Versorgungsgrad von 100 % bedeutet bspw., dass genauso viele Ärzte zugelassen sind, wie auch benötigt werden. Wenn der Versorgungsgrad einer bestimmten Fachgruppe innerhalb eines Planungsbereichs über 110 % liegt, wird er vom jeweiligen Landesausschuss der Ärzte und Krankenkassen gesperrt. Die Folge ist, dass sich in diesem Planungsbereich weitere Ärzte derselben Fachgruppe nicht ohne Weiteres niederlassen können. Die jeweilige Einzelfallentscheidung über die Nachbesetzung trifft der zuständige Zulassungsausschuss (bestehend aus drei Vertragsärzten und Krankenkassenvertretern vor Ort). Die Besetzung selbst erfolgt in einem dreistufigen Verwaltungsverfahren, das sich je nach medizinischer Facharztgruppe bis zu einem Jahr hinziehen kann. Vereinfacht dargestellt wird vom Zulassungsausschuss (ZA) in diesem Verfahren zunächst geprüft, ob eine Nachbesetzung des Vertragsarztsitzes überhaupt erfolgen soll. Dazu werden die Auffassungen bzw. Meinungen der Kassenärztlichen Vereinigungen (KV) und Krankenkassen eingeholt, aber auch die des aufgabewilligen Arztes. Der ZA besitzt bei der Entscheidung einen gewissen Ermessensspielraum, weil es keine starre Grenze für die medizinische Versorgung in einem Planungsbereich gibt (ab 140 Prozent Versorgungsgrad wird es definitiv kritisch). Bestimmte Faktoren können die Ausschussentscheidung beeinflussen, bspw. wenn der Kaufinteressent bereits als Angestellter für den abgebenden Vertragsarzt tätig war. Befürwortet der ZA eine

Nachbesetzung, erfolgt eine Ausschreibung durch die KV. Anschließend wird ein Auswahlverfahren durchgeführt, mit dem der ZA den geeignetsten Bewerber ermittelt (Näheres zum Verfahren s. u.).

Anhand der nachfolgenden Checkliste können Sie den Übergabeprozess im Groben strukturieren und steuern	JA	NEIN	Maßnahmen
Haben Sie ein Anforderungsprofil bezüglich des potenziellen Bewerbers erstellt?	☐	☐	
Haben Sie die Bewerbersuche gestartet?	☐	☐	
Haben Sie mit geeigneten Bewerbern Kontakt aufgenommen?	☐	☐	
Haben diese Bewerber eine Verschwiegenheits-/Geheimhaltungserklärung unterzeichnet?	☐	☐	
Wurde – soweit erforderlich – ein Letter of Intent oder ein Vorvertrag erstellt und unterzeichnet?	☐	☐	
Wurde ein einvernehmliches Wertermittlungsverfahren bezüglich des Praxiswerts gefunden und ein Kaufpreis für die Praxis festgestellt?	☐	☐	
Wurde ein Kaufvertrag vorformuliert und sind alle dort enthaltenen Regelungen klar und eindeutig?	☐	☐	
Sind alle notwendigen Voraussetzungen für den Übergang auf den gewünschten Nachfolger vorhanden?	☐	☐	
Wurde der Kaufvertrag von beiden Seiten unterschrieben?	☐	☐	
Wurde das Nachbesetzungsverfahren für den Vertragsarztsitz beantragt?	☐	☐	
Erfolgte eine Ausschreibung des Vertragsarztsitzes durch den ZA?	☐	☐	
Erfolgte eine positive Entscheidung des ZA bezüglich des Nachfolgers?	☐	☐	
Wurde eine überleitende Tätigkeit des ehemaligen Praxisinhabers vereinbart?	☐	☐	
Wurde die Praxis vertragsgemäß übergeben?	☐	☐	
Hat der Praxisnachfolger seine Tätigkeit abredegemäß aufgenommen?	☐	☐	
Fazit: Sie können aufgrund der Nein-Antworten erkennen, an welchem Punkt des Übergangsprozesses Sie sich befinden und welche Maßnahmen Sie noch ergreifen wollen bzw. müssen			

Tab. 1: To-do-Liste Praxisverkauf

Nachbesetzung in gesperrten Planungsbereichen

Wenn die Praxis in einem gesperrten Planungsbereich liegt, muss in jedem Fall ein öffentlich-rechtliches Nachbesetzungsverfahren durchgeführt werden. Die Rechtsgrundlage finden Sie in § 103 Abs. 3a, 4 SGB V.

Das Nachbesetzungsverfahren in der Einzelbetrachtung

Der praxisabgebende Arzt ist grundsätzlich verpflichtet, seine vertragsärztliche Zulassung durch die zuständige Kassenärztliche Vereinigung ausschreiben zu lassen. Darauf kann sich ein potenzieller Nachfolger bewerben und wird – bei erfolgreicher Auswahl durch den Zulassungsausschuss – dann zur vertragsärztlichen Versorgung zugelassen. Im Extremfall kann das Nachbesetzungsverfahren wie oben schon erwähnt bis zu einem Jahr dauern. Das Verfahren läuft wie nachfolgend geschildert ab.

2.1.2 Ablehnung des Antrags droht

Ist die Nachbesetzung aus Versorgungsgründen nicht erforderlich (über 140 %), soll der Antrag auf Nachbesetzung abgelehnt werden.

 Praxistipp

Wenn Sie ernsthaft daran zweifeln, ob Ihrem Ausschreibungsantrag stattgegeben wird, sollten Sie am besten schon im Vorfeld bei der zuständigen KV deren Auffassung erfragen, um den Antrag ggf. gar nicht zu stellen bzw. ihn wieder rechtzeitig zurückzunehmen.

Diese Ausnahmen von der Soll-Vorgabe bestehen

Eine Ablehnung der ZA ist nicht vorgeschrieben, wenn der Nachfolger

- Ehegatte, Lebenspartner oder Kind des Vertragsarztes ist,
- seit drei Jahren in dessen Praxis als Arzt angestellt ist,
- mit diesem Vertragsarzt seit mindestens drei Jahren in einem Job-Sharing-Modell zusammenarbeitet;
- mindestens fünf Jahre in einem unterversorgten Gebiet tätig war oder
- besondere Versorgungsgründe vorliegen.

Letzteres ist dann der Fall, wenn ein besonderer lokaler oder qualifikationsbezogener Versorgungsbedarf besteht, der Vertragssitz einer speziellen Fachrichtung weiter benötigt wird oder Mitversorgungsaspekte (Alten- und Pflegeheime) sowie die Versorgungsbedürfnisse von Menschen mit Behinderung beachtet werden müssen.

Nur bestimmte Job-Sharing-Modelle sind privilegiert

Damit die Privilegierung beim Job-Sharing zur Anwendung kommen kann, muss dieses die nachfolgenden 4 Voraussetzungen beinhalten:

- Facharzt- bzw. Fachgebietsidentität bei Praxisabgeber und -nachfolger
- Einhaltung der Job-Sharing-Obergrenze (s. entsprechendes Kapitel)
- Schriftlicher Arbeitsvertrag
- Job-Sharing muss von der ZA anerkannt gewesen sein.

Alternativ zum Job-Sharing kann darüber nachgedacht werden, ob nicht eine Zulassungsteilung (Teilung des Vertragssitzes und Verkauf des hälftigen Anteils sowie Anstellung beim verbleibenden Sitzanteil) beantragt werden könnte.

> ### ☀ Praxistipp
>
> Eine weitere, den meisten Ärzten unbekannte Lösungsvariante ist eine Absprache mit der KV. Diese darf unter bestimmten Umständen (bspw. Tod, Berufsunfähigkeit, eingetretene oder unmittelbar bevorstehende Entziehung der Zulassung) einen freiwilligen Verzicht auf eine Ausschreibung zur Nachbesetzung in einem gesperrten Planungsbereich finanziell unterstützen (bspw. durch einen Ankauf der Praxis).

Sonderfall BAG

In der Vergangenheit sind – vor allem durch die Rechtsprechung – bei der Nachbesetzung einer Arztstelle innerhalb einer Berufsausübungsgemeinschaft (BAG) weitere Voraussetzungen aufgestellt worden. So sollen u. a. bei der Nachbesetzung die Interessen der verbleibenden Ärzte abhängig von Dauer und Intensität der bisherigen Zusammenarbeit berücksichtigt werden. Der nachfolgende Arzt muss darüber hinaus den Willen zur mittelfristigen Fortführung der Praxis haben (fünf Jahre sind ein akzeptierter Zeitraum).

> **⚠ Hinweis**
>
> Den Interessen der bisherigen BAG-Ärzte muss allerdings kaum Rechnung getragen werden, wenn die BAG „erkennbar" gegründet wurde, um das Nachbesetzungsverfahren zu beeinflussen.

2.1.3 Ablehnung des Nachbesetzungsantrags

Im Falle der Ablehnung der Nachbesetzung muss die KV den Praxisinhaber laut § 103 Absatz 4 SGB V in Höhe des Verkehrswerts entschädigen. Der Verkehrswert wird durch Verwaltungsakt bestimmt. Gegen dieses Ergebnis kann gerichtlich (unklar, ob vor den Zivil- oder den Sozialgerichten) vorgegangen werden, ein solches Verfahren ist nach Kenntnis des Autors bisher allerdings noch nicht geführt worden.

2.2 Praxisübergabe als komplexer Verkauf

Der Einfluss des Nachbesetzungsverfahrens, wie im vorangegangenen Kapitel geschildert, macht die Praxisübergabe so kompliziert. Würde es die entsprechenden Beschränkungen nicht geben, könnte der Verkauf wie jeder andere Unternehmens- bzw. Freiberuflerpraxenverkauf (Rechtsanwälte, Steuerberater, Unternehmensberater etc.) relativ einfach umgesetzt werden. Nachfolgend erfahren Sie, auf welche Punkte Sie bei einem bevorstehenden Verkauf unbedingt achten sollten. Da jeder Praxisverkauf aber individuell ist, muss sich die Darstellung auf die m. E. wesentlichen Punkte beschränken.

☀ Praxistipp

Einen optimalen Praxisverkauf zu realisieren ist ohne Einschaltung versierter Steuerberater und entsprechend erfahrener Anwälte m. E. kaum zu realisieren. Kalkulieren Sie hier unbedingt die dafür anfallenden Kosten mit ein – es lohnt sich!

2.2.1 Vorvertrag: Entbehrlich oder ein Muss?

Ob ein Vorvertrag benötigt wird, ist pauschal nicht eindeutig zu beantworten, auch hier kommt es auf den jeweiligen Grundfall an. Sinnvoll ist zunächst sicherlich eine Vereinbarung, die den möglichen Praxiserwerber zur Verschwiegenheit verpflichtet.

Schriftliche Verschwiegenheitserklärung

Wenn Sie Ihre Praxis verkaufen möchten, ist Verschwiegenheit seitens des möglichen Erwerbers natürlich extrem wichtig. Zum einen verhindern Sie so aufkommende Gerüchte bei Mitarbeitern und Patienten, die zu unerwünschten Eigenkündigungen bzw. Patientenabwanderungen führen können. Zum anderen dürfte die breite Streuung von Verkaufsabsichten unter möglichen Kaufinteressenten nicht gerade dazu beitragen, den besten Kaufpreis zu erzielen. Vielmehr wird der Eindruck entstehen, dass „der Kollege Dr. X verkaufen muss". Sie sollten deshalb vor einer ersten Kontaktaufnahme überlegen, wem Sie überhaupt Ihre Absichten bekannt geben wollen. Bewerber, deren Nachfolge Sie schon vorab ausschließen, sollten definitiv keine Informationen erhalten.

Besondere Vorsicht sollten Sie walten lassen, wenn es um die Herausgabe sensibler Patienteninformationen oder betriebswirtschaftlicher Auswertungen (BWA), Gewinnermittlung oder Honorarbescheide an einen möglichen Interessenten geht. Diesbezügliche Daten dürfen Sie im eigenen Interesse nur dann weitergeben, wenn eine diesbezüglich wirksame schriftliche Geheimhaltungs- und Verschwiegenheitserklärung unterschrieben wird.

 Praxistipp

Verwenden Sie hier unbedingt auch eine Vertragsstrafenabrede. Eine solche ist zwar vor Gericht nicht unbedingt einfach durchzusetzen, sie sorgt aber bei der Gegenseite dafür, dass diese ihre Verschwiegenheitspflicht ernst nimmt.

Kaufabsichtserklärung („Letter of Intent")

Der Letter of Intent stellt im Grunde eine bloße Absichtserklärung im Vorfeld eines Vertragsabschlusses dar. Im Gegensatz zu einem Angebot ist für einen Letter of Intent ausschlaggebend, dass er eben noch nicht rechtlich verbindlich sein soll. Mit dem Letter of Intent wird die Bereitschaft dokumentiert, über einen avisierten Vertrag unter gewissen Bedingungen in ernstliche Verhandlungen zu treten.

Das Gleiche gilt für das sogenannte „Memorandum of Understanding" (MoU). Dabei handelt es sich ebenfalls um einen Begriff aus dem anglo-amerikanischen Rechtskreis, der üblicherweise eine rechtlich nicht verbindliche Absichtserklärung beschreibt. In Deutschland haben beide Formen in der Regel keinerlei Rechtswirkung. Sie können aber bei komplexen Verhandlungen helfen, den eigentlichen Verhandlungsprozess zu strukturieren.

2.2.2 Abschluss eines Vorvertrags

Im Gegensatz zum Letter of Intent eröffnet ein rechtlich verbindlicher Vorvertrag dagegen die Möglichkeit, notfalls auch auf dem Klageweg ggf. den Abschluss des eigentlichen Praxisübergabevertrags zu erzwingen. Der gewinnende Kläger erhält dadurch die Möglichkeit, aus dem Urteil im Wege der Zwangsvollstreckung gegen den widerstrebenden Vertragspartner vorzugehen. Voraussetzung dafür ist allerdings, dass der Vorvertrag im Wesentlichen die wichtigsten Kaufvertragsbestandteile umfasst. Dazu gehören in erster Linie natürlich die Bestimmbarkeit des Kaufgegenstands und des Kaufpreises (s. u.).

Über die Sinnhaftigkeit des Abschlusses eines Vorvertrags kann man allerdings geteilter Meinung sein. Zum einen ist hier zunächst die banale Kostenproblematik zu nennen – zwei Verträge sind natürlich teurer als einer. Zum anderen lässt sich einwenden, dass es wahrscheinlich effizienter ist, einmal den ganzen Verkauf zu verhandeln, als zwei zeitlich getrennte Verhandlungen zu führen. Was spricht dagegen, die Verhandlungen in einem einzigen „Rutsch" zum einvernehmlichen Abschluss zu bringen?

 Praxistipp

Anders sieht dies natürlich bei einer von der Ausstattung her besonders werthaltigen und großen Praxis (bspw. Radiologie) aus. Hier kann aufgrund der Komplexität und eines bindenden Vorvertrags durchaus auch ein Letter of Intent zum Einsatz kommen.

Ein unterschriebener Praxisübergabevertrag kann übrigens auch dem ZA präsentiert werden. Dies wird – so Experten – in der Regel wohlwollend zugunsten des Erwerbers gewürdigt.

Hinweis

Manche Fachleute vertreten die Auffassung, dass zunächst mit jedem in Betracht kommenden Bewerber im Nachbesetzungsverfahren ein Praxisübergabevertrag geschlossen werden sollte. Wenn so vorgegangen wird, sollte der Kaufvertrag m. E. grundsätzlich eine aufschiebende Bedingungs- bzw. Rücktrittsklausel (s. o.) enthalten. Anderenfalls läuft der Praxisabgeber Gefahr, sich bei einer Ablehnung des Antrags durch den ZA gravierenden Schadenersatzforderungen des nicht zum Zuge gekommenen Bewerbers auszusetzen.

2.2.3 Inhalte des Kaufvertrags

Der Kaufvertrag bildet den Mittelpunkt des Übergabeprozesses. Da jeder Kauf individuell ist, sollte natürlich auch jeder Kaufvertrag diese Individualität abbilden. Trotzdem enthält ein solches Vertragswerk inhaltliche Punkte, die im Grunde immer gleich bleiben. Genau diese Mindestinhalte werden wir Ihnen nachfolgend erläutern.

Nutzen Sie unseren Mustervertrag

 Hinweis

Im Kapitel 8 (Musterverträge und Arbeitshilfen) finden Sie einen vor-formulierten Paxisübergabevertrag bezüglich einer Einzelpraxis. Dieses Vertragsmuster lehnt sich an die Vorgaben der KV Nordrhein an. Sie sollten den Vertrag nicht 1:1 übernehmen, sondern ihn als Blaupause nutzen und an Ihre eigenen, individuellen Gegebenheiten anpassen. Außerdem kann Ihnen das Muster als strukturelles Gerüst für die ersten Gespräche mit Ihrem Anwalt und Ihrem Steuerberater dienen.

Kaufgegenstand ist die Praxis

Verkauft werden soll die ärztliche Praxis und nicht der Vertragsarztsitz. Bei Letzterem handelt es sich rechtlich um eine Zulassung, die laut einer Grundsatzentscheidung des Bundessozialgerichts als öffentlich-rechtliche Berechtigung ebenso wenig übertragen werden kann wie die Zulassung eines Rechtsanwalts. Bei der Zulassung handelt es sich um einen nicht zu vernachlässigenden wertbildenden Faktor, aber keinesfalls um einen Gegenstand, der isoliert von der Praxis verkauft werden kann.

 Hinweis

Anders sieht dies lediglich bei der Verlegung eines Vertragsarztsitzes in ein MVZ aus. Hier muss und kann vom verlegenden Arzt ein Zulassungsverzicht zugunsten der Anstellung im MVZ erfolgen (s. Kapitel 2.7 MVZ- und Zulassungsproblematik).

Kaufgegenstand der Praxisübergabe ist die Praxis als Unternehmen. Laut ständiger BGH-Rechtsprechung wird unter einer Arztpraxis die Gesamtheit all dessen verstanden, was die gegenständliche und personelle Grundlage der Tätigkeit des in freier Praxis tätigen Arztes bei der Ausübung der ihm obliegenden Aufgaben bildet. Dazu zählen also nicht nur die materiellen Güter der Praxis wie Praxiseinrichtungsgegenstände, Betriebsmittel und die Patientenkartei, sondern auch die Rechte und der immaterielle Vermögenswert (Goodwill) der Praxis. Die Aufnahme einer sogenannten Inventarliste mit allen Praxisgegenständen und Betriebsmittel im Anhang des Kaufvertrags ist unverzichtbar. Übernehmen Sie hier nicht lediglich die entsprechenden Verzeichnisse Ihres Steuerberaters, sondern erstellen Sie eine vollständige Liste anhand der tatsächlich vorhandenen Ausstattung. Die Verzeichnisse des Steuerberaters könnten ggf. Positionen enthalten, die der Praxis zwar in steuerlicher Hinsicht, jedoch nicht in rechtlicher Hinsicht zugehörig sind.

 Hinweis

Wenn die Praxisräumlichkeiten im Eigentum des Praxisabgebers stehen und mitverkauft werden sollen, muss der entsprechende Kaufvertrag grundsätzlich notariell beurkundet werden. Hier kann es ggf. kostengünstiger sein, wenn zwei getrennte Verträge (Praxisimmobilie und Praxis) erstellt werden – beurkundungspflichtig ist nur der Immobilienvertrag.

Grundsätzlich sollte für jeden Gegenstand der Praxis – aber auch für die dazugehörenden Rechte – eindeutig festgelegt sein, ob diese verkauft oder weiterhin im Eigentum des Praxisabgebers verbleiben sollen. Sie sollten ebenfalls auch eine Regelung zu den Praxisvorräten vereinbaren, wenn diese nicht im Inventarverzeichnis vorhanden sind. Hier können sich je nach Einzelfall erhebliche Werte verstecken.

Hinweis

Es ist m. E. rechtlich grundsätzlich möglich, nur die Privatpraxis zu veräußern und den Vertragsarztsitz zu behalten. Dieser seltene Ausnahmefall wird aber von den meisten KV nicht gern gesehen.

Grundsätzlich Abstand sollten Sie als Praxisabgeber von Vereinbarungen halten, die im Kaufvertrag eine Gewähr oder gar Garantie für künftige Patientenzahlen, Umsätze oder Gewinnhöhe betreffen. Hier können Sie nur verlieren, da sich die Einhaltung dieser Kennzahlen selbstverständlich außerhalb Ihres Einflussbereichs befindet.

Übergabemodalitäten

Natürlich müssen Sie im Kaufvertrag unbedingt exakt festlegen, wann und in welchem Umfang die Praxis an den Nachfolger zu übergeben ist. Außerdem sollten Sie versuchen, eine Gewährleistung für die Praxisausstattung auszuschließen – hier ist natürlich entscheidend, inwieweit der Praxisnachfolger mitspielt. Außerdem sollten Sie dokumentieren, welche betrieblichen Kennzahlen Sie dem Erwerber zur Verfügung gestellt haben. Weiterhin sollten klare Konsequenzen für den Fall, dass der ZA die Nachbesetzung durch den Nachfolger ablehnt, vorhanden sein (aufschiebende oder auflösende Bedingung, Rücktrittsklausel). Beachten Sie, dass der Zulassungsbescheid erst mit Bestandskraft (Ablauf der einmonatigen Widerspruchsfrist) seine Wirkung entfalten kann.

> **⚠ Hinweis**
>
> Wenn dem Nachfolger das Festhalten am Vertrag in der vereinbarten Form nicht zugemutet werden kann, weil die Parteien von falschen wesentlichen Voraussetzungen ausgegangen sind oder sich Umstände, die Grundlage des Vertrags geworden sind, nachträglich schwerwiegend verändert haben (Störung bzw. Wegfall der Geschäftsgrundlage), kann ein angerufenes Gericht unter Umständen eine Anpassung des Vertrags verlangen oder dem Käufer ggf. einen Rücktritt erlauben. Das Prozessrisiko trägt hier natürlich der Käufer.

Auch die Fälligkeit der Kaufpreiszahlung ist im Praxisübergabevertrag bzw. Kaufvertrag so zu regeln, dass die entsprechende Regelung klar und eindeutig ist.

Absicherung der Kaufpreiszahlung

Es gibt bestimmte Regelungen, die Ihnen als Praxisinhaber helfen können, die rechtzeitige Kaufpreiszahlung durch den Erwerber sicherzustellen. So ist es bspw. zulässig, über die ohnehin gesetzlich vorgeschriebene Untergrenze der Zinshöhe bei Verzugszinsen wegen nicht rechtzeitiger Kaufpreiszahlung unter Unternehmern (9 Prozent über dem Basiszins der Bundesbank, § 288 Absatz 2 BGB) maßvoll hinauszugehen und bspw. einen höheren Verzugszinssatz zu vereinbaren.

 Praxistipp

Sie sollten sich vor Unterzeichnung des Kaufvertrags m. E. grundsätzlich eine verbindliche Finanzierungszusage der Bank oder Sparkasse des Erwerbers vorlegen lassen. Bei Unsicherheit über die Solvenz des Nachfolgers kann auch eine Bankbürgschaft helfen.

Außerdem können Sie ggf. bzgl. der Gegenstände der Praxisausstattung einen Eigentumsvorbehalt vereinbaren. Dieser hat zur Folge, dass Sie bis zur endgültigen und vollständigen Zahlung des Kaufpreises Eigentümer dieser Gegenstände bleiben. Unter Umständen kann auch versucht werden, ein sofortiges Rücktrittsrecht (ggf. mit einer Vertragsstrafe verbunden) des Praxisabgebers für den Fall der nicht rechtzeigen Kaufpreiszahlung in den Kaufvertrag aufzunehmen. Dies erleichtert Ihnen – zumindest unter zeitlichen Gesichtspunkten – einen Verkauf an einen anderen Bewerber.

 Praxistipp

Sollten Sie als Verkäufer eine Ratenzahlung des Käufers akzeptieren, ist es sinnvoll, im Kaufvertrag zu vereinbaren, dass die jeweiligen Zahlungen zuerst auf den immateriellen Vermögenswert der Praxis (Goodwill) geleistet werden. Dadurch bleibt der Eigentumsvorbehalt an der Praxisausstattung so lange wie möglich bestehen.

Ob Sie eine Kaufpreiszahlung auf Basis einer (lebenslangen) Rentenzahlung akzeptieren, bleibt Ihnen als Praxisabgeber selbst überlassen. Da Sie in diesem Fall dem Insolvenzrisiko des Käufers ausgesetzt sind, sollte dies auf jeden Fall nur mit flankierenden Sicherungsmaßnahmen (Bankbürgschaften o. Ä.) getan werden. Einen weiteren wesentlichen Punkt bildet die exakte Abgrenzung der finanziellen Forderungen und Verpflichtungen zum Übergabestichtag – also dem Tag, an dem die Praxis an den Käufer tatsächlich übergeht. Es sollte klargestellt sein, wem welche Einnahmen bis zu diesem Tage zustehen und wer welche finanziellen Verpflichtungen (bspw. Schadenersatzforderungen) bis zu diesem Datum erfüllen muss.

Schutz der Patientendaten

Die gesamten Patientenunterlagen (Patientenkartei) unterliegen dem verfassungsrechtlich geschützten Recht des Patienten auf informationelle Selbstbestimmung. Dies bedeutet, dass Sie als Praxisabgeber ohne Zustimmung des Patienten dem Bewerber keine Einsicht in dessen Daten gewähren dürfen. Erst wenn der Patient der Weitergabe seiner Daten an den Käufer zugestimmt hat und insofern auch den bisherigen behandelnden Arzt von seiner Schweigepflicht entbunden hat, ist eine Einsicht in die Patientenunterlagen zulässig. Anderenfalls drohen erhebliche strafrechtliche, datenschutzrechtliche, aber auch zivilrechtliche Sanktionen. Das Inkrafttreten der DSGVO hat hier sogar noch zu einer Verschärfung der Anforderungen geführt. Der Kaufvertrag sollte deshalb unbedingt rechtskonforme Regelungen zum Umgang mit den Patientendaten enthalten, die übrigens auch vom ZA verstärkt geprüft werden dürften.

Bestehende Vertragsbeziehungen

In der Regel dürfte beim potenziellen Käufer ein großes Interesse bestehen, Ihre bisherigen Vertragsbeziehungen mit Dritten im Rahmen der Praxis fortzuführen. Dies gilt natürlich erst recht für ein ggf. bestehendes Mietverhältnis über die Praxisräume. Hier ist es natürlich wichtig, eine diesbezügliche Erklärung des Praxisvermieters zu erlangen, mit welcher dieser bestätigt, dass das Mietverhältnis mit dem Übernehmer fortgeführt wird. Zum einen erleichtert dies den reibungslosen Übergang des Praxiswechsels, zum anderen wird damit auch der für den ZA wichtige „Fortführungswille" des Käufers dokumentiert.

 Hinweis

Kann oder will der Praxisübernehmer in die jeweiligen Verträge nicht eintreten, ist weiterhin der ehemalige Praxisinhaber selbst an diese gebunden – zumindest so lange, wie die Verträge nicht ordnungsgemäß gekündigt werden.

Es ist daher wichtig, dass der potenzielle Käufer vor Vertragsschluss über alle Vertragsverhältnisse, die bezüglich der Praxis bestehen und vom Alteigentümer nicht fortgeführt werden sollen, informiert wird (zur Problematik der Arbeitsverträge mit den Praxismitarbeitern s. das Kapitel Praxisübergabemodalitäten). Grundsätzlich sollten alle für den Käufer relevanten Verträge im Anhang des Kaufvertrags dokumentiert werden.

Dazu gehört auch eine schriftliche Erklärung des Käufers, dass er die jeweiligen Verträge vor Unterzeichnung einsehen konnte. Schon im eigenen Interesse sollten Sie als Praxisabgeber ihren potenziellen Nachfolger dabei unterstützen, dass dieser so viele Verträge wie möglich an Ihrer Stelle fortführen kann. Anderenfalls müssen Sie ggf. die Kosten für Vertragsleistungen zahlen, obwohl Sie diese gar nicht mehr benötigen.

Ob bezüglich derartiger Problemstellungen analog zum Ergebnis des Nachbesetzungsverfahrens entsprechende Bedingungs- oder Rücktrittsklauseln in den Kaufvertrag aufgenommen werden sollten, lässt sich nicht generell beantworten. M. E. sollte davon in der Regel Abstand genommen werden und das Risiko ausschließlich beim Käufer verbleiben.

> **☀ Praxistipp**
>
> Zugunsten des Praxisnachfolgers lässt sich ggf. für den Fall, dass ein oder mehrere Vertragspartner einem Übergang der Verträge auf den Käufer nicht oder nicht rechtzeitig zustimmen, vereinbaren, dass der Praxisabgeber im Außenverhältnis weiterhin den Vertrag fortführt. Käufer und Praxisabgeber vereinbaren diesbezüglich, dass der Käufer dem bisherigen Praxisinhaber dann die jeweiligen Zahlungen ersetzt und dessen rechtliche Verpflichtungen übernimmt.

Vorvertragliche und vertragliche Treue- und Mitwirkungspflichten

Die Kaufvertragsparteien haben gegenüber dem anderen Vertragsteil bestimmte Treue- und Mitwirkungspflichten. Diese sind im Schuldverhältnis (also dem Vertragsabschluss) begründet. § 241 Absatz 2 BGB legt diesbezüglich fest, dass das Schuldverhältnis jeden Teil zur Rücksichtnahme auf die Rechte, Rechtsgüter und Interessen des anderen

Teils verpflichten kann. Dies bedeutet vereinfacht gesagt, dass die eine Partei nichts tun oder unterlassen sollte, was der anderen Partei schaden kann. Neben den Kernpflichten des Kaufvertrags (Zahlung des Kaufpreises und die Praxisübergabe) kann dies u. a. bedeuten, dass sich die Parteien gegenseitig über bestimmte Vorgänge oder Umstände, die sich negativ für den anderen Vertragsteil auswirken können, informieren müssen.

Die Parteien müssen sich darüber hinaus auch unterstützen und unter Umständen sogar bei bestimmten Angelegenheiten aktiv mitwirken. Es geht hier im Prinzip um nichts anderes, als dass beide Seiten verpflichtet sind, alles Zumutbare zu unternehmen, damit die Praxis und damit die Zulassung so problemlos wie möglich übertragen werden kann. Um diesbezüglichen Streit zu vermeiden, ist es sinnvoll, die jeweiligen Pflichten, die den Parteien besonders wichtig sind, im Einzelnen im Kaufvertrag aufzuführen und ggf. mit einer Vertragsstrafe abzusichern. So ist bspw. häufig empfehlenswert zu regeln, wie beide Parteien gegenüber Dritten (Patienten, Mitarbeitern, Vertragspartnern) die Praxisübergabe kommunizieren sollten.

💡 Praxistipp

Die gegenseitigen Treue- und Mitwirkungspflichten entstehen übrigens nicht erst durch den konkreten Vertragsabschluss. Schon zu Beginn der Vertragsverhandlungen müssen die Parteien alles vermeiden, was der anderen Seite schaden könnte. Aufgrund des zivilrechtlichen Rechtsinstituts der culpa in contrahendo (c. i. c.) kann hier ein Schadenersatzanspruch entstehen.

Wettbewerbsverbote

Die Vereinbarung eines vertraglichen Wettbewerbsverbots ist für den praxisabgebenden Arzt dann problemlos, wenn Sie sich bspw. endgültig und ausschließlich in den Ruhestand verabschieden möchten. Es spricht dann wenig dagegen, in den Kaufvertrag ein nachvertragliches Wettbewerbsverbot (Konkurrenzschutzklausel) aufzunehmen.

Hinweis

Die Rechtsprechung stellt sehr strikte Anforderungen an Wettbewerbsverbote. Derartige Klauseln müssen in zeitlicher, örtlicher und gegenständlicher Hinsicht grundsätzlich angemessen sein. Entscheidend dafür sind immer die Umstände des Einzelfalls.

Eine Besonderheit sollte bei den Wettbewerbsverboten beachtet werden – und zwar die sogenannte „Patientenschutzklausel". Hier wird Ihnen als Praxisabgeber bei Strafandrohung verboten, bestimmte Patienten oder Patientengruppen zu behandeln. Eine solche Abrede ist m. E. rechtlich generell zulässig, auch wenn sie in Einzelfällen nicht dem Angemessenheitsgebot entspricht.

Todesfall- und Berufsunfähigkeitsrisiken

Es ist durchaus sinnvoll, im Kaufvertrag bestimmte Vorkehrungen für den Todesfall oder den Eintritt einer Berufsunfähigkeit des Nachfolgers, aber auch für den des praxisabgebenden Arztes zu treffen. Wenn Sie selbst sterben oder berufsunfähig werden, haben Ihre Erben ebenso wie der potenzielle Nachfolger ein berechtigtes Interesse daran, dass die Praxisübergabe so schnell wie möglich abgewickelt werden kann. Auf der anderen Seite will sich ein berufsunfähig gewordener Käufer so schnell wie möglich vom Vertrag lösen können – das Gleiche gilt natürlich auch für die Erben eines verstorbenen Nachfolgers.

 Praxistipp

Auch wenn der Praxisabgeber verstorben ist, darf der Nachfolger erst dann seine Tätigkeit aufnehmen, wenn eine bestandskräftige Zulassung erteilt wurde. Steht die Zulassung in einem solchen Fall noch aus, geben manche KVs zumindest eine „Kurzfassung" des Bescheids heraus und ermöglichen so dem Nachfolger die Tätigkeit. Nachfragen lohnt sich!

Schieds- bzw. Schlichtungsvereinbarungen

Es sollte von Ihnen, aber auch vom Nachfolge diskutiert werden, ob der Kaufvertrag eine Schieds- oder Schlichtungsklausel enthalten soll. Diese hat zur Folge, dass beim Streit über den Vertrag bzw. dessen einzelne Bestandteile der ordentliche Rechtsweg zu den staatlichen

Gerichten zunächst ausgeschlossen werden soll. Dabei lässt sich der Ablauf eines solchen Verfahrens durch einen privaten Schlichter dezidiert im Kaufvertrag regeln. Ob dies für Sie sinnvoll ist, lässt sich nicht pauschal beantworten. Ein privates Schiedsverfahren kann oft schneller und ggf. auch kostengünstiger durchgeführt werden als ein Verfahren vor den staatlichen Gerichten – eine Garantie dafür gibt es allerdings nicht.

> ### ⚠ Hinweis
>
> Oft findet man hier in Vertragsentwürfen die Klausel, dass mithilfe der Schiedsklausel der Weg zu den Gerichten gänzlich ausgeschlossen sei. Dies ist m. E. nicht zutreffend – es muss jedem Bürger unbenommen bleiben, staatliche Gerichte anzurufen, wenn er belegen kann, in seinen Rechten verletzt zu sein.

Prüfen Sie, ob Ihr Kaufvertragsentwurf alle für Ihren Fall erforderlichen Klauseln enthält	JA	NEIN
Wird der Kaufgegenstand exakt und präzise genug beschrieben (inklusive Inventar)?	☐	☐
Ist der Kaufpreis exakt und widerspruchsfrei aufgeführt?	☐	☐
Sind alle von den Parteien gewünschten aufschiebenden oder auflösenden Bedingungen und Rücktrittsklauseln vorhanden?	☐	☐
Ist die Art und Weise der Fälligkeit des Kaufpreises genau geregelt?	☐	☐
Ist die Übergabe als solche genau geregelt (Stichtag, Rechtsfolgen)?	☐	☐
Wird auf Gewährleistungs- oder Garantiezusicherungen verzichtet?	☐	☐
Sind alle maßgeblichen Verträge mit Dritten dem Nachfolger nachweislich bekannt gegeben worden und der Eintritt des Nachfolgers in diese Verträge sichergestellt?	☐	☐
Werden besondere Mitwirkungs- und Treuepflichten der Vertragsparteien konkret beschrieben?	☐	☐
Ist ein Wettbewerbsverbot – sofern gewünscht –vorhanden?	☐	☐
Werden Todesfall- oder Berufsunfähigkeitsrisiken geregelt?	☐	☐
Sind Schieds- oder Schlichtungsklauseln vorhanden?	☐	☐

Fazit: Anhand Ihrer Nein-Antworten können Sie schnell absehen, ob ggf. noch Ergänzungsbedarf bei Ihrem Vertragsentwurf besteht.

Tab. 2: Schnellprüfung Kaufvertrag

2.3 Job-Sharing und Partnerschaften

Das Job-Sharing-Modell kann eine sinnvolle Möglichkeit bieten, um in einem überversorgten Gebiet (gesperrter Planungsbereich) die Übergabe an den gewünschten Nachfolger zu erleichtern. Job-Sharing im vertragsärztlichen Sinne bedeutet laut Bayerischer Kassenärztlicher Vereinigung (KVB), dass Sie sich als bereits zugelassener Vertragsarzt („Senior") den Versorgungsauftrag mit einem zusätzlichen Arzt („Junior") teilen. Bei der Bedarfsplanung wird dieser zusätzliche Arzt an der vertragsärztlichen Versorgung nicht mitgezählt.

 Hinweis

Job-Sharing ist grundsätzlich nur unter Fach- und Versorgungsbereichsidentität (s. § 23b Bedarfsplanungs-Richtlinie) zulässig.

2.3.1 Vorteile des Job-Sharings

Job-Sharing bietet vielfache Gestaltungsmöglichkeiten, die sowohl in Ihrem Interesse als Praxisinhaber wie auch im Interesse des hinzukommenden Arztes liegen können. Dazu zählen bspw.

* Entlastung des bisherigen Praxisinhabers (Senior)
* Ausweitung der Praxisöffnungszeiten und des Leistungsangebots
* Möglichkeit zur Teilzeittätigkeit
* Einstiegsmöglichkeit für Nachfolger trotz Zulassungsbeschränkungen
* Gleitender Einstieg in eine Praxisübernahme

Vor allem die letzten beiden Punkte sind für die Praxisaufgabe bedeutsam.

2.3.2 Zwei Varianten des Job-Sharings

Job-Sharing ist in zwei Formen möglich, die Ihnen als Vertragsarzt (auch bei Teilzulassung) zustehen.

* (Variante 1) Vertragsarzt und Job-Sharer bilden gesellschaftsrechtlich eine Berufsausübungsgemeinschaft (BAG)

- (Variante 2) Vertragsarzt beschäftigt den Job-Share im Angestellten-verhältnis

Über Job-Sharing (einschließlich der Genehmigung der BAG bzw. des Anstellungsverhältnisses) entscheidet der ZA.

 Hinweis

Job-Sharing-Antragsteller müssen laut KVB gegenüber dem ZA ihr Einverständnis zur Festschreibung einer gemeinsam erbring- und abrechenbaren Leistungsmengen-Obergrenze auf Basis der bisherigen Leistungserbringung und Abrechnung des bisherigen Vertrags-arztes erklären.

Beiden Varianten ist gemein, dass sie zunächst eine Möglichkeit für eine „zeitflexible" Tätigkeit in der vertragsärztlichen Versorgung in einem gesperrten Planungsbereich darstellen und gleichzeitig die Nutzung von Privilegierungen im Nachbesetzungsverfahren vorbereiten (s. § 103 SGB V). Die Möglichkeit zur Bildung einer Job-Sharing-Berufsaus-übungsgemeinschaft oder die Anstellung eines Arztes im Rahmen des Job-Sharings steht Ihnen als Vertragsarzt grundsätzlich zu, auch wenn Sie nur eine Zulassung mit hälftigem Versorgungsauftrag (sog. „Teilzu-lassung") besitzen.

2.3.3 Gemeinsamkeiten der Job-Sharing-Varianten

Zunächst muss darauf hingewiesen werden, dass beide Varianten eine Versorgungsbereichs- bzw. Fachidentität laut Bedarfsplanungs-Richtli-nie (Bpl-RL) zwischen Senior und Junior voraussetzen. Entscheidend sind hier die §§ 41 und 59 der Richtlinie (Fassung vom 15.02.2018).

Das Job-Sharing muss zwingend vom ZA genehmigt werden. Die ent-sprechenden Anträge auf Zulassung (incl. Genehmigung einer Berufs-ausübungsgemeinschaft) bzw. auf Genehmigung zur Beschäftigung eines angestellten Arztes sind daher vorab an den zuständigen Aus-schuss zu richten.

Praxistipp

Wenn es um die Beschäftigung eines Job-Sharers geht, muss dem Antrag unbedingt auch der Anstellungsvertrag beigefügt werden.

Exkurs: Komplizierte Obergrenze für ärztliche Leistungen

Vom ZA wird eine von der Job-Sharing-Praxis insgesamt maximal abrechenbare Leistungsmenge (Obergrenze) festgelegt. Dabei wird im ersten und zweiten Leistungsjahr unterschiedlich vorgegangen.

Die vier Obergrenzen für das 1. Leistungsjahr werden laut KVB aus dem anerkannten Job–Sharing-relevanten Leistungsbedarf der vier Quartale berechnet, die der Zulassung bzw. Anstellungsgenehmigung vorausgehen und für die entsprechende Abrechnungsbescheide vorliegen (Basisquartale). Sollte es außergewöhnliche Entwicklungen in den Basisquartalen (wie z. B. Krankheit des Arztes) geben, müssen die den Basisquartalen vorangegangenen Quartale bei der Berechnung der Job-Sharing-Obergrenze herangezogen werden. Die Anpassungsfaktoren werden im 1. Leistungsjahr aus Division der vom Zulassungsausschuss festgelegten quartalsbezogenen Obergrenze und dem Fachgruppendurchschnitt des jeweiligen Quartals des 1. Leistungsjahres berechnet. Dem Honorarvolumen der Praxis werden 3 % des jeweiligen Fachgruppendurchschnitts der Basisquartale hinzuaddiert.

Im 2. Leistungsjahr werden die Obergrenzen anhand der Entwicklung der Fachgruppe durch Multiplikation des vorab berechneten praxisindividuellen Anpassungsfaktors, der das Verhältnis der Job-Sharing-Praxis zum Durchschnitt der Fachgruppe ausdrückt, mit dem Fachgruppendurchschnitt (s. § 45 bzw. § 60 Bpl-RL) errechnet. Dieses Verfahren wird allerdings von der KV nur angewandt, wenn die so ermittelten quartalsweisen Obergrenzen die ursprünglich im 1. Leistungsjahr vom Zulassungsausschuss festgesetzte Obergrenze nicht unterschreiten. Ansonsten ist der höhere, vom Zulassungsausschuss ursprünglich festgelegte Wert maßgeblich.

Praxistipp

Die KV prüft quartalsweise, ob die Job-Sharing-Obergrenze eingehalten wurde. Ergibt sich im jeweiligen Abrechnungsquartal eine Überschreitung, wird diese anhand der aktuellen Quartalsabrechnung berichtigt.

Nach vier abgerechneten Quartalen erfolgt eine Saldierung/Verrechnung der Über- bzw. Unterschreitungen der jeweiligen Quartale. Wenn im Saldierungszeitraum Unter- und Überschreitungen der Obergrenze vorliegen, erfolgt nach entsprechender Verrechnung eine Rückerstattung des ggf. zu viel gekürzten Honorars.

Sonderfälle

Wenn das Honorar im Basisquartal im Vergleich zur Fachgruppe unterdurchschnittlich war, darf in bestimmten Ausnahmefällen der Fachgruppendurchschnitt anstelle des eigenen abgerechneten und anerkannten Job-Sharing-relevanten Leistungsbedarfs als Obergrenze zugrunde gelegt werden. Dies gilt laut § 43 Bpl-RL bei

• Anfängerpraxen, wenn die Praxis in den Basisquartalen noch im Aufbau ist (maximal vier Quartale ab Erstniederlassung),
• der Betreuung und Erziehung von Kindern oder
• der Pflege eines pflegebedürftigen nahen Angehörigen in häuslicher Umgebung (§ 7 Pflegezeitgesetz).

 Hinweis

Ab 01.10.2016 wurde hier ein weiterer positiver Ausnahmetatbestand aufgenommen. Danach gilt der Fachgruppendurchschnitt als Obergrenze auch, wenn ein bereits zugelassener Vertragsarzt über vier Quartale in unterdurchschnittlichem Umfang tätig war.

Bei einer BAG bzw. einem MVZ betrifft die Leistungsbeschränkung die gesamte Praxis bzw. das gesamte MVZ. Darauf sollte laut KVB beim Vorhandensein bzw. der Aufnahme weiterer BAG-Partner, bei der Bildung überörtlicher BAGs und bei Teil-BAGs geachtet werden.

Es wird in beiden Varianten (Anstellung oder BAG) erlaubt, dass sowohl der Job-Sharing-Zugelassene als auch der Job-Sharing-Angestellte neue Leistungen in das bisherige Praxisspektrum einbringen kann. Dies gilt auch für qualifikationsgebundene bzw. genehmigungspflichtige Leistungen, für deren Erbringung der bisherige Praxisinhaber keine Qualifikation oder Genehmigung besitzt. Der Job-Sharer seinerseits benötigt für die Erbringung solcher Leistungen natürlich die notwendige Qualifikation bzw. Genehmigung.

Außerdem gilt in beiden Konstellationen, dass der neu eintretende Job-Sharer bezüglich der Fallwerte für die RLV/QZV kein eigenes „Budget" bekommt.

 **Praxistipp**

Ein Job-Sharing-Verhältnis kann laut § 40 S. 1 Bpl-RL nur zu Beginn eines Quartals gegründet werden.

2.3.4 Besonderheiten beim Job-Sharing im Angestelltenverhältnis

Nachfolgend die wichtigsten acht Besonderheiten, wenn es um Anstellungen im Job-Sharing geht:

1. Pro vollzugelassenem Vertragsarztsitz dürfen insgesamt nicht mehr als drei vollzeitbeschäftigte angestellte Ärzte (bzw. eine im zeitlichen Umfang ihrer Arbeitszeit entsprechende Anzahl von teilzeitbeschäftigten Ärzten) angestellt werden. Bei Vertragsärzten mit überwiegend medizinisch-technischen Leistungen wird die Grenze bis zu vier vollzeitbeschäftigte Ärzte erhöht. Bei teilzugelassenen Vertragsärzten ist nur ein vollzeitbeschäftigter Arzt (oder eine im zeitlichen Umfang ihrer Arbeitszeit entsprechende Anzahl von teilzeitbeschäftigten Ärzten) erlaubt. Dabei werden die im Rahmen des Job-Sharings angestellten Ärzte und „normal" angestellte Ärzte zusammengezählt.
2. Die Abrechnung der erbrachten Leistungen darf ausschließlich durch den Vertragsarzt erfolgen.

3. Eine Genehmigung des ZA für die Anstellung wird ausschließlich unbefristet erteilt, gewünschte Befristungen durch den Vertragsarzt als Arbeitgeber können daher nur im Wege des Arbeitsvertrags vereinbart werden. Die Genehmigung des Vertragsarztes zur Beschäftigung des Job-Shares endet automatisch, wenn dieser aus dem Arbeitsverhältnis ausscheidet. Damit endet auch die o. g. Leistungsbegrenzung.

> **⚠ Hinweis**
>
> Die Leistungsbegrenzung wird ggf. auch bei Aufhebung der Zulassungsbeschränkungen für den betroffenen Planungsbereich anhand der in § 26 Abs. 2 Bedarfsplanungs-Richtlinie festgelegten Rangfolge beendet.

Der angestellte Arzt wird laut KVB dann in der Bedarfsplanung berücksichtigt.

4. Die KV kann Ausnahmen von der Leistungsbegrenzung zulassen, soweit und solange dies zur Deckung eines zusätzlichen lokalen Versorgungsbedarfs erforderlich ist.
5. Wesentliches Merkmal der Anstellung ist– im Gegensatz zur Freiberuflichkeit des Vertragsarztes – das abhängige Beschäftigungsverhältnis. Der angestellte Job-Sharer bezieht i. d. R. ein Festgehalt und trägt auch kein unternehmerisches Risiko. Für Angestellte müssen deshalb natürlich auch die üblichen Vorschriften des Steuer- und Sozialversicherungsrechts angewandt werden.
6. Der Vertragsarzt soll laut KVB den angestellten Arzt zur Einhaltung der vertragsärztlichen Pflichten anhalten.
7. Über alle in der Praxis angestellten Ärzte müssen die Patienten in geeigneter Weise informiert werden.
8. Wenn der angestellte Job-Sharer über eine Schwerpunktbezeichnung verfügt, muss diese mit der Schwerpunktbezeichnung des Arbeitgebers übereinstimmen. Ist dies nicht der Fall, darf der angestellte Job-Sharer die Schwerpunktbezeichnung so lange nicht führen, bis das Arbeitsverhältnis beendet wird.

ZA darf angestellten Job-Sharer im Nachbesetzungs-verfahren privilegieren

Die für die Praxisnachfolge wichtigste Frage, inwiefern der angestellte Job-Sharer im Nachbesetzungsverfahren berücksichtigt wird, ist nicht eindeutig zu beantworten. Laut KVB wird ein solcher Bewerber in der Regel analog zum eigenständig zugelassenen Job-Sharer in einer BAG (s. u.) privilegiert, dies steht allerdings im Ermessen des ZA. Einen ausdrücklichen Anspruch auf eine Berücksichtigung gibt es allerdings nicht.

Anhand der Checkliste können Sie prüfen, inwieweit die Anstellung eines Job-Sharers aufgrund der besonderen Vorgaben und Merkmale für Ihre Übergabeplanung relevant ist	relevant	nicht relevant
Es muss Fach- und Versorgungsbereichsidentität zwischen Angestelltem und Ihnen bestehen	☐	☐
Für Ihr abrechenbares Honorar gilt bei angestellten Job-Sharern eine Leistungsmengenobergrenze	☐	☐
Das Job-Sharing-Verhältnis kann auch im Rahmen eines Teilzeitverhältnisses durchgeführt werden	☐	☐
Der angestellte Job-Sharer darf ein neues Leistungsspektrum in Ihre Praxis einbringen	☐	☐
Der angestellte Job-Sharer darf nur mit einem ordnungsgemäßen Arbeitsvertrag beschäftigt werden	☐	☐
Es gelten alle für Arbeitnehmer relevanten steuerlichen und sozialversicherungsrechtlichen Anforderungen	☐	☐
Der angestellte Job-Sharer besitzt keinen eigenen Vertragsarztstatus	☐	☐
Bei Entsperrung des Planungsbereichs kann ggf. ein Wegfall der Leistungsmengenbegrenzung erfolgen (laut KVB besteht dabei Nachrang gegenüber Job-Sharing-Zulassungen und Vorrang gegenüber Neuzulassungen)	☐	☐
Fazit: Je relevanter die einzelnen Punkte sind, desto sinnvoller kann die Anstellung eines Job-Sharer sein.		

Tab. 3: Job-Sharing im Angestellten-Verhältnis

 **Praxistipp**

Im letzten Kapitel stellen wir Ihnen einen Anstellungsvertrag für Ärzte (angelehnt an ein Muster der KVNO) vor. Bitte beachten Sie, dass ein solches Muster nur zur Orientierung dienen kann, es muss immer an Ihre jeweilige individuelle Situation angepasst werden.

2.3.5 Besonderheiten beim Job-Sharing in einer BAG

Nachfolgend die Besonderheiten beim Job-Sharing in Form der BAG. In diesem Fall wird der Job-Sharer selbst zum freiberuflich tätigen Vertragsarzt und gleichzeitig zum Gesellschafter der BAG. Ihn treffen ab jetzt alle vertragsärztlichen Rechte und Pflichten.

1. Der eintretende Job-Sharer (Junior) erhält mit der Zulassung durch den ZA keinen eigenen Versorgungsauftrag, er teilt sich diesen stattdessen mit dem des bisherigen Praxisinhabers (Senior).

 Hinweis

Die Gründung einer überörtlichen BAG zwischen Senior und Junior ist aufgrund der strengen Akzessorietät der Job-Sharing-Zulassung an die Zulassung des Seniorpartners laut KVB nicht möglich - die Tätigkeit des Juniors ist an den Vertragsarztsitz des Seniorpartners gebunden. Senior und Junior können allerdings eine überörtliche BAG mit einem Dritten, der an einem anderen Vertragsarztsitz tätig ist, gründen.

2. Nur die BAG darf ihre Leistungen bei der KV abrechnen.
3. Die Zulassung des Juniors wie auch die diesbezügliche BAG-Genehmigung werden vom ZA vorgenommen. Die entsprechende Zulassung ist zeitlich grundsätzlich unbefristet.

 Hinweis

Die Zulassung ist allerdings grundsätzlich auf die Dauer der gemeinsamen vertragsärztlichen Tätigkeit mit dem Senior beschränkt („vinkulierte Zulassung"). Sie erlischt in der Regel mit dem Zulassungsende des Seniors (Ausnahme: nahtlose Fortführung des Praxissitzes des Seniors innerhalb der Job-Sharing-BAG nach Abgabe durch einen Nachfolger) oder mit der Erklärung der Beendigung der gemeinsamen Berufsausübung im Rahmen der BAG.

Mit dem Erlöschen der Zulassung(en) endet häufig auch die Leistungsmengenbegrenzung der BAG. Die Vinkulierung der Zulassung sowie
die Leistungsbegrenzung der BAG enden spätestens nach 10-jähriger
gemeinsamer Job-Sharing-Tätigkeit (s. § 101 Abs. 3 SGB V) und ggf.
auch bereits vorher bei Aufhebung der Zulassungsbeschränkungen für
den betroffenen Planungsbereich festgelegten Rangfolge (§ 26 Abs. 2
BpI-RL).

Das bedeutet, dass die Job-Sharing-Zulassung zur „normalen" Vollzulassung mit eigenem Versorgungsauftrag wird. Laut KVB wird ein bisheri-
ger „Junior" dann auch in der Bedarfsplanung berücksichtigt.

- Wesentliches Merkmal ist die freiberufliche Tätigkeit des Job-Sharers.
  Diese muss sich auch in den gesellschaftsrechtlichen Regelungen
  des BAG-Vertrags widerspiegeln.
- Der Job-Sharer wird als frei praktizierender Vertragsarzt mit den entsprechenden vertragsärztlichen Rechten und Pflichten tätig. Er tritt
  als solcher auch nach außen in Erscheinung (Praxisschild).
- Wenn Senior und Junior eine Schwerpunktbezeichnung führen,
  muss diese übereinstimmen. Es ist zulässig, wenn nur einer der BAG-
  Partner eine Schwerpunktbezeichnung führt.

Die „Scheingemeinschaftsfalle"

Beim Entwurf des entsprechenden BAG-Gesellschaftsvertrags sollten
Sie unbedingt darauf achten, dass Sie den Job-Sharer faktisch nicht auf
einen Angestellten reduzieren. Hier droht das Risiko, dass Ihnen eine
Scheingemeinschaftspraxis unterstellt wird. Eine solche Einstufung hat
gravierende steuer- und sozialversicherungsrechtliche Konsequenzen
und zieht ggf. erhebliche Honorarrückforderungen nach sich.

 Hinweis

Unter Umständen drohen hier sogar strafrechtliche Konsequenzen.
Daher sollten Sie bei den Vertragsformulierungen zwingend darauf
achten, die Eigenverantwortlichkeit und die Selbstständigkeit des
Juniorpartners zu betonen.

Indizien für eine Scheingemeinschaftspraxis sind u. a. bspw.

- die fachliche oder zeitliche Weisungsgebundenheit des Job-Sharers oder
- Ausschluss einer Abfindung beim Ausscheiden (Juniorpartner wird nicht am Firmenwert (Goodwill) der Praxis beteiligt, obwohl er diesen in aller Regel mit erarbeitet hat).

Für die Zulässigkeit der BAG ist eminent wichtig, dass der Junior am unternehmerischen Risiko der Praxis beteiligt wird und er sein eigenes Stimmrecht wahrnehmen kann.

Anhand der Checkliste können Sie prüfen, inwieweit Job-Sharing im Wege der BAG aufgrund der besonderen Vorgaben und Merkmale für Ihre Übergabeplanung relevant ist	relevant	nicht relevant
Es muss Fach- und Versorgungsbereichsidentität zwischen Junior und Ihnen bestehen	☐	☐
Für Ihr abrechenbares Honorar gilt bei Job-Sharern im Rahmen der BAG eine Leistungsmengenobergrenze	☐	☐
Das Job-Sharing-Verhältnis kann auch im Rahmen eines Teilzeitverhältnisses durchgeführt werden	☐	☐
Der Job-Sharer darf ein neues Leistungsspektrum in Ihre Praxis einbringen	☐	☐
Der Job-Sharer erhält nur eine „vinkulierte Zulassung" (d. h., dass diese an Ihre Zulassung bzw. an die BAG-Zulassung gebunden ist)	☐	☐
Der Job-Sharer erhält durch seine Zulassung zwar Vertragsarztstatus, er erhält aber keinen eigenständigen Versorgungsauftrag	☐	☐
Nach 10 Jahren gemeinsamer BAG-Tätigkeit entfallen Zulassungsvinkulierung und Leistungsmengenbegrenzung der BAG („normale" Vollzulassung für den Junior). Dies kann ggf. auch bereits vorher bei Entsperrung des Planungsbereichs erfolgen (dabei Vorrang vor Job-Sharing-Anstellung und Neuzulassungen)	☐	☐
Fazit: Je relevanter die einzelnen Punkte sind, desto sinnvoller kann die Gründung einer Job-Sharing-BAG sein.		

Tab. 4: Job-Sharing im Rahmen einer BAG

Abschließende Bemerkung

Als Alternative zum Job-Sharing ist ggf. auch die Beschränkung Ihrer Vollzulassung auf einen hälftigen Versorgungsauftrag i. V. m. einer Nachfolge-Teilzulassung (bzw. -anstellung) in Betracht zu ziehen. Dies ist von den individuellen Vorstellungen und Zielen der Beteiligten abhängig. Die Thematik „Job-Sharing" ist aber grundsätzlich aufgrund ihrer Komplexität und der abrechnungstechnischen Umsetzung zwingend beratungsbedürftig. Wenn Sie eine Job-Sharing-Kooperation planen, sollten Sie in jedem Falle im Vorfeld eine Beratung durch die für Sie zuständige KV in Anspruch nehmen.

2.3.6 Exkurs: Todesfall des Praxisinhabers

Auch wenn sich niemand gerne mit dem eigenen Ableben beschäftigt, lässt sich das Morbiditätsrisiko nicht negieren. Gerade als Arzt sollten Sie hier die entsprechenden arzt- und erbrechtlichen Gegebenheiten kennen.

Nachfolgezulassung bei Einzelpraxis und BAG

Wenn ein zugelassener Arzt in einem gesperrten Gebiet stirbt, endet gemäß SGB V damit auch automatisch seine Zulassung.Eine Vererbung der Zulassung ist grundsätzlich ausgeschlossen, da es sich bei der Zulassung um ein höchstpersönliches Recht handelt, welches daher auch nicht zum Nachlass des Erblassers gehören kann. Dies hat zur Folge, dass den mutmaßlichen Erben auch keine eigene berufsrechtliche Befugnis zur Fortführung der Praxis eingeräumt wird.

 Praxistipp

Den Erben wird allerdings die Möglichkeit eingeräumt, die Praxis bis zu einer Dauer von zwei Quartalen durch einen anderen Arzt fortführen zu lassen (§ 4 Abs. 3 BMV-Ä (Bundesmantelvertrag - Ärzte).

Die halbjährige Frist kann jedoch nicht verlängert werden, was hinsichtlich des evtl. darauf folgenden Nachbesetzungsverfahrens auch problematisch für die allgemeine Versorgung sein kann.

⚠ **Hinweis**

Der Tod eines Arztes in einer BAG führt trotz des höchstpersönlichen Charakters der Zulassung allerdings nicht dazu, dass die gesamte Praxis ihre Zulassung verliert. Es gibt ja schließlich noch mindestens einen überlebenden Arzt, der seine Zulassung noch besitzt.

Die höchstpersönliche Bindung der Zulassung an die Person des Arztes hat jedoch auch zur Folge, dass eine Weitergabe im Vorfeld auf einen potenziellen Nachfolger nicht erfolgen kann, was eine Nachfolgeplanung erheblich erschwert und die Einleitung entsprechender Maßnahmen umso erforderlicher macht.

Nachbesetzungsverfahren in gesperrtem Gebiet

Die „Weitergabe" der Zulassung nach dem Tod eines Vertragsarztes muss zwingend durch das Nachbesetzungsverfahren erfolgen, wenn sich der Vertragsarztsitz in einem solchen Gebiet mit Zulassungsbeschränkung befindet. Eine freie Auswahl eines Nachfolgers durch die Erben ist somit ausgeschlossen, es muss immer ein Nachbesetzungsverfahren durchgeführt werden. Dies erfolgt in folgenden Schritten:

1. Antragstellung durch die Erben (ggf. durch Notgeschäftsführungsmaßnahme nach § 2038 Abs. 1 S. 2 BGB) oder die verbleibenden Gesellschafter einer BAG beim zuständigen ZA
2. Ausschreibung des frei gewordenen Vertragsarztsitzes durch den ZA nach § 103 Abs. 4 S. 1 SGB V.

> ⚠ **Hinweis**
>
> Eine Ausschreibung muss sogar in den Fällen erfolgen, in denen unter den Erben ein fachlich und persönlich qualifizierter Arzt ist, der die Praxis oder den Praxisanteil übernehmen würde.

3. Auswahl durch den ZA unter mehreren Bewerbern nach pflichtgemäßem Ermessen (§ 103 Abs. 4 S. 4 SGB V). Dabei sind folgende Erwägungen zu berücksichtigen:
   - Berufliche Eignung und Approbationsalter,
   - Dauer der ärztlichen Tätigkeit und Eintragung auf der Warteliste (§ 103 Abs. 5 SGB V),
   - verwandtschaftliches und berufliches Verhältnis zwischen Bewerber und bisherigem Vertragsarzt,
   - wirtschaftliche Interessen der Erben, soweit der zu erwartende Kaufpreis die Höhe des Verkehrswerts der Praxis nicht übersteigt, und die
   - Interessen der verbleibenden Ärzte (§ 103 Abs. 6 S. 2 SGB V).

> **Praxistipp**
>
> Verkaufswillige Erben sollten aufgrund des Entscheidungsspielraums des ZA schon während des laufenden Nachbesetzungsverfahrens mit mehreren Interessenten verhandeln. Etwaige Kaufverträge sind dann jeweils unter aufschiebender Bedingung abzuschließen und den anderen potenziellen Vertragspartnern offenzulegen.

Nachfolgeregelung gehört bei BAGs in den Gesellschaftsvertrag

Aufgrund der berufsrechtlichen Zulassungsbeschränkungen ist eine konkrete und zielgerichtete Nachfolgeplanung alles andere als einfach. Umso wichtiger ist daher, mit der Planung früh zu beginnen. Vor allem bei BAGs ist es ratsam, schon bei Abschluss des Gesellschaftsvertrags die Fortsetzung der Praxis durch die verbleibenden Gesellschafter oder mit einem berufsqualifizierten Erben zu regeln. Damit kann die gewünschte Nachfolge in zulassungsbeschränkten Gebieten nicht zu 100 % gewährleistet, eine Entscheidung des ZA aber in nicht unerheblichem Maße beeinflusst werden.

2.4 Teilzulassung und Praxisnachfolge

Im Jahre 2009 wurde zur Flexibilisierung des Vertragsarztrechts die Möglichkeit einer Teilzulassung eingeführt. Seit diesem Zeitpunkt ist die Teilzulassung ausschreibungsfähig und kann durch einen Nachfolger besetzt werden. Laut KVB (stellvertretend für die KVs in anderen Bundesländern) ist die Ausschreibungsmöglichkeit der halben Zulassung auch beim freiwilligen Verzicht auf diese möglich. Dies macht es abgabewilligen Ärzten möglich, schon früher den wirtschaftlichen Wert ihrer Praxis in Form der halben Zulassung zu realisieren. Eine Übergabe der zweiten Hälfte erfolgt dann zu einem späteren Zeitpunkt.

 Hinweis

Wie bei der Vollzulassung ist es grundsätzlich unmöglich, als Arzt die Teilzulassung an einen Nachfolger zu verkaufen, da es sich bei der Zulassung um ein höchstpersönliches Recht handelt (s. Kapitel 2.1). Veräußern lässt sich lediglich der hälftige Praxisanteil.

Wird die Teilzulassung einem Bewerber von der KV vergeben, kann der beitretende Nachfolger die hälftige Zulassung eines bestehenden Vertragsarztsitzes übernehmen.

 Praxistipp

Eine solche Vorgehensweise kann ökonomisch durchaus fruchtbar sein. Die Partner können ggf. durch vermehrte Leistungen den bisherigen Honorarumfang ausweiten – bspw. durch extrabudgetäre Angebote und Selbstzahlerleistungen.

Der Nachfolger kann die vertragsärztliche Versorgung auch mit einem Partner gemeinsam ausüben, wenn er sich in die bereits bestehende BAG des Vertragsarztes einkauft. Wenn Sie Inhaber einer Einzelpraxis sind, können Sie mit einem Nachfolger unter bestimmten Umständen auch eine BAG gründen (s. Kapitel 2.5).

Hinweis

Die KVB weist darauf hin, dass eine Gründung oder Erweiterung einer BAG nur in nicht gesperrten Planungsbereichen möglich ist.

2.4.1 Grundlagen der Teilzulassung

Logischerweise ist eine Berechtigung zur Teilnahme an der ambulanten vertragsärztlichen Versorgung notwendig, um gesetzlich Versicherte ambulant medizinisch behandeln zu dürfen. Diese Berechtigung ist die Zulassung. Die Zulassung berechtigt aber nicht nur, sie verpflichtet auch zur Teilnahme an der vertragsärztlichen Versorgung. Die Zulassung mit einem vollen Versorgungsauftrag ist in aller Regel vollzeitig, d. h. hauptberuflich auszuüben - sie wird üblicherweise mit dem Anrechnungsfaktor 1,0 in der Bedarfsplanung berücksichtigt. Der Gesetzgeber räumt seit neun Jahren Ärzten neben einer Zulassung mit vollem Versorgungsauftrag auch die Option ein, die vertragsärztliche Tätigkeit eingeschränkt im Rahmen eines nur hälftigen Versorgungsauftrags (sog. „Teilzulassung") auszuüben. Eine „Teilzulassung" wird üblicherweise mit dem Faktor 0,5 in der Bedarfsplanung angerechnet.

 Hinweis

Die Teilzulassung stellt keine „Halbtagszulassung" dar. Der Grund dafür ist nachvollziehbar – der Versorgungsauftrag darf laut aktueller Rechtslage zwar im Umfang, aber nicht zeitbezogen begrenzt werden.

Daher muss ein teilzugelassener Arzt für seine Patienten zu Zeiten ohne den üblichen Bereitschaftsdienst zur Verfügung stehen. Aufgrund der Patientenbedürfnisse nach einer ausreichenden und zweckmäßigen vertragsärztlichen Versorgung ist daher vorgeschrieben, im Rahmen einer Vollzulassung persönliche Sprechzeiten von mindestens 20 Sprechstunden in der Woche anzubieten, bei einer Teilzulassung wird die Hälfte, also mindestens 10 Sprechstunden, verlangt.

2.4.2 Besonderheiten der Teilzulassung

Arztregistereintragung

Eine Arztregistereintragung gilt bundesweit. Der erste Schritt zur Zulassung als Vertragsarzt ist die Eintragung in das Arztregister des zuständigen Zulassungsbezirks (Wohnort des Arztes). Hierzu benötigen zulassungswillige Ärzte

- Geburtsurkunde,
- Approbation,
- Zeugnis über eine ggf. abgeschlossene Facharztweiterbildung und einen
- Nachweis über die ärztliche Tätigkeit nach bestandener ärztlicher Prüfung.

Alle Nachweise müssen im Original vorgelegt werden, bloße Kopien reichen nicht aus.

 Praxistipp

Eintragungswillige sollten um einen persönlichen Termin bei den KV-Bezirksstellen nachsuchen. Diese fertigen von den Originaldokumenten in aller Regel kostenlos beglaubigte Kopien an. Neben der Ersparnis bietet dies auch die Sicherheit, dass die Originale nicht auf dem Postweg verloren gehen können.

Zulassungsantrag

Wenn die Registereintragung erfolgt ist, muss ein schriftlicher Antrag auf Zulassung beim ZA, in dessen Bezirk sich der Vertragsarzt niederlassen will, gestellt werden. Die entsprechenden Antragsformulare finden Sie auf den Webseiten der jeweiligen KV. Im Antrag muss angegeben werden, für welchen Vertragsarztsitz die Zulassung begehrt wird – also die konkrete Praxisadresse mit Ort, Straße, Hausnummer.

 Hinweis

Bei persönlicher Ungeeignetheit (bspw. festgestellter Alkohol- oder Drogenabhängigkeit innerhalb der letzten 5 Jahre, Approbationsentzug etc.) wird eine Zulassung generell abgelehnt.

Wenn der Zulassungsbewerber noch einer weiteren Tätigkeit nachgeht bzw. nachgehen will (bspw. als angestellter Klinikarzt) sollte dies genau geprüft werden – nach Angaben der KVB gibt es hier zeitliche und inhaltliche Beschränkungen.

Erlöschen der Zulassung

Seit 2009 besteht keine Altersgrenze für die Zulassung bzw. Zulassungsbeendigung. Die vertragsärztliche Zulassung wird daher in der Regel durch

- Tod,
- Verzicht des Zulassungsinhabers,
- Ablauf eines Befristungszeitraums,
- Verlegung der Praxis in einen anderen Zulassungsbezirk,
- Aufgabe der Praxis oder
- Entziehung der Zulassung aufgrund gröblicher Pflichtverletzungen (bzw. Wegfall der Eignung) und
- ggf. Teilentziehung, falls vertragsärztliche Pflichten nicht in vollem Umfang erfüllt werden,

beendet.

2.4.3 Zulassungsbeschränkungen und Bedarfsplanung

Anhand der Bedarfsplanung wird festgestellt, wie viele Ärzte eines Fachgebiets bzw. einer Arztgruppe in einer bestimmten Region notwendig sind, um den ambulanten ärztlichen Versorgungsbedarf der dort lebenden Bevölkerung zu gewährleisten.

 Hinweis

Das ärztliche Angebot wird in erster Linie über die Bedarfsplanung und das Zulassungsrecht gesteuert. Beide wurden seit 1992 mit dem Gesetz zur Sicherung und Strukturverbesserung der gesetzlichen Krankenversicherung (Gesundheitsstrukturgesetz) verzahnt. Das Gesetz ermächtigt den Gemeinsamen Bundesausschuss der Ärzte, Krankenhäuser und Krankenkassen (G-BA), mittels der Bedarfsplanungs-Richtlinie (Bpl-RL) die Verteilung von Ärzten zu regeln.

Die Richtlinie – die immer wieder aktualisiert wird – teilt alle zulassungsfähigen Fachgebiete in Arztgruppen (mit Ausnahme der Mund-Kiefer-Gesichtschirurgen) ein, für die sog. Verhältniszahlen gebildet werden. Dabei werden die Arztgruppen je nach Spezialisierungsgrad und der Notwendigkeit einer wohnortnahen Versorgung auf vier Versorgungsebenen verteilt:

- hausärztliche Versorgung
- allgemeine fachärztliche Versorgung
- spezialisierte fachärztliche Versorgung
- gesonderte fachärztliche Versorgung

Den vier Ebenen werden verschiedene Planungsbereiche zugeordnet. Bspw. ist die hausärztliche Versorgung in die sogenannten Mittelbereiche eingruppiert.

 Hinweis

Mittelbereich ist laut einer vereinfachten Definition der KVB „der sich aus der statistischen Raumbeobachtung ergebende Einzugsbereich für gehobene Dienstleistungen um eine Mittelstadt".

Die Planungsbereiche für die allgemeine fachärztliche Versorgung sind üblicherweise die jeweiligen Stadt- und Landkreise. Der spezialisierten fachärztlichen Versorgung werden – je nach Bundesland – verschiedene Raumordnungsregionen als Planungsbereiche zugeordnet. Planungsbereich der Arztgruppen der gesonderten fachärztlichen Versorgung ist in der Regel der gesamte Zuständigkeitsbereich der jeweiligen Kassenärztlichen Vereinigung.

⚠ Hinweis

Wie viele Ärzte pro Planungsbereich tatsächlich notwendig sind, wird zunächst anhand des Verhältnisses Arzt/Einwohner ermittelt, dabei gelten für jede Arztgruppe unterschiedliche Zahlen. So wird für die Arztgruppe der Hausärzte seit einigen Jahren der Wert 1.671 angesetzt (pro 1.671 Einwohner ein Hausarzt).

In der Praxis wird aber nicht nur allein auf die reine Einwohnerzahl abgestellt, es dürfen laut § 2 Bpl-RL (Fassung vom 15.02.2018) auch spezifische regionale Besonderheiten am jeweiligen Ort berücksichtigt werden

§ 2 Berücksichtigung regionaler Besonderheiten

Von dieser Richtlinie darf mit Begründung im Sinne des § 12 Absatz 3 Ärzte-ZV abgewichen werden, wenn und soweit regionale Besonderheiten dies für eine bedarfsgerechte Versorgung erfordern (§ 99 Absatz 1 Satz 3 SGB V). Regionale Besonderheiten im Sinne des § 99 Absatz 1 Satz 3 SGB V können insbesondere sein:

1. die regionale Demografie (z. B. ein über- oder unterdurchschnittlicher Anteil von Kindern oder älteren Menschen),

2. die regionale Morbidität (z. B. auffällige Prävalenz- oder Inzidenzraten),

3. sozioökonomische Faktoren (z. B. Einkommensarmut, Arbeitslosigkeit und Pflegebedarf),

4. räumliche Faktoren (z. B. Erreichbarkeit, Entfernung, geographische Phänomene wie Gebirgszüge oder Flüsse, Randlagen, Inseln oder eine besondere Verteilung von Wohn- und Industriegebieten)

sowie

5. infrastrukturelle Besonderheiten (u. a. Verkehrsanbindung, Sprechstundenzeiten/Arbeitszeiten und Versorgungsschwerpunkte des Vertragsarztes, Barrierefreiheit, Zugang zu Versorgungsangeboten angrenzender Planungsbereiche unter Berücksichtigung von Über- und Unterversorgung und anderer Sektoren, z. B. in Krankenhäusern, Pflegeeinrichtungen etc.).

Ist es aufgrund regionaler Besonderheiten für eine bedarfsgerechte Versorgung erforderlich, von diesen Richtlinien abzuweichen, sind die Abweichungen in den nach § 99 Absatz 1 Satz 1 SGB V aufzustellenden Bedarfsplänen zu kennzeichnen und die Besonderheiten darzustellen.

Der sogenannte Versorgungsgrad in einem Planungsbereich liegt bei 100 %, wenn dort genau so viele Ärzte einer Arztgruppe vorhanden sind, wie von der Verhältniszahl vorgesehen. Wenn es deutlich mehr Ärzte einer Arztgruppe im Planungsbereich gibt, gilt dieser als überversorgt (ab einem Versorgungsgrad von 110 %) und kann mit einer Zulassungsbeschränkung versehen werden. Eine Zulassung kann in diesem Fall laut KVB nur im Rahmen folgender Möglichkeiten beantragt werden:

- Praxisübernahme/-nachfolge von einem bereits zugelassenen Fachkollegen
- Job-Sharing-Zulassung mit strikter Leistungsmengenbegrenzung
- ggf. Sonderbedarfszulassung aus Sicherstellungsgründen
- ggf. sog. „Belegarztzulassung" gemäß § 103 Abs. 7 SGB V
- ggf. Umwandlung einer bestehenden Anstellung in eine Zulassung

> **☀ Praxistipp**
>
> Wenn der Versorgungsgrad für die jeweilige Arztgruppe im Planungsbereich wieder unter die 110 %-Grenze sinkt, hebt die KV die Zulassungsbeschränkungen teilweise auf (partielle Entsperrung bzw. Teil-Entsperrung). Die Entsperrung wird so lange aufrechterhalten, bis die 110 %-Grenze wieder erreicht werden sollte.

2.4.4 Zulassungsarten

Vollzulassung
(s. dazu Kapitel 2.3)

Teilzulassung
Es existieren zwei Möglichkeiten, ein Teilzulassung zu erhalten. Entweder beantragt ein Arzt ohne Zulassung eine solche unmittelbar, oder ein Arzt mit Vollzulassung erklärt gegenüber dem ZA, dass er auf diese verzichtet und sich auf die Hälfte seines Versorgungsauftrags beschränkt.

Praxistipp

Eine solche Beschränkung kann durch erneuten Beschluss des ZA übrigens auch danach wieder aufgehoben werden – allerdings nur, wenn in dem Planungsbereich für die betreffende Arztgruppe keine Zulassungsbeschränkungen bestehen.

Erst wenn der bisherige Vollzulassungsberechtigte seine Zulassung auf die Hälfte beschränkt hat, ist es dem ZA im Anschluss möglich, die andere Hälfte zur Nachbesetzung auszuschreiben.

Befristete Zulassung

Das Wesen der Zulassung bedingt, dass diese in der Regel nur zeitlich unbefristet erteilt werden kann. Der ZA kann in einem Planungsbereich ohne Zulassungsbeschränkungen mit einem Versorgungsgrad ab 100 % die Zulassung laut KVB aber befristen, um perspektivisch die Entstehung oder Festschreibung von Überversorgung zu reduzieren. Die Zulassung erlischt dann automatisch mit Ablauf der Befristung. Die Entscheidung über die befristete Zulassung trifft der ZA nach pflichtgemäßem Ermessen, ein Rechtsanspruch darauf besteht nicht.

 Hinweis

Die Nachbesetzung einer befristeten Zulassung ist generell nicht erlaubt.

Umwandlung eines Angestelltenverhältnisses in eine Zulassung

Eine Anstellung kann laut § 95 Abs. 9b SGB V unter bestimmten Umständen auf Antrag des anstellenden Vertragsarztes in eine vertragsärztliche Zulassung umgewandelt werden.

Diese Umwandlung ist dann möglich, wenn der erforderliche Umfang der genehmigten und ausgeübten Tätigkeit des angestellten Arztes

- mindestens 40 Wochenstunden für eine Umwandlung in Vollzulassung und

- mindestens 20 Wochenstunden für eine Umwandlung In Teilzulassung

beträgt.

 Hinweis

Dies bedeutet, dass ein Anstellungsumfang von bspw. 30 Wochenstunden nur in eine (hälftige) Teilzulassung umgewandelt werden kann. Bei einer Anstellung mit einer Befristung auf bspw. 10 Wochenstunden wird die Zulassung generell verweigert.

Die Umwandlung ist darüber hinaus erst dann möglich, wenn der angestellte Arzt mind. 1 Quartal als solcher tätig war; sie muss spätestens 6 Monate nach Beendigung einer Anstellung vorgenommen werden. Die Umwandlung kann in zwei Formen erfolgen, entweder mittels eines Antrages auf Umwandlung der Anstellungsgenehmigung in eine Zulassung des bisher angestellten Arztes oder als Antrag auf Umwandlung der Anstellungsgenehmigung in eine Zulassung und mit gleichzeitigem Antrag auf Ausschreibung und Nachbesetzung mit dem anderen Vertragsarzt.

 Praxistipp

Die KVB merkt zur letztgeschilderten Variante an, dass das Nachbesetzungs-Antragsverfahren vor dem ZA gem. §103 Abs. 3a SGB V keine Anwendung findet. Die Versorgungsrelevanz des nachzubesetzenden/auszuschreibenden Vertragsarztsitzes wird also nicht geprüft.

2.4.5 Zulassung unter mehreren Fachgebieten/Schwerpunktbezeichnungen

Es ist erlaubt, sich eine Zulassung zur vertragsärztlichen Versorgung bei entsprechenden Facharztanerkennungen auch für zwei oder mehrere Fachgebiete erteilen zu lassen. Man spricht hier meist von einer „Doppelzulassung".

> **⚠ Hinweis**
>
> Bezüglich der Budgetzuweisung und Honorarverteilung wird der Arzt bei einer Doppelzulassung der Fachgruppe zugeordnet, für die er zuvor gegenüber der KV den Schwerpunkt seiner Praxistätigkeit angegeben hat.

Diese Fachgruppe wird zu Beginn der Tätigkeit mit den letzten zwei Ziffern der lebenslangen Arztnummer (LANR) kenntlich gemacht. Wenn sich der ursprünglich festgelegte Schwerpunkt der Praxistätigkeit nach einiger Zeit verändern sollte, muss dies dem Arztregister schriftlich mitgeteilt werden. Die Änderung bedarf laut KVB einer Vorlaufzeit von ca. 4 Wochen zum Quartalsbeginn. Sie zieht verständlicherweise auch eine Änderung der letzten zwei Ziffern der LANR nach sich.

Der vom Arzt gegenüber der KV erklärte Schwerpunkt und damit die Zuordnung zur einschlägigen Honorar-relevanten Arztgruppe werden von der KV übrigens in regelmäßigen Zeitabständen anhand der tatsächlichen Leistungsabrechnung geprüft. Wird diesbezüglich festgestellt, dass sich der Versorgungsschwerpunkt verändert hat, kann die maßgebliche Arztgruppe abweichend von der ursprünglichen Erklärung des Arztes von der KV autonom festgelegt werden.

> **Praxistipp**
>
> Die KVB empfiehlt hier, dass Sie sich als Arzt genau überlegen sollten, welches Fachgebiet den Schwerpunkt ihrer Praxisausrichtung bei einer Mehrfachzulassung bildet. Haben Sie hier ein unzutreffendes Fachgebiet angegeben, drohen ggf. Honorarverluste.

Außerdem wird darauf hingewiesen, dass für die Abrechnung vieler ärztlicher Leistungen besondere Genehmigungserfordernisse bestehen. Diese Leistungen dürfen vor Erteilung einer entsprechenden Genehmigung nicht erbracht werden, sie können daher auch nicht abgerechnet und vergütet werden. Derartige Genehmigungen dürfen von den KV auch nicht rückwirkend erteilt werden (ständige Rechtsprechung). Welche Leistungen genehmigungspflichtig sind, kann dem „Überblick Abrechnungsberechtigungen" (Anlage zum Zulassungsantrag) entnommen werden.

2.4.6 Eignung der Teilzulassung für die Praxisnachfolge

Die Teilzulassung kann unter bestimmten Umständen einen sinnvollen Weg zur Praxisübergabe an den Nachfolger darstellen. Hier kommt es aber immer auf die individuellen Absichten und Bedürfnisse von Praxisabgeber und potenziellem Nachfolger an, sodass sich eine grundsätzliche Empfehlung oder Ablehnung überhaupt nicht treffen lässt.

💡	Praxistipp

Nutzen Sie bei dieser Frage unbedingt die Beratung durch Ihre KV. Dadurch können Sie auch die Situation vor Ort besser einschätzen.

2.5 Gründung bzw. Erweiterung einer BAG

Vertragsärzte und Medizinische Versorgungszentren (MVZ, s. Kapitel 2.7) können sich in Berufsausübungsgemeinschaften (BAG) zusammenschließen. Gegenstand dieses Zusammenschlusses ist die gemeinsame Ausübung der vertragsärztlichen Tätigkeit. Die BAG kann jeweils

* fachgleich,
* fachübergreifend,,
* örtlich,
* überörtlich und/oder als
* Teil-Berufsausübungsgemeinschaft (bezüglich einzelner Leistungen)

errichtet werden.

Die BAG erhält einen gemeinsamen Honorarbescheid, die Vertragsärzte haften als Gesamtschuldner gemeinsam.

 Hinweis

Eine Berufsausübungsgemeinschaft bedarf der vorherigen Genehmigung durch den Zulassungsausschuss.

2.5.1 Grundsätzliches zur Berufsausübungsgemeinschaft (BAG)

Bei der BAG handelt es sich im Grunde um die frühere ärztliche Gemeinschaftspraxis. Seit 2007 sind auch überörtliche Berufsausübungsgemeinschaften (üBAG) zulässig, die nicht nur auf einen KV-Bezirk beschränkt sind, sondern auch in dem Gebiet einer anderen Kassenärztlichen Vereinigung liegen können. Ebenfalls erlaubt sind sogenannte Teilberufsausübungsgemeinschaften, in denen Vertragsärzte ausgewählte Teilbereiche ihrer ärztlichen Tätigkeiten gemeinsam anbieten. Die BAG darf von allen zur vertragsärztlichen Versorgung zugelassenen Leistungserbringern gebildet werden (§ 33 Abs. 2 Ärzte-Zulassungsverordnung).

§ 33 Ärzte-ZV

(2) Die gemeinsame Ausübung vertragsärztlicher Tätigkeit ist zulässig unter allen zur vertragsärztlichen Versorgung zugelassenen Leistungserbringern an einem gemeinsamen Vertragsarztsitz (örtliche Berufsausübungsgemeinschaft). Sie ist auch zulässig bei unterschiedlichen Vertragsarztsitzen der Mitglieder der Berufsausübungsgemeinschaft (überörtliche Berufsausübungsgemeinschaft), wenn die Erfüllung der Versorgungspflicht des jeweiligen Mitglieds an seinem Vertragsarztsitz unter Berücksichtigung der Mitwirkung angestellter Ärzte und Psychotherapeuten in dem erforderlichen Umfang gewährleistet ist sowie das Mitglied und die bei ihm angestellten Ärzte und Psychotherapeuten an den Vertragsarztsitzen der anderen Mitglieder nur in zeitlich begrenztem Umfang tätig werden. Die gemeinsame Berufsausübung, bezogen auf einzelne Leistungen, ist zulässig, sofern diese nicht einer Umgehung des Verbots der Zuweisung von Versicherten gegen Entgelt oder sonstige wirtschaftliche Vorteile nach § 73 Absatz 7 des Fünften Buches Sozialgesetzbuch dient. Eine Umgehung liegt insbesondere vor, wenn sich der Beitrag des Arztes auf das Erbringen medizinisch-technischer Leistungen auf Veranlassung der übrigen Mitglieder einer Berufsausübungsgemeinschaft beschränkt oder wenn der Gewinn ohne Grund in einer Weise verteilt wird, die nicht dem Anteil der persönlich erbrachten Leistungen entspricht. Die Anordnung einer Leistung, insbesondere aus den Bereichen der Labormedizin, der Pathologie und der bildgebenden Verfahren, stellt keine persönlich erbrachte anteilige Leistung in diesem Sinne dar.

Eine BAG darf sowohl von fachgleichen als auch von Ärzten verschiedener Fachrichtungen gegründet werden, wenn sich die Fachgebiete in sinnvoller Weise für die gemeinsame vertragsärztliche Tätigkeit eignen.

💡 Praxistipp

Die gemeinsame Berufsausübung, welche überweisungsgebundene medizinisch-technische Leistungen enthält (bspw. orthopädische und radiologische Leistungen), war bis 2014 von einigen Länderberufsordnungen untersagt. Dieses Verbot wurde gekippt (s. BGH vom 15.05.2014; Az.: I ZR 137/12).

Nicht erlaubt sind sogenannte Kickback-Konstellationen, bei denen ein Arzt eines therapieorientierten Fachgebiets (z. B. Gynäkologe) eine Berufsausübungsgemeinschaft eingeht mit einem Arzt eines Methodenfachs (z. B. Labor), um das berufsrechtliche Verbot der Zuweisung gegen Entgelt zu unterlaufen.

2.5.2 Die Gründung einer BAG

Die BAG bzw. Teil-BAG ist in aller Regel als Gesellschaft bürgerlichen Rechts (GbR) ausgestaltet, die seit einigen Jahren mögliche Partnerschaftsgesellschaft im Rahmen des PartGG hat sich kaum durchsetzen können. Unabhängig von der Gesellschaftsform müssen die Vertragsärzte hier einen Gesellschaftervertrag mit entsprechendem Gesellschaftszweck schließen. Abstrakt formuliert wird hier eine auf Dauer angelegte systematische Kooperation der Gesellschafter verlangt, die vom ausdrücklichen Willen der gemeinsamen Berufsausübung getragen wird.

 Hinweis

Bei Teilberufsausübungsgesellschaften sollten die gemeinsam zu erbringenden Leistungen im Gesellschaftsvertrag präzise benannt werden.

Es gibt diverse Voraussetzungen, die eine BAG einhalten muss. Dazu zählen vor allem:

- gemeinsame Patientenbehandlung
- Abrechnung und Dokumentation der erbrachten Leistungen durch die Gemeinschaft
- Haftung der Gemeinschaft im Außenverhältnis
- Beteiligung aller Ärzte an unternehmerischen Risiken und Chancen
- Außendarstellung der Gesellschaft (Praxisschild)
- gemeinsames Personal
- gemeinsame Räume und Praxiseinrichtung

Praxistipp

Eines der wichtigsten Merkmale der BAG ist, dass der Behandlungs-
vertrag zwischen Patienten und BAG geschlossen wird.

2.5.3 BAG erfordert Zulassung

Eine BAG muss zwingend vom ZA der KV genehmigt werden. Dem
Ausschuss ist zuvor der jeweilige Gesellschaftervertrag beizufügen, als
Gesellschaftszweck muss die „gemeinsame Behandlung von Patienten"
aufgeführt sein.

 Praxistipp

Bei der Teil-BAG ist es im entsprechenden Vertrag wichtig, dass das
„zeitlich begrenzte Zusammenwirken der Ärzte" für die Versorgung
der Patienten erforderlich ist.

Die BAG kann an einem Ort ihren Vertragsarztsitz haben, sie darf als
üBAG auch unterschiedliche Vertragsarztsitze nutzen. Bei überörtlichen
BAG, die mindestens zwei Sitze im Zuständigkeitsbereich zweier unterschiedlicher Kassenärztlicher Vereinigungen betreiben wollen, muss
immer ein sogenannter Hauptsitz bezeichnet werden. Dieser darf erst
nach Ablauf von mindestens zwei Jahren verändert werden. Die Lage
des Hauptsitzes entscheidet übrigens auch darüber, welche KV für die
Genehmigung der BAG örtlich zuständig ist. Verständlicherweise gilt
für die BAG-Zulassung eine der Vorgaben der Bedarfsplanung. Dies hat
zur Folge, dass in gesperrten Bereichen grundsätzlich kein Hauptsitz
errichtet werden darf.

 Praxistipp

Wenn Sie eine überörtliche BAG mit mehreren Niederlassungen
betreiben, sollten Sie darauf achten, dass die Tätigkeit am Vertragsarztsitz zeitlich umfangreicher sein muss als in allen anderen
Betriebsstätten.

Wenn die BAG als Jobsharing-Partnerschaft betrieben werden soll, muss
auch das Job-Sharing separat beim ZA beantragt werden (s. Kapitel
Job-Sharing). Sind für den jeweiligen Planungsbereich keine Zulas-

sungsbeschränkungen angeordnet, darf sich dort jeder approbierte Arzt, der die übrigen Zulassungsvoraussetzungen erfüllt, niederlassen. Das gilt aber nur dann, wenn im Zusammenhang mit der Änderung der Bedarfsplanungsrichtlinie und der Aufnahme bisher unbeplanter Arztgruppen in die Bedarfsplanung bei den Zulassungsbehörden keine Entscheidungssperre existiert.

> **⚠ Hinweis**
>
> Zulassungsanträge, die innerhalb eines solchen Zeitraums einge-reicht werden, sind vom Zulassungsausschuss abzulehnen, wenn nach erfolgter Antragstellung die entsprechende Zulassungsbe-schränkung angeordnet werden sollte.

2.5.4 Zulassung in gesperrten Planungsbe-reichen

Eine Zulassung in gesperrten Planungsbereichen kann vom ZA nur erteilt werden, wenn einer der Ausnahmetatbestände nach SGB V vor-liegt, bspw.

- der Antragsteller übt seine vertragsärztliche Tätigkeit gemeinsam mit einem bereits tätigen Vertragsarzt desselben Fachgebiets oder derselben Facharztbezeichnung aus und
- die Partner/Gesellschafter der zu gründenden BAG verpflichten sich gegenüber dem ZA zu einer Leistungsbegrenzung, die den bisheri-gen Praxisumfang des schon zugelassenen Vertragsarztes nicht wesentlich überschreitet.

Der Umfang wird mithilfe der sogenannten Deckelung ermittelt (Durch-schnitt der vier zuletzt abgerechneten Quartale zuzüglich 3 Prozent = „nicht wesentliche" Überschreitung). Eine solche Gestaltung kann ins-besondere für einen gleitenden Übergang der Praxis von einem älteren auf einen jüngeren Arzt genutzt werden.

In diesem Zusammenhang ist es für den ZA wichtig, ob der überneh-mende Vertragsarzt den Willen hat, die zu übernehmende Praxis auch fortzuführen. Eine Fortführung kann hier übrigens auch unabhängig vom bisherigen Praxisbetrieb und Praxisstandort erfolgen.

2.5.5 Bereits bestehende BAG

Wenn es sich bei dem abgebenden Arzt um einen (Mit-)Gesellschafter einer bestehenden BAG, die aus dem Zusammenschluss mit einem Job-sharing-Partner als weiteren (Mit-) Gesellschafter der BAG entstanden ist, handelt, bietet sich dieser naturgemäß als Nachfolger an. Verständlicherweise ist jede BAG daran interessiert, dem Jobsharing-Partner den Gesellschaftsanteil eines zugelassenen Arztes zu übertragen, um sich von den mit dem Job-Sharing verbundenen Leistungsbeschränkungen zu lösen. Voraussetzung ist natürlich, dass die anderen Gesellschafter der BAG mit der Person des nachfolgenden Arztes einverstanden sind.

> ⚠ **Hinweis**
>
> Die meisten Gesellschaftsverträge enthalten einen Zustimmungsvorbehalt bezüglich der Übertragung eines Gesellschaftsanteils auf einen neuen Gesellschafter.

Leistungsbeschränkungen einer Job-Sharer-BAG können auch dann entfallen, wenn dieser mindestens einen hälftigen Vertragsarztsitz erhält. Meist geschieht dies dadurch, dass der abgebende Arzt zunächst auf einen hälftigen Vertragssitz verzichtet und – nach einer gewissen Zeit – die verbleibende Hälfte abgibt.

> ⚠ **Hinweis**
>
> Dieses Modell bedarf aufgrund der für Laien kaum überschaubaren Konsequenzen unbedingt der qualifizierten Beratung durch Steuerberater und Anwalt.

Die BAG mit einem Jobsharing-Partner als Gesellschafter oder als Angestellten muss seit 2015 mindestens drei Jahre bestanden haben, bevor der Jobsharing-Partner im Nachbesetzungsverfahren privilegiert ist. Die vorher geltende Regelung, laut der ein Zeitraum zwischen 3 bis 6 Monaten ausreicht, um die gewünschte Privilegierung des Nachfolgers zu sichern, wurde gestrichen. Eine Kooperation zwischen dem abgabewilligen Arzt und seinem potenziellen Nachfolger verlangt gegenüber der bisherigen Übung nach Auffassung vieler Experten ein möglichst weitgehendes persönliches Verständnis wie auch eine möglichst weitgehende Übereinstimmung der Arbeitsauffassung und Praxisführung. Dies gilt umso mehr bei einer aus mehreren Gesellschaftern bestehenden BAG, in deren Gesellschaftsvertrag ein Zustimmungsvorbehalt bezüglich der Nachfolge aufgenommen wurde.

 Praxistipp

Hier macht es m. E. Sinn, die übrigen (Mit-)Gesellschafter in die Suche eines Nachfolgekandidaten so früh wie möglich miteinzubeziehen.

Wenn Vorbehalte gegenüber einem potenziellen Nachfolger bestehen, kann eine Probezeit von bis zu zwei Jahren vereinbart werden. In diesem Falle kann innerhalb der 2-Jahres-Frist der gekündigte Gesellschafter gezwungen werden, die Praxis zu verlassen. Es muss übrigens auch sichergestellt sein,, dass nach Ablauf der Probezeit der als Nachfolger vorgesehene (Mit-)Gesellschafter im Verhältnis zu den übrigen Gesellschaftern weitestgehend gleich behandelt wird. Der Nachfolger muss von Anfang an

• am Gewinn und am Verlust der BAG beteiligt werden,
• gesellschaftsrechtliches Stimmrecht ausüben dürfen und
• ihm ein Anteil am Goodwill zuwachsen.

Wenn die drei Voraussetzungen nicht vorliegen und gelebt werden, droht die Gefahr, dass das Rechtsverhältnis als Scheinarbeitsverhältnis eingestuft wird. Dies hat neben den weitreichenden gesellschaftsrechtlichen sowie arbeits- und sozialversicherungsrechtlichen Folgen auch negative steuerliche Konsequenzen (fehlende Mitunternehmerstellung).

 Hinweis

Es drohen darüber hinaus auch Regressforderungen der KV. Alle Abrechnungen seit Beginn einer solchen „Kooperation" lassen die Honorarbescheide nichtig werden und geben der Kassenärztlichen Vereinigung das Recht, die gezahlten Beträge zurückzufordern.

2.5.6 Gründung einer Übergangs-BAG

In einem nicht gesperrten Planungsbereich kann es eine sinnvolle Option sein, mit einem niedergelassenen Arzt, der an der Übernahme Ihres Patientenstamms interessiert ist, – übergangsweise – eine BAG zu gründen. Eine solche Vorgehensweise ist bei einem gesperrten Gebiet nur dann ratsam, wenn der kooperationsbereite niedergelassene Vertragsarzt damit auch die Absicht verbindet, die Praxis des abgabewilligen Arztes und die damit verbundene Zulassung im Wege des Nachbesetzungsverfahrens zu einem späteren Zeitpunkt selbst zu übernehmen (bspw. durch eine Besetzung mit einem angestellten Kollegen).

2.5.7 Interessen der anderen Gesellschafter bei der Nachfolge

Wenn Sie als Arzt Ihre BAG verlassen wollen und die Durchführung des Nachbesetzungsverfahrens beantragen, sind die verbleibenden Gesellschafter regelmäßig daran interessiert, auf die Auswahl des Bewerbers Einfluss zu nehmen. Das Gesetz sieht hier vor, dass die Interessen des oder der in der Praxis verbleibenden Vertragsärzte bei der Bewerberauswahl angemessen zu berücksichtigen sind (vgl. § 103 Absatz 6 SGB V). Für den ZA sind bei der Auswahl die folgenden Kriterien wichtig:

* berufliche Eignung,
* Approbationsalter,
* Dauer der ärztlichen Tätigkeit,
* ob der Bewerber Ehegatte, Lebenspartner oder ein Kind des bisherigen Vertragsarztes ist oder
* ob der Bewerber ein angestellter Arzt des bisherigen Vertragsarztes oder ein Vertragsarzt ist, mit dem die Praxis bisher gemeinschaftlich betrieben wurde.

Die Zulassungsgremien sind laut einer Entscheidung des Bundessozialgerichts aus 2016 (Az.: B 6 KA 49 / 12) verpflichtet, bei der Auswahlentscheidung die „Interessen" der in der Praxis verbleibenden Ärzte zu berücksichtigen. Diese fallen aber umso geringer ins Gewicht,

- je deutlicher sich der Eindruck aufdrängt, die BAG sei vorrangig gegründet worden, um über die gesetzlichen Vorschriften auf die Nachbesetzung Einfluss nehmen zu können,
- je kürzer die BAG tatsächlich bestanden hat und
- je weniger – bspw. bei einer üBAG – die Praxen der beteiligten Ärzte tatsächlich über einen längeren Zeitraum verflochten waren,

Dies geht zwar nicht so weit, dass diese bei der Aufnahme eines Nachfolgers vollständig unberücksichtigt bleiben können. Ein Arzt, mit dem die anderen Gesellschafter der BAG aus objektiv nachvollziehbaren Gründen definitiv nicht zusammenarbeiten können, kann laut BSG nicht als Nachfolger zugelassen werden.

2.5.8 Regelung für Todesfall und Berufsunfähigkeit

Wenn ein Praxispartner der BAG stirbt, stehen die Erben und die anderen Gesellschafter vor einer schwierigen Gemengelage. Die Erben sind meist überfordert, einen Nachfolger für den Gesellschaftsanteil des verstorbenen Erblassers zu finden. Auch die verbleibenden Gesellschafter dürften nicht immer in der Lage sein, kurzfristig einen Nachfolger für den verstorbenen Praxispartner zu finden. Eventuell besteht hier auch wenig Interesse. Gesellschaftsvertragliche Nachfolgeklauseln, die eine zwingende Übernahme des Gesellschaftsanteils des ausscheidenden Vertragspartners vorsehen, helfen hier zwar zunächst den Erben. Finden diese jedoch keinen Nachfolger, kann dies gerade bei einer nur aus zwei Gesellschaftern bestehenden BAG bis zur Existenzvernichtung der BAG reichen.

☀ Praxistipp

Um solchen Problematiken abzuhelfen, haben Fachleute ein Lösungsmodell entwickelt. Alle BAG-Gesellschafter verpflichten sich schon bei BAG-Gründung oder nachträglich, eine Risiko-Lebensversicherung in Höhe des geschätzten Werts des jeweiligen Gesellschaftsanteils abzuschließen, und zwar

- jeweils im eigenen Namen
- auf den Tod des Praxisgesellschafter

- mit ausschließlicher Bezugsberechtigung der jeweils anderen Gesellschafter.

Die Bezugsberechtigten zahlen dann die Prämien. Ihnen fließt die Lebensversicherungssumme zu, um beim Tod die Erben auszahlen zu können. Der volle Gesellschaftsanteil (materiell und ideell) des verstorbenen Praxispartners geht dann aufgrund vertraglicher Regeln auf den bzw. die verbleibenden Partner über. Ein Nachfolger in der Gesellschafterstellung wird somit obsolet. Ein weiteres Problem besteht bei einer eintretenden Berufsunfähigkeit eines BAG-Gesellschafters. Berufsunfähigkeitsfolgen können häufig nur unzureichend und mit hohen Versicherungsbeiträgen abgesichert werden. Daher besteht zu Recht ein besonderes Absicherungsbedürfnis bezüglich des Abfindungsanspruchs eines ausscheidenden Kollegen, was die Auszahlung seines Gesellschaftsanteils auch am immateriellen Gesellschaftsvermögen (Goodwill) betrifft. Eine Realisierung des Goodwill-Werts dürfte aber nur dann zu erzielen sein, wenn für den berufsunfähigen Kollegen ein Nachfolger in der Gesellschafterstellung oder ein angestellter Vertragsarzt gewonnen werden kann. Ist das nicht der Fall, dürfte dies für beide Seiten (ausscheidungswillige Gesellschafter und verbleibende Kollegen) äußerst unbefriedigend sein.

1. die verbleibenden Gesellschafter müssen die Praxis mit allen fortlaufenden Kosten allein weiterführen und
2. der berufsunfähige Gesellschafter bleibt auf die Berufsunfähigkeitsversicherung beschränkt und kann nicht mehr als einen Ausgleichsanspruch für seinen Anteil am materiellen Anlagevermögen der Praxis erwarten.

Hier kann es sinnvoll sein, trotz des üblicherweise grundsätzlichen Ausschlusses eines Goodwill-Ausgleichsanspruchs gegenüber den verbleibenden Partnern im Gesellschaftsvertrag für den Fall eine Abfindung an den berufsunfähigen Kollegen zu vereinbaren, wenn innerhalb eines Jahres ein Nachfolger einsteigt oder ein Arzt angestellt wird.

 Praxistipp

Entsprechende Klauseln sollten unbedingt durch einen erfahrenen Fachanwalt für Gesellschaftsrecht entworfen werden.

2.6 Nullbeteiligungsgesellschaft

Ein gefährliches Modell – vor allem für den Nachfolger – stellt m. E. die sogenannte Nullbeteiligungsgesellschaft dar. Kann der Nachfolger keinen angemessenen Kaufpreis für den Erwerb eines Anteils am Praxisvermögen (Einzelpraxis oder BAG) erbringen oder möchte der bisherige Praxisinhaber nicht gleich zu Beginn einer Kooperation hälftig mit dem neuen Arzt teilen, kommt das Kooperationsmodell der Nullbeteiligungsgesellschaft infrage. Die Nullbeteiligungsgesellschaft, die übrigens gesetzlich nicht geregelt ist, ist im Grunde eine Gesellschaft, in der ein neu hinzukommender Arzt lediglich seine Arbeitsleistung einbringt und dadurch einen kleineren Gewinnanteil erhält als der bzw. die übrigen Gesellschafter. Mit dem potenziellen Nachfolger wird meist eine Probezeit vereinbart, die für alle Beteiligten Vorteile mit sich bringt. Um bei einem positiven Abschluss der Probezeit unangenehme Auseinandersetzungen zu vermeiden, wird üblicherweise schon bei Eintritt des Juniorpartners ein Kaufpreis für die Praxis festgelegt werden, der nach Ablauf der Probezeit bezahlt werden soll.

2.6.1 Gesellschaftsrechtliche Vorgaben

Die Nullbeteiligungsgesellschaft ist unter dem gesellschaftsrechtlichen Blickwinkel eine zulässige Gestaltung, wenn bestimmte Anforderungen eingehalten werden. So darf die wirtschaftliche Teilhabe des neu hinzukommenden Partners nicht vollständig ausgeschlossen sein, da die Stellung des Arztes als Freiberufler eine Partizipation am Erfolg der eigenen Praxis voraussetzt. Der potenzielle Nachfolger muss grundsätzlich selbstständig und weisungsunabhängig tätig werden.

 Hinweis

Eine Beteiligung am materiellen Gesellschaftsvermögen (Geräteausstattung, Möbel etc.) ist nicht zwingend vorgeschrieben, dieses gehört im Normalfall der Gesellschaft.

Keinesfalls dürfen die Stimm- und Teilhaberechte des potenziellen Nachfolgers ausgeschlossen werden. Der Juniorpartner soll ebenfalls auch an der ärztlichen Versorgung der Patienten und dem Abschluss von Behandlungsverträgen, m. E. auch an unternehmerischen Chancen und Risiken, beteiligt werden.

2.6.2 Vertragsarztrechtliche Zulässigkeit

Trotz der fehlenden Beteiligung des Gesellschafters am Gesellschaftsvermögen kann eine Nullbeteiligung nach herrschender Rechtsprechung auf Dauer vertragsarztrechtlich zulässig sein. Es wird allerdings empfohlen, schon im entsprechenden Kooperationsvertrag festzuschreiben, dass der neue Gesellschafter nach einer Übergangsphase von zwei bis drei Jahren am immateriellen Wert (Goodwill) beteiligt wird, da vertragsarztrechtlich höhere Anforderungen als gesellschaftsrechtlich gelten (s. BGH vom 07.05.2007; Az.: II ZR 281/07). Die Stellung des Arztes als Freiberufler erfordert vertragsarztrechtlich zumindest eine erfolgsabhängige Beteiligung.

2.6.3 Sozialversicherungsrechtliche Anforderungen

Wie brisant eine Nullbeteiligungsgesellschaft ist, wird an einem Urteil des Landessozialgerichts (LSG) Baden-Württemberg vom 23.11.2016 (Az.: L 5 R 1176/15) deutlich. Das Gericht stufte eine Ärztin als Arbeitnehmerin ein, die vertraglich als Gesellschafterin des älteren Praxisinhabers vorgesehen war. Als Folge musste der Praxisinhaber Arbeitslosenversicherungsbeiträge in Höhe von fast 15.000,- Euro nachzahlen.

Der Fall

Der Seniorpartner war ein in Einzelpraxis niedergelassener Arzt und hatte 2005 mit einer jüngeren Ärztin eine Gemeinschaftspraxis gegründet. Der Gesellschaftsvertrag sah vor, dass die gesamte Praxiseinrichtung im Eigentum des Seniorpartners verbleiben und der Gemeinschaftspraxis kostenlos zur Verfügung gestellt werden sollte. Die Ärztin erhielt als Vergütung 30 % des von ihr selbst generierten Honorarumsatzes. Die übrigen Umsätze verblieben nach Abzug der laufenden Kosten beim Senior. Die Rentenversicherung/DRV) stufte in einem sog. Statusfeststellungsverfahren die Juniorpartnerin als Arbeitnehmerin ein und verlangte die rückwirkende Abführung von Sozialversicherungsbeiträgen. Widerspruch und Klage des bisherigen Praxisinhabers waren erfolglos.

Die Entscheidung

Das Gericht gab der DRV recht und begründete dies u. a. mit dem fehlenden Unternehmerrisiko der Ärztin. Ein solches Risiko sei nur dann existent, wenn der Erfolg des Einsatzes der eigenen Arbeitskraft auch zu einem Verlust führen könne. Die Umsatzbeteiligung berge zwar das Risiko schwankenden Einkommens, wegen der Kostentragung durch den Senior aber kein Verlustrisiko. Auf die Nullbeteiligung am materiellen Praxiswert komme es nach Auffassung der Richter nur nachrangig an, wenn ein echtes Unternehmerrisiko nicht besteht.

 Hinweis

Das LSG betonte unter Bezug auf das BSG ausdrücklich, dass die Genehmigung der Gemeinschaftspraxis durch den ZA grundsätzlich keine sozialversicherungsrechtliche Bindungswirkung erzeuge.

Das Urteil macht deutlich, dass im Falle der Nichtbeteiligung des Gesellschafters weder am Kapital der Gesellschaft, noch am Verlustrisiko, nicht nur Honorarrückforderungen der KV mangels Tätigkeit in freier Praxis, sondern auch erhebliche Nachforderungen von Sozialversicherungsbeiträgen drohen.

2.6.4 Steuerrechtliche Konsequenzen

Eine fehlende Verlustbeteiligung gefährdet übrigens auch die einkommensteuerliche Mitunternehmerstellung. Das FG Düsseldorf hat 2013 die Frage der Mitunternehmerschaft verneint, wenn anstelle einer Beteiligung am Gewinn und den stillen Reserven des Unternehmens lediglich ein prozentualer Anteil der eigenen Honorarumsätze als Gewinnanteile zufließt und der Juniorpartner dadurch in signifikantem Umfang beschränktes Mitunternehmerrisiko nicht durch eine besonders ausgeprägte Mitunternehmerinitiative kompensiert. Hier war der Juniorpartner Nullbeteiligter (auch bezüglich der stillen Reserven), nicht alleine zur Geschäftsführung befugt und auch nicht befugt, über das Konto oder über die Kasse zu verfügen. Er erhielt eine Beteiligung am eigenen Umsatz, wenn eine bestimmte Summe überschritten wurde, und musste sich nicht an den Neuinvestitionen und laufenden Instandhaltungskosten beteiligen. Das FG entschied, dass der Juniorpartner hier mangels Mitunternehmerinitiative und Mitunternehmerrisiko keine Mitunternehmerstellung i. S. d. § 15 Einkommensteuergesetz einnimmt. Außerdem bestätigte das FG die Beurteilung des Finanzamts, wonach die Gesellschaft insgesamt gewerbliche Einkünfte erzielt habe und damit gewerbesteuerpflichtig war, da die Ärztin, obwohl Gesellschafterin, keine Mitunternehmerin war.

> **☀ Praxistipp**
>
> Dasselbe Ziel wie bei einer Nullbeteiligungsgesellschaft kann übrigens auch realisiert werden, wenn
>
> - der neu eintretende Arzt von vornherein eine feste Beteiligung übernimmt,
> - die Einlage gestundet wird und
> - die Vertragsparteien ein auf z. B. ein bis zwei Jahre befristetes Sonderkündigungsrecht erhalten, für dessen Dauer lediglich der Nominalbetrag der Beteiligung zurückzuzahlen ist (diese kann dann mit der ausstehenden Einlage verrechnet werden).

2.6.5 Nachforderungen des Versorgungswerks

Wenn im Nachhinein festgestellt wird, dass ein Arzt bei einer Nullbeteiligungsgesellschaft

- nicht in freier Praxis tätig ist (§ 32 Ärzte-ZV),
- nicht Gesellschafter ist (§ 705 BGB) und/oder
- nicht Mitunternehmer i. S. d. § 15 Abs. 2 Nr. 1 EStG

ist und er auch in Unkenntnis der rechtlichen Folgen Beiträge an das Versorgungswerk zahlt, kann dies gravierende Folgen haben. Stellt sich nämlich heraus, dass seine Annahmen irrig waren, tritt rückwirkend die Beitragspflicht zur gesetzlichen Sozialversicherung ein. Der Antrag auf Befreiung von der gesetzlichen Krankenversicherung durch die Mitgliedschaft im Versorgungswerk wirkt nämlich nur für die Zukunft und verursacht eine doppelte Belastung bezüglich der sozialen Absicherung. Der Betroffene kann die bereits geleisteten Einzahlungen an das Versorgungswerk nicht zurückfordern, außerdem entsteht eine rückwirkende Beitragspflicht bezüglich der gesetzlichen Rentenversicherung seitens des Arbeitgebers. Wenn die Gehaltshöhe des Arztes unterhalb der Beitragsbemessungsgrundlage für die gesetzliche Krankenversicherung (GKV) liegt, tritt zusätzlich eine doppelte Belastung durch „freiwillig" geleistete Einzahlungen in die private Krankenversicherung (PKV) und rückwirkende Beitragspflicht zugunsten der GKV ein.

💡 Praxistipp

Praxisinhaber und/oder Nachfolger sollten deshalb vor Kooperationsvertragsabschluss grundsätzlich ein Statusfeststellungsverfahren durch die DRV beantragen.

Fazit

Die geschilderten Gefahren für Praxisinhaber und Nachfolger machen m. E. deutlich, warum auf das Nullbeteiligungsverhältnis grundsätzlich verzichtet werden sollte.

2.7 MVZ- und Zulassungsproblematik

Die Medizinischen Versorgungszentren (MVZ) wurden mit dem GKV-Modernisierungsgesetz 2004 als Einrichtung zur ambulanten medizinischen Versorgung eingeführt. Bis Ende 2011 (Inkrafttreten des Versorgungsstrukturgesetzes) durfte ein MVZ von jedem nach dem damaligen SGB V zugelassenen Leistungserbringer (Ärzte, Psychotherapeuten, aber auch Apotheker, Krankenhäuser, Vorsorge- und Rehabilitationseinrichtungen sowie Heil- und Hilfsmittelerbringer) gegründet werden, der aufgrund von Ermächtigung, Zulassung oder Vertrag an der medizinischen Versorgung gesetzlich versicherter Patienten teilnahm. MVZ wurden zu Beginn vor allem durch Krankenhäuser gegründet, mittlerweile aber in erheblichem Maße auch durch Vertragsärzte. Durch die Gesetzesänderungen der vergangenen Jahre wurden MVZ und BAG immer weiter angenähert, sodass nach Ansicht vieler Experten heute die Gründung eines MVZ der Gründung einer BAG gleichkommt.

Grundsätzlich wurde mit der Einführung des MVZ 2004 bezweckt, Ärzten die Tätigkeit als Angestellte des MVZ – in Abgrenzung zur bis zu diesem Zeitpunkt ausschließlich freiberuflichen Tätigkeit – zu ermöglichen. Zugleich sollten eine Versorgungsverbesserung durch fachübergreifende Leistungserbringung und damit mittelbar bessere Behandlungsmöglichkeiten für die Patienten geschaffen werden. Das Konstrukt ist aber auch für die Praxisabgabe interessant, da Sie hier bestimmte Privilegien und Besonderheiten unter Umständen nutzen können.

2.7.1 Gründungsberechtigung beim MVZ wurde wieder erschwert

Ab 2012 wurde der Kreis der berechtigten Gründer eines MVZ auf Vertragsärzte, Krankenhäuser und nichtärztliche Dialyseerbringer beschränkt. Der diesbezüglich einschlägige § 95 SGB V erhielt eine neue Fassung.

Danach können die benannten Gründungsberechtigten MVZ nur in bestimmten Rechtsformen gründen, und zwar in Form

- einer Personengesellschaft,
- einer Gesellschaft mit beschränkter Haftung (GmbH) oder
- einer eingetragenen Genossenschaft.

Für Vertragsärzte dürften somit vor allem die Personengesellschaft, aber auch die GmbH als taugliche Rechtsformen einschlägig sein.

2.7.2 Neue Regeln für MVZ

Mit dem Versorgungsstärkungsgesetz 2015 wurde die Vorgabe, dass ein MVZ fachübergreifend geleitet sein muss, beendet. Damit können auch fachgleiche MVZ H (bspw. Hausarzt-MVZ) in Betracht kommen. Wie schon erwähnt, können Ärzte in einem MVZ sowohl freiberuflich als auch als Angestellte tätig sein.

> **⚠ Hinweis**
>
> Im Unterschied zur Anstellung bei einem anderen Vertragsarzt wird die Genehmigung zur Anstellung dem MVZ erteilt. Das MVZ ist vertragsarztrechtlich ein eigener Leistungserbringer und steht insofern dem Vertragsarzt gleich.

Deshalb können Vertragsärzte auf ihre Zulassung verzichten, um sich am MVZ anstellen zu lassen. Während beim Vertragsarzt nach § 14a Bundesmantelvertrag - Ärzte nur drei Ärzte angestellt werden dürfen (bei medizinisch -technischen Leistungen vier Ärzte), sind MVZ von dieser personenbezogenen Begrenzung ausgenommen.

2.7.3 Zulassungsverzicht gegen Anstellung

Die wesentliche Neuerung des Versorgungsstärkungsgesetzes besteht in der Option, dass die Gründer des MVZ auf ihre Zulassung als Vertragsarzt mit dem Ziel einer angestellten Tätigkeit am (eigenen) MVZ verzichten. Dies war bis 2015 unzulässig. Wenn ein MVZ durch freiberuflich tätige Ärzte betrieben wurde, mussten diese bei der Praxisnachfolge ebenso wie Vertragsärzte in Einzelpraxen ihre Zulassung zur Durchführung des Nachbesetzungsverfahrens zuvor zurückgeben. Um dies zu vermeiden, musste sich der freiberufliche Arzt am MVZ anstellen lassen, dann der Nachfolger angestellt und danach die Rückumwandlung der Anstellung in eine Zulassung beantragt werden. Dies war aber bei MVZ, die als Personengesellschaft (GbR) betrieben wurden, bei bestimmten Konstellationen unmöglich. Wenn es nämlich nur zwei Gesellschafter der GbR gab, endete die Gesellschaft mit der Anstellungsgenehmigung des zweiten Arztes. Damit war auch das MVZ rechtlich nicht mehr existent. Nur mit der Gründung des MVZ in der Rechtsform einer GmbH konnte dies vermieden werden, da hier die Gesellschaft unabhängig von der Gesellschafterstellung des zweiten Partners weiter existieren konnte (Einmann-GmbH). Mit Inkrafttreten des Versorgungsstärkungsgesetzes ist jetzt erlaubt, dass ein Vertragsarzt als Gesellschafter eines MVZ, der sich am MVZ anstellen lässt, auch nach der Anstellung weiter Gesellschafter dieses MVZ sein darf (s. dazu 5.)

 Praxistipp

Es ist daher ratsam, den Rechtsträger des MVZ als GmbH zu errichten. Die GmbH kennt als Kapitalgesellschaft lediglich Inhaber von Kapitalanteilen und ist keine vom Bestand eines persönlichen Gesellschafterkreises abhängige Gesellschaftsform, wie die GbR.

2.7.4 Das Verzichtsmodell im Einzelnen

Sofern die Regeln über die Führung des MVZ eingehalten werden, kommt es nicht darauf an, welche Person am Stammkapital der GmbH tatsächlich beteiligt ist. Eine Übertragung der jeweiligen Gesellschaftsanteile kann durch eine – notariell zu beurkundende – Abtretung der Gesellschaftsanteile gegen Zahlung eines hierfür vereinbarten Kaufpreises erfolgen. Damit ist eine Praxisabgabe unter Umgehung des Aufkaufrisikos möglich.

1. Mehrere Vertragsärzte gründen gemeinsam ein MVZ in der Rechtsform einer GmbH (bei Partnern einer BAG ist dies meist unproblematisch).
2. Der praxisabgabewillige Arzt verzichtet auf seine Zulassung zum Zwecke der Anstellung am MVZ und bleibt Gesellschafter.

3. Der Praxisnachfolger wird nach Beendigung der Tätigkeit des Praxisabgebers (drei Jahre, s. 5.) angestellt und übernimmt die Geschäfts-
anteile – also praktisch die Praxis – und der Praxisabgeber scheidet
endgültig aus der Praxis aus.

2.7.5 Bundessozialgericht verlangt drei-jährige Tätigkeit des angestellten Arztes

Laut einer aktuellen Entscheidung des Bundessozialgerichts vom
04.05.2016 (Az.: B 6 KA 21/15 R) kann eine Nachbesetzung der Arztstelle
im MVZ (beziehungsweise in einer Vertragsarztpraxis) nur dann erfolgen, wenn der Vertragsarzt tatsächlich als angestellter Arzt im MVZ
tätig geworden ist. Das BSG will so verhindern, dass ein Vertragsarzt
im Zuge des Verzichtsmodells seiner Tätigkeit in einem MVZ nicht tatsächlich und nachhaltig nachgeht. Der Vertragsarzt, der auf die Zulassung verzichtet und in die Anstellung geht, muss nun eine Tätigkeits-
dauer im MVZ von mindestens drei Jahren aufweisen können. Der im
aktuellen Urteil genannte Zeithorizont von drei Jahren orientiert sich
an § 103 Abs. 3a SGB V. Dieser besagt, dass ein Nachbesetzungsverfahren auch in einem überversorgten Gebiet (Versorgungsgrad von 140
Prozent und mehr) durchzuführen ist, und zwar wenn ein Angestellten-
verhältnis oder der gemeinschaftliche Praxisbetrieb mindestens drei
Jahre andauerte.

2.7.6 Offene Fragen bleiben

Unabhängig davon, wie die ZAs mit der Entscheidung umgehen werden, bleiben aber noch weitere Fragen offen, die ggf. positiv genutzt
werden können. Ein Vertragsarzt, der auf seine Zulassung zugunsten
einer Anstellung verzichtet, muss gegenüber dem ZA nur die Absicht
äußern, drei Jahre im MVZ (beziehungsweise der Vertragsarztpraxis)
tätig zu werden. Eine unvorhersehbare Erkrankung, aber auch arbeitsrechtliche Differenzen, die nicht beseitigt werden können, können aber
selbstverständlich zur Beendigung des Angestelltenverhältnisses führen und den Weg für eine Nachfolge für die Nachbesetzung frei
machen.

2.8 Praxisverkauf: Zustimmungsfalle bei verheirateten Ärzten

Kaum ein verheirateter Arzt weiß, dass unter bestimmten Umständen der Verkauf der Arztpraxis nur mit Zustimmung des Ehegatten möglich ist. Der Grund liegt im deutschen Familienrecht. Die Arztpraxis stellt nämlich gar nicht selten den wesentlichen oder sogar einzigen Vermögensgegenstand des Vertragsarztes dar. Wenn ein Verkauf geplant wird, sollte in diesem Fall beachtet werden, dass der Kaufvertrag in diesem Fall ohne Zustimmung des (zugewinnausgleichsberechtigten) Ehegatten unwirksam wäre.

2.8.1 § 1365 BGB enthält einen gravierenden Pferdefuß

§ 1365 BGB bezweckt neben der Wahrung des Anspruchs auf Zugewinnausgleich die Sicherung der Existenzgrundlage der Familie. Wenn einer der Ehegatten über sein gesamtes Vermögen verfügen will (Verkauf oder Schenkung), verlangt die Vorschrift das Erfordernis der Zustimmung des anderen Ehegatten.

§ 1365 BGB

(1) Ein Ehegatte kann sich nur mit Einwilligung des anderen Ehegatten verpflichten, über sein Vermögen im Ganzen zu verfügen. Hat er sich ohne Zustimmung des anderen Ehegatten verpflichtet, so kann er die Verpflichtung nur erfüllen, wenn der andere Ehegatte einwilligt.

(2) Entspricht das Rechtsgeschäft den Grundsätzen einer ordnungsmäßigen Verwaltung, so kann das Familiengericht auf Antrag des Ehegatten die Zustimmung des anderen Ehegatten ersetzen, wenn dieser sie ohne ausreichenden Grund verweigert oder durch Krankheit oder Abwesenheit an der Abgabe einer Erklärung verhindert und mit dem Aufschub Gefahr verbunden ist.

2.8.2 Rechtsprechung unterstellt faktischen Zulassungsverkauf

Im Rahmen des Verkaufs einer Vertragsarztpraxis geht es um folgende Besonderheiten: Auf den ersten Blick ist der Praxiswert als solcher ohne den von der KV zugeteilten Vertragsarztsitz meist relativ gering. Über die Zulassung des Nachfolgers kann der Arzt gar nicht entscheiden oder verfügen, das ist Sache des ZA. Es geht also offiziell meist um den Verkauf des Inventars, das auch wiederum meist einen geringen Wert besitzt. Eigentlich kann also gar kein wesentliches Vermögen verkauft werden, eine Zustimmung kann doch nicht notwendig sein. Dies ist ein Trugschluss, die Rechtsprechung sieht den Fall nämlich ganz anders und bedient sich hier der „wirtschaftlichen Betrachtungsweise und wendet § 1365 BGB wegen wirtschaftlicher Vergleichbarkeit" trotzdem an. Es wird unterstellt, dass die Veräußerung der Vertragsarztpraxis zum Schutz beider Vertragsparteien meist an eine sogenannte „aufschiebende Bedingung" geknüpft sei, nämlich an die Übertragung der Zulassung auf den Erwerber. Weil der Praxisverkauf in der Regel damit faktisch so doch zum Übertragung des Kassensitzes führe, bedürfe er deshalb in der absoluten Mehrzahl der Fälle zu seiner Wirksamkeit der Zustimmung des anderen Ehegatten.

 Hinweis

Etwas anderes gilt nur dann, wenn der Vertragsarzt neben seiner Praxis inklusive Kassenzulassung über weiteres Vermögen in erheblichem Umfang verfügt.

Im Interesse des Erhalts ihrer unternehmerischen Unabhängigkeit wird Vertragsärzten von erfahrenen Rechtsanwälten der Abschluss eines Ehevertrags angeraten. Ein solcher sollte neben anderen Regelungen (wie bspw. ein modifizierter Zugewinnausgleich) eine modifizierte Verfügungsbeschränkung enthalten, die gesetzliche Verfügungsbeschränkung der Zugewinngemeinschaft nach § 1365 BGB zumindest hinsichtlich des unternehmerischen Bereiches ausschließt. Anderen Vertragsärzten, deren wesentliches Vermögen die Praxis bildet, bleibt nur übrig, zuvor die Zustimmung zur Praxisabgabe beim Ehepartner einzuholen.

3 Bewertung von Arztpraxen

Nach der Statistik der Bundesärztekammer gab es im Jahr 2017 rund 385.000 Ärzte in Deutschland. Davon waren 118.000 niedergelassene Ärzte. 2015 gab es rund 76.000 Arztpraxen in Deutschland. Schätzungen gehen davon aus, dass bis zum Jahr 2020 50.000 niedergelassene Ärzte in den Ruhestand treten könnten. Dieser gravierende Generationenwechsel in fast der Hälfte aller existierenden Praxen hat nicht nur eine gesundheitspolitische Dimension, die bis hin zu einer Gefährdung der haus- bzw. fachärztlichen Versorgung führen kann. Die Entwicklung verschärft sich dabei eklatant im Vergleich zur Vergangenheit. Von 2010 bis 2015 sind ca. 15.000 niedergelassene Fachärzte und 13.000 niedergelassene Hausärzte ausgeschieden. Von 2015 bis 2020 werden ca. 28.000 Fachärzte und 24.000 Hausärzte ausscheiden.

Für den einzelnen Arzt ist die Nachfolgeregelung auch wirtschaftlich und persönlich ein außerordentlich wichtiges Vorhaben, was erhebliche Auswirkungen auf den weiteren Lebensweg haben kann. Für den potenziellen Verkäufer einer Praxis ist der Verkaufserlös häufig ein wichtiger, wenn nicht der wichtigste Baustein der eigenen Altersversorgung. Neben dieses wirtschaftliche Argument tritt meist ein psychologisches. Für den Verkäufer ist die eigene Praxis das Lebenswerk und entsprechend emotional sind die Diskussionen und die Verhandlungen mit einem potenziellen Käufer, der naturgemäß im Wesentlichen auf die Schwächen und Mängel der zu bewertenden Praxis eingeht, da er einen möglichst geringen Kaufpreis erzielen möchte. Dies erfordert ein besonderes Fingerspitzengefühl der beteiligten Berater.

Bei Arztpraxen ist zu konstatieren, dass die zu bewertenden Praxen extrem heterogen sind. Von Kleinstpraxen mit geringen Jahresumsätzen bis hin zu großen Gemeinschaftspraxen mit hoher Anlagenintensität (Radiologie, Laborarztpraxen etc.) reicht das Spektrum möglicher Bewertungsziele.

Das Ziel der betriebswirtschaftlichen Unternehmensbewertung ist nach herrschender Meinung die Ermittlung von Entscheidungswerten. Entscheidungswerte dienen als Maßstab für die Beurteilung der Angemessenheit eines Preises. Preise sind Verhandlungsergebnisse, die sich aus der Verhandlung zwischen präsumtivem Verkäufer und Käufer ergeben. Sie entziehen sich einer vollständig analytischen Betrachtung. Preise sind nicht gutachterlich zu ermitteln. In die Preisverhandlungen gehen psychologische, taktische und viele andere Aspekte ein. Jeder Leser eines Bewertungsgutachtens sollte daher wissen, was realistisch von einer Praxisbewertung zu erwarten ist. Ein Gutachten kann nur der Ausgangspunkt für eine Preisverhandlung sein. Ein Gutachten, das eine Partei in Auftrag gegeben hat, sollte niemals alleinig die Preisfindung bestimmen. Solche Gutachten sind Parteigutachten und im Interesse von Käufer oder Verkäufer erstellt. Jeder verkaufs- oder kaufwillige Arzt muss sich klarmachen, dass der Praxiswert nicht objektiv ist, wie die Farbe eines Gegenstands. Im Gegenteil. Der Wert hängt ganz entscheidend von den Wertvorstellungen aller Beteiligten ab. Sie bestimmen den Wert. Letztlich ist jede Praxis nur so viel wert, wie jemand anders bereit ist zu bezahlen. Findet sich niemand, der eine Praxis kaufen will, so ist deren Wert 0 bzw. entspricht den Verkaufserlösen der einzelnen Inventargegenstände, sofern für diese ein Zweitmarkt für gebrauchte Gegenstände existiert. Diese Tatsache hat auch das OLG Stuttgart festgestellt. Es urteilte: „Nicht verwunderlich ist deshalb, dass gutachterlich ermittelte Ertragswerte in der Praxis ständig durch reale Kaufpreise „widerlegt" werden." (OLG Stuttgart, Urteil vom 14.10.2010 – 20 W 16/06). Hintergrund dieser Beobachtung ist, dass gerade im ländlichen Bereich es erhebliche Nachwuchsprobleme gibt und Praxen nicht weiterveräußert werden, sondern tatsächlich geschlossen werden.

3.1 Anlässe für eine Praxisbewertung

Bewertungen von Arztpraxen kommen selten im Lebenszyklus einer Arztpraxis vor. Allen Anlässen gemein ist jedoch, dass sie – sofern sie notwendig sind – von besonderer Bedeutung für die weitere Existenz der Arztpraxis bzw. für das wirtschaftliche Wohlergehen von Praxisbetreibern sind. Im Folgenden werden die wichtigsten Bewertungsanlässe jeweils kurz dargestellt.

3.1.1 Zusammenschluss zu einer Gemeinschaftspraxis

Seit dem Vertragsärzterechtsänderungsgesetz von 2007 gibt es die Möglichkeit, dass sich Ärzte in einer Kooperation, einem Medizinischen Versorgungszentrum (MVZ), zusammenschließen. Diese sind häufig in Form von GmbHs organisiert. Um die Gesellschaftsanteile richtig berechnen zu können, muss eine Bewertung von Praxen erfolgen, die eingebracht werden. Der Wertanteil am Gesamtwert der neu geschaffenen Gemeinschaftspraxis wird zum Kapitalanteil. Im Normalfall haben die verschiedenen Arztpraxen unterschiedliche Werte, wodurch sich unterschiedliche Anteile an der neu entstehenden Praxis ergeben. Durch die Bewertung wird sichergestellt, dass jeder neue Partner gemäß seinen Anteilen an der neu entstehenden Entität partizipiert. Durch eine sachgerechte Bewertung wird keiner der Beteiligten bevorzugt oder benachteiligt.

3.1.2 Praxiskauf bzw. -verkauf

Der Kauf bzw. Verkauf von Praxen ist der wichtigste Grund für eine Bewertung. Bei einer Bewertungssituation vom Typ Kauf/Verkauf kann die Unternehmensbewertung an mehreren Stellen stattfinden. So ist es üblich, dass sich ein potenzieller Käufer bei der Auswahl der verschiedenen Übernahmekandidaten eine grobe Vorstellung vom Wert der potenziell zu akquirierenden Praxis macht. Die Unternehmensbewertung ist eine der zentralen und wichtigsten Elemente im Akquisitionsprozess. Mit den analytisch ermittelten Werten gehen die beiden Parteien in eine Preisverhandlung, in der die Wertvorstellungen von Käufer und Verkäufer der Maßstab sind, ob die Partei das Verhandlungsergebnis annimmt oder nicht. Der erzielte Preis hat aber eine überragende Bedeutung für den Erfolg der Unternehmenstransaktion. Für den Käufer wird die Unternehmenstransaktion scheitern, wenn er zu viel bezahlt, was darauf beruhen kann, dass er dem Unternehmen einen zu hohen Wert zugemessen hat. Für den Verkäufer ist es ein schlechtes Geschäft, wenn er das Unternehmen zu einem zu niedrigen Preis verkauft hat, der auf einer zu niedrigen Unternehmensbewertung beruhte.

Die Unternehmensbewertung liefert dabei allerdings nur den Maßstab, ob ein Verhandlungsergebnis angenommen werden sollte oder nicht. Ob der ermittelte Wert überhaupt realisiert werden kann oder nicht, steht auf einem anderen Blatt und hängt stark von der Situation ab. So ist ein Verkäufer, der mehrere Kaufangebote hat, in einer anderen Situation als ein Arzt, der aufgrund einer Notlage verkaufen muss. Im letzteren Fall spielt die Unternehmensbewertung teilweise keine Rolle, da der Verkäufer darauf angewiesen ist, jedes Angebot anzunehmen, um überhaupt eine Gegenleistung für seine Praxis zu bekommen.

Die Bestimmung eines Praxiswerts ist ein schwieriges Unterfangen: Es gibt keine objektiv ablesbaren Werte, wie sie für andere Güter, die z. B. an der Börse gehandelt werden, sehr wohl existieren. Unternehmen, deren Aktien an einer Börse notiert sind, werden zwar täglich mit einem Marktpreis bewertet. Allerdings bezieht sich dieser Marktpreis lediglich auf einen Anteil an dem Unternehmen, nicht auf die mehrheitliche Übernahme der Kontrolle über das Unternehmen. Es existiert folglich kein Marktpreis für Praxen. Dies liegt daran, dass Unternehmen individuelle und komplexe Güterbündel sind.

Von dem Begriff „Wert" zu unterscheiden ist der Begriff „Preis". Preise sind in Geld bezifferte Tauschwerte und bilden sich in Verhandlungen oder auf Märkten. Preise für Arztpraxen sind Ergebnis eines Verhandlungsprozesses, in dem Käufer und Verkäufer versuchen, ein für sich besonders günstiges Ergebnis zu erzielen. Dieser Verhandlungsprozess wird durch ökonomische, aber auch taktische und psychologische Faktoren beeinflusst. Die Bewertung ist zwar für den Preisfindungsprozess wichtig, aber sie ist nicht der alleinige oder bestimmende Faktor.

3.1.3 Berufsunfähigkeit und Tod

Ist der bisherige Praxisinhaber verstorben oder berufsunfähig, muss der Verkaufs- und damit der Bewertungsprozess schnell in Gang gesetzt werden. Grund dafür ist, dass die Praxis in diesem Fall von einem Vertreter weitergeführt werden muss. Beachtet werden muss, dass die Kassenzulassung automatisch an die Kassenärztliche Vereinigung nach Ende des Quartals nach dem Tod des Praxisinhabers zurückfällt (das gewährte Übergangsquartal wird zumeist Witwenquartal genannt). Dadurch entsteht erheblicher Zeitdruck, der etwas abgefedert werden kann, wenn der Praxisinhaber Vorsorge bezüglich einer laufenden Bewertung und/oder einer guten Aktenlage vorbereitet hat, die eine zügige Bewertung und Prüfung der Werthaltigkeit der Praxis möglich macht.

3.1.4 Ehescheidung

§ 1363 BGB bestimmt, dass Ehegatten in der Gütergemeinschaft der Zugewinngemeinschaft leben. Dieser Güterstand kann durch Ehevertrag allerdings abbedungen werden. Die Regelungen eines Ehevertrags gehen den Vorschriften des BGB in jedem Fall vor. Der Begriff der Zugewinngemeinschaft ist missverständlich, da tatsächlich gar kein gemeinsames Vermögen besteht. Im Gegenteil: Die Ehepartner bleiben jeweils Eigentümer ihres eigenen Vermögens, es sei denn, sie vereinbaren explizit etwas anderes, wie es häufig beim gemeinsamen Erwerb einer Immobilie der Fall ist.

Kommt es zur Auflösung der Gütergemeinschaft, sprich zur Scheidung der Ehe, bestimmt §1378 BGB die Berechtigung zu einer Ausgleichsforderung.

Der Zugewinn errechnet sich nach §1373 BGB als Differenz von Endvermögen (am Tag der Ehescheidung) und Anfangsvermögen (am Tag der Eheschließung). Zur Berechnung des Zugewinns sind mithin vier Schritte notwendig:

* Feststellung des Anfangs- und Endvermögens für jeden Ehegatten
* Berechnung der Differenz zwischen Anfangs- und Endvermögen (des Zugewinns) für jeden Ehegatten

- Vergleich der erzielten Zugewinne
- Feststellung, welcher Ehegatte den höheren Zugewinn während der Ehe hatte. Der Ehepartner mit dem höheren Zugewinn hat die Hälfte des erzielten Überschusses an den anderen abzugeben

Dabei muss beachtet werden, dass die Anfangs- und Endvermögen negativ sein können, der Zugewinn selbst allerdings nicht. Das Bestehen eines negativen Anfangsvermögens führt dazu, dass auch Schuldentilgung als Zugewinn ausgewiesen wird.

Zur Festlegung des Zugewinns und Abrechnung des Zugewinnausgleichs muss eine Bewertung erstellt werden, sofern eine Praxis im Vermögen eines Ehegatten enthalten ist. Ist der Zugewinn einmal festgelegt und abgerechnet worden, so ist dies endgültig, eine nachträgliche Anpassung ist nicht möglich. Dies gilt auch dann, wenn sich die wirtschaftlichen Verhältnisse nach Beendigung der Bewertung noch für die eine oder andere Partei entscheidend verändert haben.

Die Bewertung einer Arztpraxis ist folglich immer notwendig, wenn sich der Arzt von seinem Ehepartner scheiden lässt und keine vertragliche Vereinbarung hinsichtlich einer Abfindung in Form eines Ehevertrags existiert. Die besondere Schwierigkeit besteht dabei in der Zweistufigkeit der Bewertung: Die Bewertung der Praxis muss einmal zum Tag der Eheschließung, der auch erhebliche Zeit in der Vergangenheit liegen kann, und einmal zum Tag der Ehescheidung selbst erfolgen. Insbesondere die Bewertung zum Tag der Eheschließung ist schwierig, da von der tatsächlichen Entwicklung der Praxis abstrahiert werden muss. Ausgangswert ist nur das, was am Tag der Eheschließung an Potenzialen vorhanden war. Alles, was nachher tatsächlich geschaffen worden ist, gehört zum Zugewinn und nicht zum Einstiegsvermögen des Praxisinhabers.

Zu berücksichtigen ist hierbei aber insbesondere, ob der gutachterlich ermittelte Praxiswert tatsächlich realisierbar ist. Es können sich erhebliche Unterschiede zwischen gutachterlich ermittelten „inneren" Werten und „objektiven" Marktwerten ergeben. Existiert kein Markt für eine Praxis in einer bestimmten Region, so kann auch nur der realisierbare Wert angesetzt werden für die Berechnung des Zugewinnausgleichs. Der gutachterlich berechnete Wert ist dann irrelevant.

3.1.5 Rating nach Basel II und Basel III

Die Eigenkapitalvorschriften der Banken verlangen, dass Kreditbeträge je nach dem Rating des Kreditnehmers mit mehr oder weniger Eigenkapital unterlegt werden. Für den Kreditnehmer hat dies Auswirkungen auf die gewährten Konditionen. Eigenkapital ist für Banken knapp und damit teuer. Ärzte mit schlechtem Rating müssen daher höhere Kreditzinsen bezahlen bzw. erhalten keine oder nur geringe Kredite.

Bei Ärzten wird dabei das Praxisvermögen und das Privatvermögen als Summe betrachtet. Fehlendes Praxisvermögen aufgrund eines niedrigen Praxiswerts muss durch private Ersparnisse oder die Hypothek auf eine im Eigentum befindliche Immobilie ersetzt werden.

Bei der Berechnung des Ratings ergibt sich ein Zirkelproblem. Das Rating wird durch den Unternehmenswert beeinflusst, auf der anderen Seite verändern die notwendigen Kreditzinsen den Unternehmenswert. Die Zinshöhe ist entscheidend vom Rating abhängig. Diese Zusammenhänge müssen bei einer Bewertung berücksichtigt werden.

3.2 Besonderheiten bei der Übertragung von Arztpraxen

3.2.1 Besonderheiten von freiberuflichen Praxen

Die freien Berufe zeichnen sich in besonderer Weise durch ihre Personenbezogenheit aus. Das persönliche Verhältnis zwischen Steuerberater und Mandant, Rechtsanwalt und Mandant oder Arzt und Patient ist ein individuelles, was besonderen Empfindsamkeiten unterliegt und nicht mit normalen Kundenbeziehungen zu vergleichen ist. Insofern müssen Bewerter und Käufer einer freiberuflichen Praxis in ihren Überlegungen berücksichtigen, inwiefern sich Geschäftsbeziehungen zu Mandanten bzw. Patienten übertragen lassen. Dies erfordert eine andere Vorgehensweise bei der Unternehmensanalyse als bei einem Unternehmen, das für anonyme Kunden auf Massenmärkten produziert. Die Patientenanalyse hat einen entscheidenden Stellenwert in der Bewertung von freiberuflichen Praxen. Mandantenbeziehungen, die allein auf persönlichen Beziehungen beruhen, müssen – genauso wie außergewöhnliche Einmalerträge – bei einer Praxisbewertung herausgerechnet werden.

Wie auch in jedem anderen kleineren Unternehmen hat der Eigentümer bzw. Freiberufler den entscheidenden Einfluss auf die Unternehmensführung. Aus diesem Grund sind auch die unternehmerischen Fähigkeiten des potenziellen Übernehmers bei einer Bewertung zu berücksichtigen, sie beeinflussen die zukünftigen Erträge der Praxis. Die unternehmerischen Fähigkeiten des potenziellen Verkäufers sind ebenfalls mittelbar Gegenstand der Betrachtung, da sie den Zustand der Praxis bestimmen und damit auch bestimmen, ob und wie die Praxis weiterzuführen ist. Im Extremfall beruht der bisherige Erfolg einer Praxis allein auf persönlichen Bindungen oder Kontakten, dann ist der Wert – unabhängig vom vergangenen Erfolg – null, da künftige Erfolge nicht zu erzielen sind. Für die freien Berufe aus dem Bereich der Kunst ergibt sich damit regelmäßig ein Unternehmenswert von null. Niemand kauft einen Geschäftsbetrieb eines Kunstmalers oder Schriftstellers, da mit dem Ausscheiden des Künstlers die Leistung nicht mehr erbracht werden kann.

Neben diese allgemeinen Besonderheiten der Gruppe der freien Berufe treten branchenspezifische Besonderheiten, die auch aus den berufsständischen Bestimmungen fließen. Ähnlich wie bei Handwerkern ergibt sich für den Verkäufer eine Einschränkung des Entscheidungsfeldes für einen Verkauf, da nur potenzielle Käufer mit einer gleichen Ausbildung bzw. Befähigung für einen Kauf infrage kommen. Darüber hinaus gibt es aufgrund der besonderen Vertrauensstellung der hier behandelten Dienstleister besondere Maßstäbe. Außerdem müssen berufsständische Regeln eingehalten werden.

3.2.2 Besonderheiten von Arztpraxen

Die Übertragung von Arztpraxen ist ein außerordentlich komplexer Vorgang, da verschiedene Rechtsbereiche berührt sind. Neben dem Recht des Unternehmenskaufs und –verkaufs ist insbesondere das vertragsärztliche Recht betroffen. Dieser Rechtsbereich ist ständig in Bewegung, da es in der gesundheitspolitischen Debatte eine große Rolle spielt und von wechselnden politischen Konstellationen gerne unterschiedlich betrachtet wird.

Nachbesetzung von Vertragsarztsitzen

Bis zum Jahr 2009 war es zwingend notwendig, dass Ärzte bis zur Vollendung ihres 68. Lebensjahres ihre Nachfolge regeln. Für eine Zulassung zur Abrechnung über die gesetzlichen Krankenversicherungen war dies die Altersgrenze. Niedergelassene Ärzte mussten bis zu ihrem 69. Geburtstag ihre Arztpraxis bzw. ihre Beteiligung an einer Gemeinschaftspraxis aufgeben. Durch das Gesetz zur Weiterentwicklung der Organisationsstrukturen in der gesetzlichen Krankenversicherung vom 15.12.2008 wurde diese Altersgrenze ersatzlos gestrichen. Ein harter Zwang zur Abgabe einer Praxis existiert nicht mehr. Verkäufer müssen nicht mehr zu einem festen Zeitpunkt abgeben, was ihre Position stärkt und diejenige der Käufer schwächt. Bisher konnte ein Käufer einfach warten, bis der anvisierte Verkäufer sich der Altersgrenze nähert, und dabei den Kaufpreis senken. Diese Möglichkeit besteht jetzt nicht mehr. Damit hat – in der Sprache der Unternehmensbewertung – die Zeit aufgehört, in der die Bewertung von Arztpraxen eine dominierte Konfliktsituation war, in der der Käufer die Konditionen letztlich diktieren konnte, weil die Alternative einer eigenständigen Fortführung der Praxis fehlte.

Die vertragsärztliche Zulassung führt dazu, dass der niedergelassene Arzt mit den gesetzlichen Krankenversicherungen abrechnen kann. Es ist angesichts von ca. 71,9 Mio. gesetzlich Versicherten für die wirtschaftliche Existenz einer Praxis zumeist notwendig, über eine vertragsärztliche Zulassung zu verfügen. Bei einer Überversorgung der gesetzlich Versicherten durch Arztpraxen wird eine Zulassungssperre für neue Ärzte in einer bestimmten Region ausgesprochen. Dabei wird ein Bedarfsplan herangezogen, der künftige Bevölkerungs- und Behandlungstrends berücksichtigt. Niederlassungsmöglichkeiten bestehen zwar – insbesondere für Augenärzte, Hautärzte und HNO-Ärzte-, und das insbesondere in den Flächenländern Baden-Württemberg und Bayern. Für junge Ärzte, die sich mit dem Gedanken auf eine Selbstständigkeit befassen, ist es aber oftmals die einzige Chance, sich in eine bestehende Arztpraxis einzukaufen und den damit verbundenen Vertragsarztsitz zu übernehmen. Allerdings kann der ausscheidende Vertragsarzt seit 1993 nicht mehr frei über seinen Nachfolger entscheiden. Er braucht die Zustimmung der Zulassungsausschüsse der zuständigen Kassenärztlichen Vereinigung.

Für den Fall, dass sich der Vertragsarztsitz in einem zulassungsbeschränkten Bereich befindet, hat die Kassenärztliche Vereinigung auf Antrag des Vertragsarztes oder seiner Erben den Vertragsarztsitz neu auszuschreiben. Ist der ausgeschiedene Arzt in einer Praxisgemeinschaft tätig gewesen, so haben die verbliebenen Partner eine eigene Befugnis, die Ausschreibung bei der Kassenärztlichen Vereinigung zu beantragen. Ist der Antrag bei der Kassenärztlichen Vereinigung eingegangen, so muss die Ausschreibung unverzüglich in dem Bekanntmachungsblatt der Kassenärztlichen Vereinigung erscheinen. Die Kassenärztliche Vereinigung stellt daraufhin dem ausscheidenden Arzt die eingegangenen Bewerbungsunterlagen zur Verfügung. Dies ist der Zeitpunkt, an dem die Vertragsverhandlungen zwischen potenziellem Käufer und Verkäufer beginnen sollen und auch angefangen wird, über den Wert bzw. Preis der Praxis und des damit verbundenen Vertragsarztsitzes zu sprechen.

Neben anderen Kriterien spielt auch der Preis, den abgebender und kaufender Arzt vereinbaren, eine – wenn auch untergeordnete – Rolle. Der Preis ist nur insoweit relevant, als der Verkäufer mindestens den Verkehrswert für die Praxis erhalten muss (§ 103 Abs. 4 Satz 5 SGB V).

Allerdings können Käufer und Verkäufer sehr wohl einen Preis über dem Verkehrswert vereinbaren. Damit soll sichergestellt werden, dass der Verkäufer nicht unbillig behandelt wird und sein Lebenswerk unter Wert abgibt.

Gestaltung des Verkaufsprozesses

Die Übergabe einer Arztpraxis geschieht normalerweise in Form eines Kaufvertrags nach § 433 ff. BGB, bei dem die einzelnen Inventargegenstände übertragen werden. Zusätzlich erhält der Veräußerer einen Goodwill kompensiert, in dem die zukünftigen Ertragserwartungen der Praxis, die durch den ausscheidenden Praxisinhaber geschaffen worden sind, zum Ausdruck kommen. Möglich ist auch ein Teilverkauf der Praxis, bei dem der ausscheidende Arzt lediglich seinen Vertragsarztsitz verkauft und seine privatärztlichen Aktivitäten beibehält. In so einer Situation kann mit der Übergabe eine langsame Einführung des neuen Vertragsarztes verbunden sein, indem Patientenbeziehungen behutsam übertragen werden können. Dies ist selbstverständlich in einer Unternehmensbewertung zu berücksichtigen.

Bei der Übertragung des Praxisinventars werden die zu übertragenden Gegenstände durch ein Inventar konkretisiert, in dem alle zu übertragenden Gegenstände einzeln aufgeführt sind. Der Verkäufer muss darauf achten, dass eigentlich dem Privatvermögen zugehörige Vermögensgegenstände vor der Veräußerung entnommen werden. Auch der Käufer hat ein Interesse daran, dass Gegenstände, die nichts mit der Leistungserbringung in der Praxis zu tun haben, nicht mit übertragen werden. Dies können Firmenfahrzeuge, Kunstgegenstände oder eigene Immobilien sein. Wird die bisher im Eigentum befindliche Immobilie nicht mit übernommen, sondern nur weiter vermietet, muss man sich vorher über eine Miethöhe verständigen, die die künftig erzielbaren Gewinne der Praxis mindert. Damit wird auch der Praxiswert vermindert, da sich die Kosten für die Praxisbetreiber erhöhen.

Ist ein Anteil an einer Praxisgemeinschaft zu übertragen, so kann der Vertrag auch lediglich auf die Übertragung des Anteils lauten. Dann ist der Empfänger der Entschädigung der ausscheidende Gesellschafter. Dabei benötigt die Anteilsübertragung allerdings auch die Zustimmung aller verbleibenden Gesellschafter. Alternativ bietet sich an, dass man einen Vertrag zwischen den verbleibenden Gesellschaftern und dem ausscheidenden Arzt und dann sofort im Anschluss bzw. gleichzeitig einen Vertrag mit dem neu eintretenden Arzt und den Gesellschaftern schließt.

Für die Gestaltung eines Vertrags ist es wichtig, einen klaren Stichtag für die Praxisübernahme festzulegen. In der Regel fallen der Vertragsschluss und die tatsächliche Übergabe auseinander. Der verkaufende Arzt betreibt die Praxis noch für einen Zeitraum alleine weiter. Dies ist wichtig, um zum einen sicherzustellen, wer die Gefahr trägt, wenn einzelne Gegenstände oder die Gesamtheit sich verschlechtern (z. B. ein Gerät nicht mehr funktioniert). Zum anderen ist es wichtig festzuhalten, wie die Honorare und Aufwendungen der Praxis zwischen neuem und altem Eigentümer aufgeteilt werden.

Angemessenheit des Preises
Der vereinbarte Preis ist für einen Käufer dann angemessen, wenn er auf Dauer mit dem Netto-Gewinn Zinsen und Tilgung des Kaufpreises der Praxis bezahlen kann und gleichzeitig die Lebenshaltungskosten für sich und seine Familie finanziert werden können.

Für den Verkäufer einer Arztpraxis muss der Verkaufserlös gemeinsam mit anderen Erlösquellen, die für den Ruhestand zur Verfügung stehen, ausreichen, um Wohnen, Lebenshaltung, Versicherungen, Hobbys etc. zu finanzieren. Neben den Verkaufserlösen gehören andere Rentenansprüche, Einnahmen aus Immobilienvermietungen, Wertpapiere etc., die während der praktischen Tätigkeit erworben wurden, zu diesen Einnahmen hinzu.

Ein betriebswirtschaftlicher Berater für Ärzte, die kauf- bzw. verkaufwillig sind, muss diese Punkte berücksichtigen, wenn er eine Empfehlung für den Arzt ausspricht.

3.2.3 Möglichkeiten des Verkaufspreismanagements

Neben einer guten professionell geführten Verhandlung, bei der eventuell ein betriebswirtschaftlich und ein juristisch geschulter Berater hinzugezogen werden sollten, empfiehlt es sich für den Verkäufer, rechtzeitig vor dem geplanten Verkauf Möglichkeiten zur betriebswirtschaftlichen Optimierung der Praxis durchzuführen. Damit kann der Verkaufspreis, der ja für den ausscheidenden Arzt für den weiteren Lebensweg von besonderer Bedeutung ist, erhöht werden. So kann man z. B.

- Den optischen Eindruck der Praxis verbessern (Möbel erneuern, Beschilderung erneuern, unaufgeräumte Lagerräume optimieren). Startpunkt jeder Verkaufsverhandlung ist eine Begehung der Praxisräume. Genau wie im menschlichen Miteinander gilt hier, dass der erste Eindruck zählt und sofern er schlecht war, nur durch erhebliche Mühen wieder zu verbessern ist.
- Honorarsteigerungen können durch eine Verbesserung des Terminierungsprozesses erreicht werden. Eine auf diesem Gebiet geschulte Assistentin kann hier sehr viel helfen.
- Der Materialverbrauch kann kostengünstiger gestaltet werden, z. B. wenn man den Materialverbrauch über eine Einkaufsgenossenschaft decken kann und damit die Einkaufspreise mindern kann.
- Je frühzeitiger ein Praxisinhaber diese Maßnahmen ergreift, umso positiver wirkt sich dies auf den später zu erzielenden Kaufpreis aus. Aus diesem Grund kann man jedem Arzt nur empfehlen, kontinuierlich die betriebswirtschaftliche Optimierung seiner Praxis zu betreiben. Dies ist ein wesentlicher Schritt, um später einen hohen Kaufpreis zu erzielen.

3.3 Bewertungsmethoden

3.3.1 Die Methode der Bundesärztekammer

Die Standesorganisation der Ärzte hat das als Bundesärztekammermethode bekannte Verfahren zur Bewertung von Arztpraxen entwickelt. Die Hinweise zur Bewertung von Arztpraxen der Bundesärztekammer und der Kassenärztlichen Bundesvereinigung wurden zuletzt im September 2008 überarbeitet. Diese sind bis heute unverändert gültig (Stand: September 2018).

Die Bundesärztekammermethode ist ein Mischverfahren, das den Substanzwert der Arztpraxis mit einem ideellen Wert, der vergangenheitsbezogene, aber auch in die Zukunft gerichtete Elemente beinhaltet, kombiniert. Das Verfahren der Bundesärztekammer ist in Theorie und Praxis nicht unumstritten, da es wie jedes Mischverfahren die Gefahr von Doppelzählungen beinhaltet. Des Weiteren sind viele der Faktoren, die in der Bewertung berücksichtigt werden sollen, sehr schwammig formuliert, was große Gestaltungsspielräume eröffnet. Nichtsdestotrotz findet die Methode in der Rechtsprechung und in der Praxis eine weite Verbreitung. Darüber hinaus ist die Methode durch die Finanzbehörden als branchenspezifisches Bewertungsverfahren für erbschaft- und schenkungsteuerliche Zwecke anerkannt.

In Schritt 1 des Bewertungsverfahrens wird der Substanzwert der Arztpraxis ermittelt. Maßgeblich ist der Zeitwert des Inventars der Praxis. Aufgrund der Technisierung der Praxen können hohe Substanzwerte erzielt werden. Der Zeitwert muss das Alter der Anlagen, den Zustand und den technischen Fortschritt berücksichtigen. Bei stark technologiegetriebenen Arztpraxen kann es aufgrund der Höhe der in Rede stehenden Werte notwendig sein, Sachverständige hinzuzuziehen, die konkrete Werte für einzelne Anlagen bestimmen.

In Schritt 2 wird der ideelle Wert der Praxis bestimmt. Schematisch ergibt er sich nach folgender Formel:

👍	**Beispiel**
	übertragbarer Umsatz
-	übertragbare Kosten
=	**übertragbarer Gewinn**
-	alternatives Arztgehalt
=	**nachhaltig erzielbarer Gewinn**
x	Prognosemultiplikator
=	**ideeller Wert**

Der übertragbare Umsatz greift auf die Umsätze der vergangenen drei Jahre vor dem Bewertungsstichtag zurück. Dabei wird der Umsatz um diejenigen Elemente bereinigt, die personenbezogen sind, also nur von dem ausscheidenden Praxisinhaber erwirtschaftet werden können. Sie sind für einen potenziellen Erwerber daher nicht relevant. Dies können z. B. Tätigkeiten als Belegarzt, Betriebsarzt, gutachterliche Tätigkeiten oder Einnahmen sein, die nicht direkt mit der ärztlichen Tätigkeit zu tun haben, wie Zinsen und Mieten. Auch sind sonstige Besonderheiten, wie z. B. niedrige Umsätze aufgrund einer Krankheit des Arztes, zu korrigieren. Dies gilt auch für Änderungen an den Umsätzen, die durch bereits beschlossene, aber nicht in Kraft getretene Änderungen in Abrechnungsmodalitäten entstehen. Hier ist es wichtig, dass sich der Bewerter mit den sich laufend ändernden Bestimmungen im Gesundheitswesen auseinandersetzt. Von den so korrigierten Umsätzen der drei Jahre vor dem Bewertungsstichtag wird der Durchschnitt als „übertragbarer Umsatz" ermittelt.

Den Umsätzen werden die Kosten der Arztpraxis gegenübergestellt. Die relevanten übertragbaren Kosten sind diejenigen, die notwendig waren, um die übertragbaren Umsätze zu erwirtschaften. Folglich müssen Kosten eliminiert werden, die nur angefallen sind, um Umsätze zu erzielen, die für den potenziellen Erwerber nicht erreichbar sind. Beispielsweise sind die Kosten für Belegbetten nicht übertragbar, wenn die belegärztliche Tätigkeit nicht fortgeführt wird. Zu korrigieren sind auch eventuell zu hoch oder zu niedrig angesetzte Kosten für kalkulatorische Löhne (mithelfende Familienangehörige), kalkulatorische Mieten, kalkulatorische Abschreibungen oder Zinsen. Sollten Kosten absehbar zukünftig entstehen (z. B. durch notwendige Renovierungen oder neuere Apparate, oder durch Anmietung neuer Praxisräume), so sind diese ebenfalls zu berücksichtigen. Aus der Differenz von übertragbarem Umsatz und übertragbaren Kosten ergibt sich der übertragbare Gewinn.

Der übertragbare Gewinn wird durch ein alternatives Arztgehalt korrigiert. Dadurch soll der Arbeitseinsatz des Arztes berücksichtigt werden. Zu beachten ist, dass damit der Arbeitseinsatz des Arztes nicht auch in den übertragbaren Kosten berücksichtigt werden darf, da er sonst doppelt enthalten wäre. Ausgangspunkt für das alternative Arztgehalt ist das Facharztgehalt an Krankenhäusern. Dies ist in den Hinweisen der Bundesärztekammer mit 76.000 Euro für das Jahr 2008 angegeben. Für 2017 wird in derselben Kategorie ein Wert von 84.000 Euro angegeben.

Übertragbarer Umsatz	Abzuziehendes alternatives Arztgehalt (in %)	Abzuziehendes alternatives Arztgehalt (absolut)
> 40.000	0 %	0
40.000 – 64.999	20 %	Euro 16.800
65.000 – 89.999	30 %	Euro 25.200
90.000 – 114.999	40 %	Euro 33.600
115.000 – 139.999	50 %	Euro 42.000
140.000 – 164.999	60 %	Euro 50.400
165.000 – 189.999	70 %	Euro 58.800
190.000 – 214.999	80 %	Euro 67.200
215.000 – 239.999	90 %	Euro 75.600
240.000 und darüber	100 %	Euro 84.000

Tab. 5: Tabelle: Alternatives Arztgehalt auf der Basis eines Facharztgehalts im Krankenhaus (Stand: 2017)

Für den Zugewinnausgleich hat der BGH ein etwas anderes Vorgehen vorgegeben: Ein pauschaler Ansatz eines Inhaberlohns soll nicht vorgenommen werden, stattdessen soll ein Lohn angesetzt werden, bei dem die tatsächliche Erfahrung und die unternehmerische Qualität des ausscheidenden Praxisinhabers berücksichtigt werden. Der BGH hat zudem darauf hingewiesen, dass die Arbeitsbelastung bei der Bemessung des Arztgehalts eine Rolle spielen soll: „Einer freiberuflichen Praxis, deren Ertrag mit einem geringeren zeitlichen Aufwand des Inhabers aufrechterhalten werden kann, kommt stets ein höherer Goodwill zu als einer Praxis mit gleichem Ertrag, die einen erheblich höheren Einsatz des Inhabers erfordert" (BGH, NJW 2011, S. 999). Außerdem muss die soziale

Absicherung des Praxisinhabers im Unternehmerlohn berücksichtigt werden. Dies bedeutet, dass die Sozialversicherungsabgaben zu dem Bruttoarztlohn hinzuzurechnen sind.

Der übertragbare Gewinn abzüglich des alternativen Arztgehalts stellt den nachhaltig erzielbaren Gewinn dar, der mit einem Prognosemultiplikator multipliziert werden muss, um zum ideellen Wert der Praxis zu gelangen. Dieser Prognosemultiplikator soll die Patientenbindung zum Ausdruck bringen, also wie lange die Patienten trotz des Ausscheidens des bisherigen Praxisinhabers der Praxis treu bleiben werden. Dies ist aufgrund des besonderen Vertrauensverhältnis Arzt-Patient ein flüchtiges Verhältnis. Die Bundesärztekammer geht von einem durchschnittlichen Wert für Einzelpraxen von zwei Jahren aus, was einen Prognosemultiplikator von 2 bedeutet. Gibt es Gründe für eine abweichende Patientenbindung, kann nach oben (z. B. bei weiterer Mitarbeit des ausscheidenden Praxisinhabers) oder nach unten (z. B. bei besonders hoher Arztdichte, die zu intensiver Konkurrenz führt) abgewichen werden.

Der so ermittelte ideelle Wert soll weiter verändert werden um „wertbeeinflussende Faktoren" wie z. B. die Dauer der Berufsausübung durch den abgebenden Arzt, die Praxisstruktur, die Ortslage der Praxis etc. Begründet wird dies mit der unternehmerischen Leistung des Arztes, wobei die Bundesärztekammer davon ausgeht, dass der ideelle Wert um nicht mehr als 20 % durch die wertbeeinflussenden Faktoren verändert wird. Als wertbeeinflussende Faktoren werden durch die Bundesärztekammer die folgenden genannt:

- Ortslage der Praxis,
- Praxisstruktur (z. B. Überweisungspraxis),
- Arztdichte,
- Möglichkeit/Pflicht, die Praxis in den vorhandenen Räumen weiterzuführen,
- Qualitätsmanagement,
- regionale Honorarverteilungsregelungen für den Vertragsarzt,
- Dauer der Berufsausübung des abgebenden Arztes,
- Tätigkeitsumfang, z. B. hälftiger Versorgungsauftrag,
- Zulassung als Vertragsarzt in einem gesperrten Planungsbereich bei Fortführung der Praxis,

• Anstellung von Ärzten,
• Kooperationen (Ärztegemeinschaft, Apparategemeinschaften).

Hierbei muss der Bewerter darauf achten, dass einzelne Faktoren nicht doppelt gezählt werden. So führt eine gute Ortslage zu tendenziell höheren Umsätzen und findet ihren Niederschlag bereits im nachhaltigen Gewinn. Diesen Faktor noch einmal zu berücksichtigen erscheint unangemessen.

Insgesamt ist das Verfahren der Bundesärztekammer ein weit verbreitetes Verfahren, das gut anwendbar ist. Es führt allerdings aufgrund der Schwammigkeit der zu beurteilenden Faktoren zu erheblichen Ermessensspielräumen und es entsteht die Gefahr von Doppelzählungen. Beides führt dazu, dass der Bewerter das Verfahren trotz seiner unmittelbar eingängigen Struktur mit großem Bedacht anwenden muss.

👍 Beispiel	
Übertragbarer Umsatz der Praxis	120.000 Euro
Übertragbare Kosten der Praxis	50.000 Euro
= Übertragbarer Gewinn der Praxis	70.000 Euro
Das alternative Arztgehalt wird aus obenstehender Tabelle ermittelt:	
- Alternatives Arztgehalt	42.000 Euro
= Nachhaltig erzielbarer Gewinn	28.000 Euro

Der Prognosemultiplikator wird hier mit 2 angegeben. 2 bedeutet in dem Zusammenhang, dass der nachhaltig erzielbare Gewinn über 2 weitere Jahre nach dem Verkauf der Arztpraxis erzielt werden kann.

Hinter dem Prognosemultiplikator stehen zwei Gedankenmodelle: Zum einen kann man diesen interpretieren als die Zeit in Jahren, die ein neuer Praxisinhaber benötigt, um sich einen ähnlichen Ruf und damit Gewinnpotenzial selber aufzubauen. Zum anderen kann man ihn interpretieren als die Zeit, die der gute Ruf des vorherigen Praxisinhabers nachwirkt, bevor er sich gänzlich verflüchtigt hat.

Die Methode der Bundesärztekammer wird manchmal auch als modifiziertes Ertragswertverfahren bezeichnet. Dies kann man vor dem Hintergrund der voranstehenden Argumentation nachvollziehen. Allerdings sind die Unterschiede zur klassischen Ertragswertmethode derart gewichtig und damit auch die richtige Interpretation des errechneten Unternehmenswerts unterschiedlich, dass im Folgenden das reine Ertragswertverfahren als gangbare und sinnvolle Alternative zur Bundesärztekammermethode respektive des modifizierten Ertragswertverfahrens vorgestellt wird.

Für eine Durchschnittspraxis (nach den Angaben des KZBV-Jahrbuchs 2015) ergibt sich die folgende Berechnung für eine kassenzahnärztliche Praxis:

	321.300	Übertragbarer Umsatz
–	194.800	Übertragbare Kosten
=	126.500	Übertragbarer Gewinn vor Steuern
–	84.000	Kalkulatorischer Arztlohn (wegen 100 %-Ansatz)
=	42.500	Nachhaltig erzielbarer Gewinn
=	85.000	Prognosemultiplikator von 2
+	30.000	Materieller Wert
=	115.000	Praxiswert

Beispielberechnung für den Praxiswert einer kassenzahnärztlichen Praxis (Quelle: vgl. Gabriela R. Scholz: Praxisübertragung aus wirtschaftlicher und steuerlicher Sicht, https://zkn.de/fileadmin/user_upload/publikationen/ Skripte_Bez-St-Fortb/Ostfriesland_am_2016-03-09-Praxisuebergabe.pdf, abgerufen am 12.08.2018)

In diesem Fall würde sich also ein rechnerischer Wert von 115.000 Euro für die Praxis ergeben. Ob dieser Wert tatsächlich realisierbar ist, hängt an der Nachfrage nach Zahnarztpraxen in der Region.

3.3.2 GUG – Gemischte Umsatz- und Gewinnmethode

Die GuG-Methode ist entstanden aus der Richtlinie zur Ermittlung des Praxiswerts vom Verband zur Förderung ärztlicher Kooperationsformen in Wiesbaden vom 15.01.1985. Er berücksichtigt neben dem Umsatz, der als wertbestimmender Faktor außerordentlich problematisch ist, den Gewinn und gewichtet den Gewinn bei der Bewertung sogar höher. Damit wird der Effekt ausgelöst, nach dem ein Umsatz mit hohen Kosten, der eigentlich zu Verlusten führt, den Wert nicht mehr erhöht.

In der GuG-Methode werden sowohl der bereinigte Umsatz als auch der bereinigte Gewinn der Praxis Grundlage der Bewertung. Ausgangspunkt ist die Bereinigung der Umsätze und der Gewinne der vergangenen fünf Jahre (nach manchen Quellen wird auch nur auf die vergangenen drei Jahre bei der Bewertung zurückgegriffen). Die Bereinigungen des Umsatzes betreffen v. a. die folgenden Sachverhalte:

• Honorare als Gutachter (sofern diese personengebunden sind),
• Aktivitäten in berufsständischen Organisationen und politische Tätigkeit,
• publizistische Tätigkeit, Honorare für Seminare und andere lehrende Tätigkeiten,
• Erlöse aus Anlageverkäufen,
• andere außerordentliche, sachfremde oder periodenfremde Erträge.

Je nach Fortsetzungsperspektive dieser Tätigkeit können auch belegärztliche Tätigkeiten oder betriebsärztliche Tätigkeiten zu bereinigen sein. Zu untersuchen ist auch, inwiefern andere Versorgungsverträge bei einer Praxisübergabe noch fortgeführt werden können. Immer dann, wenn eine Tätigkeit durch den Wechsel des Praxisinhabers aufgegeben werden muss bzw. automatisch endet, sind die entsprechenden Umsätze zu bereinigen.

Die Bereinigungen des Gewinns betreffen insbesondere die folgenden Sachverhalte:

• Anlageabgänge,
• periodenfremde, sachfremde und außerordentliche Aufwendungen und Erträge,
• mit den bereinigten Umsätzen in Zusammenhang stehende Gewinne bzw. Verluste,
• steuerlich induzierte Praxisausgaben.

Es werden die so bereinigten Gewinne und Umsätze gewichtet. I. d. R. wird das unmittelbar zurückliegende Jahr mit dem Faktor 5 gewichtet, die 5 Jahre zurückliegende Periode mit dem Faktor 1. Von diesem normalen Gewichtungsverlauf sollte insbesondere dann abgewichen werden, wenn Jahre enthalten sind, die aufgrund ihres besonderen Verlaufs nicht repräsentativ für den Gesamttrend sind. Diese sollten dann mit einem geringeren Gewichtungsfaktor in die Bewertung einfließen.

Die so bereinigten und gewichteten Umsätze und Gewinne werden mit Gewichtungsfaktoren in die Berechnung einbezogen, sodass sowohl das Element „Umsätze", das die grundsätzliche Ertragskraft der Praxis ausdrückt, als auch das Element „Gewinn", das die konkrete Umsetzung der Ertragskraft durch Praxisgestaltung zum Ausdruck bringt, berücksichtigt werden. In die Bewertung fließt der Umsatz mit einem Drittel, der Gewinn vollständig ein.

Sowohl Gewinn als auch Umsatz werden mit einem Fachgruppen-Multiplikator bewertet, der strukturelle Unterschiede und Marktverhältnisse der unterschiedlichen Facharztgruppen zum Ausdruck bringen soll. In folgender Tabelle sind Vorschläge für entsprechende Fachgruppen-Multiplikatoren angegeben. Diese ergeben sich aus der Division der realisierten Praxispreise (nach Erhebungen der Deutschen Apotheker- und Ärztebank und des Zentralinstituts für kassenärztliche Versorgung aus dem Jahr 2007) einer bestimmten Facharztgruppe und dem Durchschnitt aller Arztpraxen.

3 Bewertung von Arztpraxen

Vorschläge für Fachgruppen Multiplikatoren zur Verwendung bei der GuG Methode		
Fachgruppe	Ideeler Wert [1]	Multiplikator
Allgemeinärzte	32.102	0,81
Augenärzte	33.583	0,85
Chirurgen	91.833	2,32
Gynäkologen	34.973	0,88
HNO-Ärzte	37.917	0,96
Internisten	47.888	1,21
Kinderärzte	36.071	0,91
Neurologen	30.750	0,78
Orthopäden	47.750	1,20
Psychotherapeuten/ Psychiater	11.728	0,30
Urologen	75.000	1,89
Durchschnitt	**39.649**	**1,00**
[1] Quelle: Deutsche Apotheker- und Ärztebank; Zentralinstitut für die kassenärztliche Versorgung 2007		

Fachgruppen-Multiplikator für die GuG-Methode zur Praxisbewertung

Der Fachgruppen-Multiplikator wird sowohl auf den bereinigten Umsatz als auch auf den bereinigten Gewinn der zu bewertenden Praxis angewendet. Es ergibt sich die folgende Formel für die GuG-Methode:

$$\text{Praxiswert} = \left(\text{Umsatz} \times \text{Fachgruppenmultiplikator} \times \frac{1}{3} + \text{Gewinn} \times \text{Fachgruppen-Multiplikator} \right) \times \frac{1}{2}$$

Die GuG-Methode hat – wie alle zu den Multiplikatormethoden gehörenden Bewertungsverfahren – den großen Nachteil, dass die Auswahl des Multiplikators weitgehend willkürlich ist und damit manipulationsanfällig. Insofern sind die hier genannten Multiplikatoren auch vorsichtig zu behandeln und stets auf ihre Anwendbarkeit im konkreten Einzelfall hin zu untersuchen.

In der Literatur findet sich der Hinweis, dass die GuG-Methode häufig dem tatsächlichen Verkehrswert einer Praxis nahekommt. Allerdings müssen die Werte der Faktoren jeweils der aktuellen regionalen und fachlichen Marktlage angepasst werden. Eine einfache unkritische Übernahme der hier genannten Faktoren wäre somit grob fahrlässig.

3.3.3 Ertragswertverfahren zur Bewertung von Arztpraxen

Das Ertragswertverfahren der Unternehmensbewertung hat sich direkt aus der betriebswirtschaftlichen Investitionstheorie entwickelt. Es ist eine Umformulierung der Kapitalwertformel, mit der die Vorteilhaftigkeit von Investitionen berechnet wird, für die Zwecke der Unternehmensbewertung. Dabei werden die Einzahlungsüberschüsse, die ein Unternehmen erwirtschaftet, auf ihren Gegenwartswert diskontiert. Diskontierungsfaktor ist die Rendite der risikoadäquaten optimalen Alternativanlage zu einer Investition in der Praxis. Es ergibt sich die folgende Formel:

$$W = \sum_{t=1}^{T} \frac{E_t}{(1 + i)^t}$$

mit: W = Wert des Unternehmens

E = Einzahlungsüberschüsse

i = Kalkulationszinsfuß

t = Periodenindex (mit t = 1, ..., T)

Dieser Term ist die Grundformel des Ertragswertverfahrens. In ihm kommt die Zweistufigkeit der Methode zum Ausdruck. Die Einzahlungsüberschüsse E sind die Zahlungen an den Arzt, der Eigentümer der Praxis ist, die in Konsum umgesetzt werden können und damit zur Zielerreichung des Arztes beitragen. Das zweite Element des Ertragswertverfahrens ist der Kalkulationszinsfuß i. Dieser hat zunächst die mathematische Funktion, Zahlungsströme unterschiedlicher Breite, die zu unterschiedlichen Zeitpunkten fließen, vergleichbar zu machen. Diese Funktion erfüllt jeder beliebige Zinssatz. Der theoretisch richtige Kalkulationszinsfuß wird jedoch aus den Möglichkeiten zur Investition, die dem Individuum offenstehen, abgeleitet, und zwar in Form der optimalen alternativen Möglichkeit. Damit kommen in dem Kalkulationszinsfuß die Möglichkeiten, die dem Entscheidungsträger gegeben sind, zum Ausdruck. Theoretisch muss man folglich ermitteln, in welchen anderen Verwendungen der Arzt sein Geld investieren könnte. Von diesen Möglichkeiten wird dann diejenige mit der höchsten Rendite herangezogen.

Relevant für das Bewertungssubjekt sind Einzahlungen, die aus dem Unternehmen an den Eigentümer fließen können. Aus der Gewinn-und-Verlust-Rechnung kann dieser Cashflow auf indirektem Wege abgeleitet werden. Dazu müssen diejenigen Größen, die nicht zahlungswirksam, aber ertrags- bzw. aufwandswirksam sind, korrigiert werden. Folgendes Schema stellt die Berechnung der Einzahlungsüberschüsse aus einer Gewinn-und-Verlust-Rechnung dar:

	Jahresüberschuss
+/-	Aufwendungen/Erträge aus Anlagenabgängen
+/-	Abschreibungen/Zuschreibungen
+/-	Veränderungen langfristiger Rückstellungen
+/-	Veränderungen des Netto-Umlaufvermögens (ohne liquide Mittel und kurzfristige Bankverbindlichkeiten)
	Cashflow aus der Betriebstätigkeit
+/-	Cashflow aus der Investitionstätigkeit
+/-	Veränderungen von (kurz- und langfristigen) Finanzierungsschulden
=	**Einzahlungsüberschüsse der Arztpraxis**

Berechnungsschema für die Einzahlungsüberschüsse einer Arztpraxis

Die Einzahlungsüberschüsse müssen – wie ausgeführt – für zukünftige Perioden prognostiziert werden. Das Prognoseproblem ist eines der zentralen Probleme der Unternehmensbewertung. Naturgemäß ist die Prognose unsicher. In der Praxis ist dieser Teil der Unternehmensbewertung bei Weitem der schwierigste mit den größten Auswirkungen auf den Unternehmenswert.

Ausgangspunkt der Prognose müssen vergangene Entwicklungen der Praxis sein. Es ist unabdingbar, dass die vergangenen Geschäftsverläufe detailliert analysiert werden und prognostiziert wird, welche Geschäftsbeziehungen weitergeführt werden können und welche nicht. Zudem müssen sich durch politische Entscheidungen verändernde Abrechnungsmöglichkeiten berücksichtigt werden.

Es ist offensichtlich, dass eine detaillierte Prognose nur für die nähere Zukunft infrage kommt. Die Prognose sollte für drei Jahre detailliert vorgenommen werden. Für den mittelfristigen Bereich zwischen 4 und 8 Jahren können noch Trends berücksichtigt werden. In der dritten Phase wird der letzte Wert fortgeschrieben. Damit wird die Annahme getroffen, dass die Praxis unendlich weiterexistiert. Diese Annahme ist unrealistisch, reduziert aber die Komplexität der Bewertung ungemein, da keine Schätzung der Lebensdauer oder eines Liquidationswerts notwendig ist. Bei einer Arztpraxis kann man als Vereinfachung annehmen, dass die Praxis bis zum voraussichtlichen Austrittsdatum des übernehmenden Arztes bewertet wird.

Ausgangspunkt der Prognose müssen vergangene Entwicklungen der Praxis sein. Es ist unabdingbar, dass die vergangenen Geschäftsverläufe der Praxis detailliert analysiert werden und eine Prognose angestellt wird, welche Geschäftsbeziehungen weitergeführt werden können und welche in einer neuen Konstellation nicht mehr fortgeführt werden können.

Basis dieser Überlegungen ist, dass die Einzahlungsüberschüsse im Wesentlichen von dem Cashflow abhängen, den die Patienten bringen, also von den Umsätzen der Praxis. Die Personenbezogenheit der ärztlichen Tätigkeit bringt es mit sich, dass die Fähigkeit, die Patientenbeziehungen auch nach einem Wechsel in der Eigentümer- und Partnerschaft zu halten, beurteilt werden muss. Damit können die Einzahlungen pro Patient prognostiziert werden. Damit sind die Einzahlungen prognostiziert. Die Auszahlungen müssen ebenfalls auf Basis der Vergangenheit prognostiziert werden. Hierzu müssen Veränderungen in der Personalstruktur der Sozietät, in den Sachkosten (wie Miete, technische Geräte etc.) berücksichtigt werden.

Da die Bewertung der Praxis die Möglichkeiten des Entscheidungsträgers (also des kaufenden bzw. verkaufenden Arztes) ausdrücken soll, seine Ziele durch Konsum zu erreichen, müssen Steuern berücksichtigt werden, da diese die verfügbaren Mittel für konsumtive Zwecke mindern. Hierbei muss wiederum sichergestellt werden, dass Zähler und Nenner in der Ertragswertberechnung gleich sind bezüglich ihrer Steuerbelastung. Sind die Besteuerungswirkungen für das Engagement in der Praxis und der Erwerb einer Anleihe als Vergleichsobjekt gleich oder nur marginal unterschiedlich, muss die Besteuerung nicht weiter berücksichtigt werden. Gibt es Unterschiede in der Besteuerung, so muss die persönliche Besteuerung des Entscheidungsträgers dahingegen ihren Niederschlag in der Bewertung finden. Dies ist regelmäßig der Fall, da die Einzahlungen aus der ärztlichen Tätigkeit der Einkommensteuer bei dem Erwerber der Praxis unterliegen, während eine Anleihe der Abgeltungsteuer von 25 % zuzüglich Solidaritätszuschlag (Stand: September 2018) unterliegt. Werden die Einzahlungsüberschüsse aus der Praxis nach Steuern in die Bewertung einbezogen, so muss auch der Kalkulationszinsfuß um die Besteuerung durch einen Abschlag gekürzt werden. Da die freien Berufe nicht der Gewerbesteuer unterliegen, ist die Berücksichtigung der Gewerbesteuer unbeachtlich bzw. nur dann relevant, wenn die ärztliche Tätigkeit in Form einer Kapitalgesellschaft ausgeübt wird und die Gewerbesteuerpflicht kraft Rechtsform entsteht. In diesem Fall sind in den Einzahlungsüberschüssen auch die Gewerbesteuern als Aufwand abzuziehen.

Neben den Einzahlungsüberschüssen muss als zweites Element des Ertragswertverfahrens der Kalkulationszinsfuß bestimmt werden. Dieser muss die risikoadäquate optimale Alternative für den Entscheidungsträger abbilden. Praktisch ist diese Größe nicht ermittelbar, da es keine Alternative gibt, die risikoadäquat zu dem Eigentum an der Praxis ist. Daher behilft man sich mit einem Näherungsverfahren. Startpunkt ist der landesübliche Zinsfuß, wie er in der Verzinsung langlaufender Anleihen der öffentlichen Hand zum Ausdruck kommt. Die Anleihe der öffentlichen Hand wird als quasi-sicher bezeichnet, da man davon ausgeht, dass ein Totalverlust ausgeschlossen ist. Damit ist die Investition in die Praxis deutlich risikoreicher als die Investition in die Anleihe. Aus diesem Grund muss der Zins um einen angemessenen Risikozuschlag erhöht werden. Der Risikozuschlag verschiebt den Wert aus Sicht des potenziellen Käufers nach unten und hat somit erhebliche Auswirkungen für den zu ermittelnden Unternehmenswert. Aus diesem Grund ist die Bemessung des Risikozuschlags auch häufig Gegenstand bei Auseinandersetzungen vor Gerichten.

Beim Ertragswertverfahren wird ein Substanzwert nicht gesondert berechnet, da die Erträge, die mit der vorhandenen Substanz (den medizinischen Geräten) erwirtschaftet werden, den Wert bestimmen. Eine zusätzliche Berechnung eines Substanzwerts würde zu einer Doppelzählung führen.

3.3.4 Faustformeln zur Bewertung von Arztpraxen

Die Praxis verwendet häufig Multiplikatorverfahren, die nichts anderes als Faustformeln für eine schnelle Bewertung einer Arztpraxis darstellen. Ausgangspunkt ist ein bereinigter Durchschnittsgewinn (vor Steuern) der letzten drei bis fünf Jahre, wobei die letzten Jahre vor der Bewertung größeres Gewicht erhalten. Der Gewinn wird dann mit dem vom Markt vorgegebenen Faktor multipliziert. Die Höhe dieser Faktoren schwankt je nach Marktlage und Region. Damit ist das Ziel der Multiplikatorverfahren ein anderes als bei den ausführlicheren Bewertungsmethoden. Es geht um die Ermittlung eines Marktwerts, nicht um die Ermittlung eines subjektiven Entscheidungswerts, der als Maßstab für die Annahme oder Ablehnung eines ausgehandelten Preises für eine Arztpraxis zu verstehen ist.

Neben dem Gewinn können auch noch andere Größen Anknüpfungspunkt für das Multiplikatorverfahren sein. Die Daumenregeln haben eine „versteckte Intelligenz". Danach kommen in dem Multiplikator die aktuellen am Markt verlangten Kapitalkosten, der marktübliche Risikozuschlag und das aktuelle Verhältnis von Angebot und Nachfrage auf dem Markt für Arztpraxen zum Ausdruck.

Trotzdem gibt es gegen die Multiplikatorverfahren erhebliche Bedenken. Sie sind zur Ableitung von Entscheidungswerten, also als Maßstab für die Angemessenheit eines Preises, ungeeignet. Durch die Zugrundelegung der vergangenen Gewinne verstößt dieses Verfahren gegen den Grundsatz der Zukunftsbezogenheit, durch die Übernahme entstehende positive und negative Effekte können nicht berücksichtigt werden (z. B. der Verlust von Patienten durch das Ausscheiden des alten Praxisinhabers). Des Weiteren ist der Gewinn als Anknüpfungspunkt sehr stark anfällig für Manipulationen. Es ist dem Verkäufer, der einen möglichst hohen Verkaufspreis realisieren möchte, möglich, durch bilanzpolitische Maßnahmen die letzten Gewinne vor dem Verkauf zu erhöhen, z. B. durch bewusst unterlassene Investitionen, die die Abschreibungen erhöhen und damit den ausgewiesenen Gewinn mindern würden. Die Komplexität der Unternehmensbewertung wird durch die Faustformeln zu stark reduziert. Die weite Verbreitung kann man auf die schnelle Berechnung und leichte Kommunizierbarkeit zurückführen. Da viele Ärzte diese Faustformeln kennen, stellen sie häufig die Ober- oder Untergrenze für den erzielbaren Preis dar.

Ausgangsgröße der Faustformel	Faktor
Umsatz	Durchschnittlicher Quartalsumsatz
Umsatz	25 % des durchschnittlichen Jahresumsatzes der letzten 3-5 Jahre
Jahresüberschuss/Gewinn	50-100 % des letzten Jahresüberschusses

Ausgewählte Faustformeln für die Bewertung von Arztpraxen

Die genannten Faustformeln beziehen sich lediglich auf den ideellen Wert einer Praxis und werden zum materiellen Substanzwert einer Praxis hinzugerechnet. Die konkreten Faustformeln variieren sehr stark je nach Zeitpunkt einer Bewertung und regionaler Lage einer Praxis. Aus diesem Grund ist eine unkritische Übertragung der genannten Faustformeln ein grober Bewertungsfehler.

 Hinweis

Ein Mustergutachten nach dem Verfahren der Bundesärztekammer finden Sie bei Ihren Download-Dateien sowie in der Software „Praxisbewertung direkt", welche Bestandteil Ihrer PREMIUM-Version sind.

3.4 Steuerliche Überlegungen beim Praxiswert

Steuerlich muss das Ziel für den Käufer der Praxis darin bestehen, den Kaufpreis so schnell wie möglich steuermindernd geltend machen zu können. Der Verkäufer möchte den Vorzugstarif für Praxisveräußerungs- und -aufgabegewinne (§§ 16, 18, 34 EStG) möglichst geltend machen können.

3.4.1 Überlegungen aus Käufersicht

Der Kaufpreis der Praxis ist steuermindernd absetzbar. Dazu muss zunächst der Teil des Kaufpreises, der die materiellen Vermögensgegenstände betrifft, auf diese verteilt werden. Dies erfolgt, sofern die Bundesärztekammermethode angewendet wurde, bei der Bewertung sowieso. Diese werden dann nach den geltenden AfA-Tabellen abgeschrieben, wobei das Alter der Gegenstände bei der Übernahme zu berücksichtigen ist.

Im Regelfall der größte Posten ist der Praxiswert oder Goodwill. Wie oben erläutert handelt es sich bei diesem Vermögensgegenstand um einen flüchtigen Wert, der im Zeitablauf verloren geht. Nach der Rechtsprechung des BFH ist der Praxiswert normalerweise über drei bis fünf Jahre linear abzuschreiben, wobei die konkrete Sachlage bestimmt, ob eine Abschreibung über drei, vier oder fünf Jahre tatsächlich angemessen ist. Der BFH spricht insoweit von einer sachgerechten Schätzung, die der Praxisinhaber vorzunehmen hat.

Wird mit der Praxis auch der Vertragsarztsitz des ausscheidenden Praxisinhabers erworben, so wird dieser nach ständiger Rechtsprechung nicht als eigenständiges Wirtschaftsgut abgespalten. Der Vertragsarztsitz wird gemeinsam mit dem Praxiswert als Paket betrachtet und gemeinsam abgeschrieben. Die Vertragsarztzulassung ist mithin untrennbarer Bestandteil der Praxis und Teil eines Chancenpakets, das gemeinsam gekauft und auch gemeinsam abgeschrieben werden muss. Dies wird nur dann anders gesehen, wenn der Erwerber den Vertragsarztsitz allein ohne die Praxis übernimmt. Die Vertragsarztzulassung ist allerdings nicht abnutzbar und damit nicht abschreibbar und wirkt sich im Endeffekt nicht steuermindernd aus. Der Grund für die Betrachtung der Vertragsarztzulassung als nicht abnutzbar besteht darin, dass eine bestimmte Nutzungsdauer nicht feststellbar ist. In dem vom BFH entschiedenen Fall (BFH vom 21.02.2017 – VIII R 56/14) war die Patientenkartei nicht mit übertragen worden. Diese Rechtsprechung ist für beide Seiten bei einer Praxisveräußerung als vorteilhaft anzusehen. Im Regelfall der gesamten Übertragung der Praxis inklusive Vertragsarztzulassung wird damit die Abschreibungsmöglichkeit deutlich erweitert, was die künftigen Steuerzahlungen des übernehmenden Arztes mindert.

3.4.2 Überlegungen aus Verkäufersicht

Für den Verkäufer gehören zum Veräußerungsgewinn der vereinbarte Kaufpreis, die übernommenen Schulden der Praxis und der Verkehrswert der Gegenstände, die nicht an den Erwerber übertragen wurden und damit aus dem Eigentum der Praxissphäre herausgenommen worden sind. Dies können Autos, Kunstgegenstände, die Immobilie, in der die Praxis untergebracht worden ist, oder ein bislang als Arbeitszimmer genutzter Raum sein. Wenn die Praxis gegen eine vereinbarte Rente gekauft worden ist, so ist der Barwert der Rentenzahlung zum Zeitpunkt der Praxisabgabe der Veräußerungsgewinn.

Aus Verkäufersicht sind die folgenden Privilegien erzielbar:

- Veräußerungsfreibetrag: Einmalig im Leben erhält ein Inhaber, der das 55. Lebensjahr vollendet hat oder im sozialversicherungsrechtlichen Sinn berufsunfähig ist, einen Freibetrag von maximal 45.000 Euro. Ab 136.000 Euro wird der Freibetrag um den überschießenden Betrag entsprechend gekürzt. Ab 181.000 Euro gibt es keinen Freibetrag mehr. Voraussetzung ist auch, dass der Veräußerer seine Tätigkeit im bisherigen Wirkungskreis wirklich einstellt.
- Die Fünftel-Regelung des § 34 Abs. 3 EStG bestimmt, dass nur ein Fünftel der außerordentlichen Einkünfte aus der Veräußerung progressionserhöhend wirken. Sie wird von Amts wegen gewährt. Diese Begünstigung ist unabhängig von persönlichen Faktoren wie Alter oder Berufsunfähigkeit.

- Einmalig im Leben und auch nur nach Vollendung des 55. Lebensjahres bzw. einer sozialversicherungsrechtlichen Berufsunfähigkeit bei Einstellung der bisherigen Tätigkeit im Wirkungskreis wird mit einem Höchstbetrag von 5 Mio. Euro ein Veräußerungserlös einer Praxis bzw. eines Unternehmens mit 56 % des durchschnittlichen individuellen Steuersatzes des Veräußerers, aber mindestens mit 14 % besteuert.

Insbesondere in den Fällen 1 und 3 ist zu beachten, dass es für die Nutzung dieser Vorteile schädlich ist, wenn der Arzt nur einen Teil seiner Praxis veräußert, eine neue Praxis in unmittelbarer Nähe eröffnet, weiterhin als Gesellschafter an der Praxisgemeinschaft beteiligt bleibt und Patienten weiterhin behandelt und die Einnahmen daraus weniger als geringfügig sind (dies bedeutet, die Einnahmen sollten 10 % der durchschnittlichen Einnahmen der vergangenen drei Jahre nicht überschreiten).

Alle diese Privilegien erhöhen auf beiden Seiten der Verhandlung den Spielraum, der anderen Seite entgegenzukommen. Entscheidungsrelevant, ob ein Verhandlungsergebnis (also ein Preis) durch die andere Seite angenommen wird, ist ja, inwiefern der Mittelzu- bzw. -abfluss die Konsummöglichkeiten des Entscheidungsträgers verändert. Deshalb sind immer Nach-Steuer-Werte entscheidungsrelevant.

 Hinweis

Eine gezielte steuerliche Betrachtung der Thematik finden Sie in Kapitel 5!

4 Wie finde ich den richtigen Nachfolger?

Die Praxisnachfolge ist aus persönlichen und finanziellen Gründen für den ausscheidenden Arzt eine außerordentlich wichtige Angelegenheit. Der Arzt wünscht, dass seine bislang betreuten Patienten auch in der Zukunft gut betreut werden.

Das Gleiche gilt für den übernehmenden Arzt. Auch für ihn ist ein guter Praxisübergang ein guter Start für die neue Selbstständigkeit. Eine „sanfte Übergabe", bei der der ausscheidende und der eintretende Arzt noch eine Zeit gemeinsam in einer Praxis arbeiten können, ist sicherlich für beide Seiten ein besonderer Vorteil. Auch die Patienten profitieren von einer solchen schrittweisen Lösung.

4.1 Nachfolger aus der Familie

Die Suche nach dem richtigen Nachfolger, der die Praxis nach dem Ausscheiden weiterführt, ist eine hochemotionale Angelegenheit. Aufgrund der engen Personenbezogenheit ist die persönliche Verbindung zwischen Praxis und Praxisinhaber besonders groß. Allerdings ist damit auch klar, dass eine Praxis mit einem neuen Praxisinhaber ein neues Unterfangen und ein neuer Start ist. Dies ist anders bei einem Unternehmen, das nach einer Nachfolgelösung zumeist unter dem gleichen Namen weitergeführt wird. In diesem Fall ist die Abnabelung nach außen nicht so sichtbar wie bei einer freiberuflichen Praxis. Der Schnitt ist größer, was schwerer zu verkraften sein wird. Allerdings werden die Nachwehen damit auch schneller aufhören, als dies bei Familienunternehmen sein wird. Aufgrund der berufsrechtlichen Einschränkungen scheidet zumeist auch eine familieninterne Nachfolgelösung aus. Dies reduziert die emotionalen Bindungen und potenziellen persönlichen Enttäuschungen des ausscheidenden Praxisinhabers. Auch der Druck für Kinder des Praxisinhabers, die Nachfolge antreten zu müssen, wird reduziert. Das zusätzliche Konfliktpotenzial, das die familiäre Bande mit sich bringt, ist bei ärztlichen Nachfolgeregelungen zumeist nicht relevant. Gibt es in Ausnahmefällen einen geeigneten Nachfolger aus der eigenen Familie, so hat dieser sicherlich ein Vorrecht gegenüber externen Bewerbern. Die verwandtschaftliche Beziehung darf jedoch nicht blind machen vor besseren Kandidaten. Eine nicht funktionierende Nachfolgeregelung kann zu Unfrieden und erheblichen Streitereien in der Praxis und der Familie führen, sodass hier ein realistischer Blick – vielleicht auch von einem familienexternen Experten – sinnvoll sein kann, um später böse Überraschungen zu vermeiden.

Problematisch ist aber, wenn der ausscheidende Arzt bei seinem Familienmitglied die rosarote Brille aufsetzt und eine Person aus dem familiären Umfeld in eine Situation bringt, die dieses Familienmitglied eigentlich nicht wünscht. Man muss bei der Wahl eines familienzugehörigen Nachfolgers Stärken und Schwächen sehen. Außerdem muss klar sein, ab wann der Nachfolger das Sagen hat und wann z. B. die Mitarbeiter an den neu eintretenden Arzt berichten. Zu viel Präsenz kann hinderlich sein, dass der Familiennachfolger seine Rolle findet und den Absprung schafft, die Praxis letztlich alleine zu führen.

4.2 Rechtliche und marktrechtliche Rahmenbedingungen

4.2.1 Allgemeine Marktsituation

Viele erinnern sich noch an die Schlagzeilen über Ärztemillionäre und eine daraus resultierende Ärzteschwemme. Aufgrund des damals finanziell sehr attraktiven Berufsstands studierten viele Abiturienten Medizin. In der Folge gab es zu viele Ärzte. Inzwischen hat sich die Situation insbesondere aufgrund eines rigiden Eingriffs in die Niederlassungsfreiheit von Ärzten umgedreht. Immer weniger Absolventen des Studiengangs Humanmedizin äußern den Wunsch, als Kassenarzt tätig zu werden. In einigen Gegenden, insbesondere in den ländlichen Gebieten Ostdeutschlands, gibt es einen akuten Mangel an Ärzten. In den prosperierenden Städten gibt es hingegen tendenziell eine Überversorgung. Insbesondere in Ostdeutschland hat dieser Mangel auch dazu geführt, dass immer mehr Ärzte aus dem Ausland, insbesondere aus Osteuropa, aber auch aus Österreich, nach Deutschland gekommen sind. Die Reglementierung der Niederlassungsfreiheit für deutsche Absolventen hat dazu geführt, dass deutsche Mediziner in das benachbarte Ausland gehen. Hier ist insbesondere die Schweiz ein beliebtes Ziel. Einen Bedarf an Ärzten gibt es in vielerlei Hinsicht. Zwar hatte die bis Ende 2012 erhobene Praxisgebühr dazu geführt, dass die Arztbesuche in Deutschland stark zurückgegangen sind. Die Zwangsgebühr in Höhe von 10 Euro wurde 2003 eingeführt und hatte einen nachhaltigen Rückgang der Patientenzahlen um mehr als 8 % zur Folge. Dieser Trend hat sich mit der Abschaffung der Praxisgebühr wieder geändert. Die Patientenzahlen sind wieder angestiegen. Das lässt darauf schließen, dass der Bedarf für ärztliche Behandlungen nach wie vor sehr groß ist.

Vor diesem Hintergrund ist die Nachfolgesuche für verkaufswillige Ärzte und für kaufwillige potenzielle Nachfolger zu beurteilen. Es gibt sowohl gute Gründe, die für eine einfache Übertragbarkeit von Praxen sprechen – insbesondere in den urbanen Zentren von Westdeutschland – als auch dagegen – hier wird der regionale Schwerpunkt wohl in den ländlichen Gebieten Ostdeutschlands liegen.

Um in einer Auswahlsituation gerüstet zu sein, ist es sinnvoll, sich in die Lage des jeweils anderen zu versetzen. So kann es hilfreich sein, sich zu überlegen, welche Argumente für die jeweils andere Seite von Belang sind. Dies hilft nicht nur eine positive Atmosphäre in einer Verhandlungssituation zu schaffen, sondern bereitet auch gut auf kontroverse Verhandlungen vor.

4.2.2 Das Zulassungsverfahren

Die Auswahl eines Nachfolgers ist anders als bei anderen Unternehmen nicht vollkommen frei. Dies gilt für Vertragsarztsitze in zulassungsbeschränkten Gebieten. Gibt ein Vertragsarzt in einem solchen zulassungsbeschränkten Gebiet auf, so fällt der damit verbundene Vertragsarztsitz grundsätzlich weg. Eine Zulassungsbeschränkung wird immer dann ausgesprochen, wenn es eine Überversorgung mit einer bestimmten Facharztrichtung in diesem Gebiet gibt. Der Wegfall des Vertragsarztsitzes tritt dann nicht ein, wenn der verzichtende Arzt oder dessen Erben einen Antrag auf Ausschreibung des Vertragsarztsitzes stellen. Bei Tod des Praxisinhabers haben die Ärzte dazu das Folgequartal nach dem Ableben des Arztes Zeit (sogenanntes Witwenquartal). In dieser Zeit kann die Arztpraxis von einem Praxisvertreter geführt werden. Das Vergabeverfahren wird durch die Kassenärztliche Vereinigung gemäß § 103 Abs. 4 SGB V durchgeführt.

Das Verfahren beginnt mit dem Tod oder im Regelfall mit dem Verzicht des Praxisinhabers. Als dritter Fall kann der Wegzug des Praxisinhabers aus dem Gebiet der Kassenärztlichen Vereinigung eintreten. Eine Verzichtserklärung kann in der Regel weder widerrufen noch angefochten werden. Wirksam wird der Verzicht mit dem auf die Verzichtserklärung folgenden Quartal. Dies kann dazu führen, dass der Vertragsarzt seine Zulassung verliert und eine Nachfolge nicht geregelt werden kann, da eine Nachfolge nicht zustande kommt. Aus diesem Grund bietet die Kassenärztliche Vereinigung die Möglichkeit einer bedingten Verzichtserklärung, bei der der Verzicht nur bei einer erfolgreichen Nachbesetzung wirksam wird. Ausdrücklich nicht gestattet ist die Bedingung so einzugehen, dass der Verzicht nur bei der Auswahl eines bestimmten Nachfolgers möglich wird.

Möglich ist auch der Verzicht auf einen Teil der Vertragsarztzulassung. Dann erfolgt nur die Ausschreibung desjenigen Teils des Vertragsarztsitzes, auf den der Praxisinhaber verzichtet hat. Zu beachten ist dabei jedoch, dass eine spätere Wieder-Aufstockung auf 100 % nicht möglich ist, es sei denn, wir befinden uns in einer nicht zulassungsbeschränkten Region.

Voraussetzung, dass ein Nachbesetzungsverfahren angefangen werden kann, ist das Bestehen einer fortführungsfähigen Praxis. Ist die Praxis schon aufgelöst, sind die bisher behandelten Patienten bereits zu anderen Ärzten abgewandert, so geht man davon aus, dass keine fortführungsfähige Praxis mehr besteht. Der Vertragsarztsitz fällt ersatzlos weg. Wenn das Gebiet bereits genügend mit entsprechenden Fachärzten versorgt ist, so kann der Zulassungsausschuss die Nachbesetzung ablehnen. Diese Möglichkeit entfällt, wenn sich als Praxisnachfolger Ehegatten, Lebenspartner oder Kinder bewerben bzw. ein angestellter Arzt bzw. ein Vertragsarzt, der gemeinsam mit dem ausscheidenden Vertragsarzt zusammengearbeitet hat.

Der Zulassungsausschuss trifft seine Entscheidungen mit einfacher Mehrheit. Bei Stimmengleichheit gilt der Zulassungsantrag als angenommen. Da die Ärzteschaft 50 % der Mitglieder des Ausschusses stellt, ist damit sichergestellt, dass nicht durch Krankenversicherungen und andere eine sachgrundlose Reduzierung der Zahl der bestehenden Arztpraxen erreicht wird.

Antragsberechtigt für den Zulassungsausschuss ist der Inhaber eines Vertragsarztsitzes, im Falle seines Todes seine Erben oder Ärzte, mit denen er eine Gemeinschaftspraxis betreibt. Wird kein Antrag gestellt, so fällt der Vertragsarztsitz weg. Nach Eingang des Antrags wird dieser in den amtlichen Verlautbarungsorganen der entsprechenden Kassenärztlichen Vereinigung veröffentlicht. Vorher soll der Zulassungsausschuss allerdings bereits prüfen, ob die Region ausreichend versorgt ist und damit eine Nachbesetzung nicht notwendig ist. Somit wird sichergestellt, dass der Ausschuss vor dem eigentlichen Verfahren prüft, dass ein Zulassungsverfahren überhaupt sinnvoll ist. Diese Prüfung entfällt wie oben beschrieben, wenn nahestehende Personen die Praxis übernehmen sollen. Kommt keine Nachfolgezulassung zustande so steht dem ausscheidenden Vertragsarzt bzw. seinen Erben eine Entschädigung zu, die den entstandenen wirtschaftlichen Schaden ausgleicht. Dies bedeutet, dass er eine Entschädigung in Höhe des Verkehrswerts der Praxis erhält.

4.2.3 Die Entscheidungskriterien des Zulassungsausschusses

Die Kriterien, nach denen der Zulassungsausschuss bei der Vergabe von Vertragsarztsitzen entscheiden muss, sind gesetzlich vorgegeben. Ein wichtiges Kriterium sind dabei die wirtschaftlichen Interessen des ausscheidenden Arztes. Das wirtschaftliche Interesse des abgebenden Arztes muss immer dann berücksichtigt werden, wenn der gebotene Kaufpreis die Höhe des Verkehrswerts nicht übersteigt. Dies bedeutet im Klartext, dass der ausscheidende Arzt den Verkehrswert der Praxis als Verkaufspreis garantiert bekommt. Einschränkend muss man allerdings sagen, dass es trotz anderslautender Aussagen insbesondere in der populärwissenschaftlichen Literatur den Verkehrswert einer Praxis nicht gibt. Anders als bei Massenprodukten ist eine Arztpraxis ein individuelles Güterbündel, für das es keinen Marktwert gibt. Selbst der gerade realisierte Marktpreis der Nachbarpraxis kann irreführend sein, da die individuellen Voraussetzungen beider Praxen vollkommen unterschiedlich sein können. Allerdings gibt die gesetzliche Bestimmung der Berücksichtigung der Verkehrswerte dem ausscheidenden Praxisinhaber eine Sicherheit, dass auch seine wirtschaftlichen Interessen berücksichtigt werden und er damit letztlich nicht über den Tisch gezogen wird. Die Regel der Berücksichtigung des Verkehrswerts der Praxis greift im Übrigen auch dann, wenn sich ein Medizinisches Versorgungszentrum um den Vertragsarztsitz bemüht.

Im Gesetz (§ 103 Absätze 4, 5 und 6 SGB V) sind folgende Kriterien für die Auswahl eines Praxisnachfolgers genannt:

• Berufliche Eignung: Nach einem Urteil des Bundessozialgerichts (BSG Urteil vom 14.07.1993, Az. 6 R Ka 71/91) sind dazu die beruflichen Weiterbildungsqualifikationen des Arztes heranzuziehen. Haben zwei Bewerber die gleichen Weiterbildungen gemacht, so gelten sie als gleich gut befähigt. Ist der Bewerber ein Medizinisches Versorgungszentrum, so muss auf die Qualifikation desjenigen Arztes abgestellt werden, der angestellt werden soll und für den der konkrete Vertragsarztsitz benötigt wird.

- Approbationsalter: Dieses bedeutet, wann der sich bewerbende Arzt seine Approbation erhalten hat.
- Dauer der ärztlichen Tätigkeit: Hierbei sind sowohl die Zeiten zu berücksichtigen, die der Arzt angestellt war, als auch diejenigen Zeiten einer früheren Selbstständigkeit. Die Gerichte haben in der Vergangenheit geurteilt, dass eine zu hohe Gewichtung der beiden gleichgerichteten Kriterien Approbationsalter und Dauer der ärztlichen Tätigkeit nicht angemessen ist. Dies würde ältere Ärzte unangemessen deutlich gegenüber jüngeren bevorzugen.
- Mindestens fünf Jahre dauernde vertragsärztliche Tätigkeit in einem Gebiet, in dem der Landesausschuss das Bestehen von Unterversorgung festgestellt hat. Damit sollen Ärzte bevorzugt werden, die bisher in strukturschwachen Gebieten tätig waren, die vermeintlich wirtschaftlich unattraktiv sind.
- Bewerber ist Ehegatte, Lebenspartner oder Kind des bisherigen Vertragsarztes.
- Bewerber ist angestellter Arzt des bisherigen Vertragsarztes oder ein Vertragsarzt, mit dem die Praxis bisher gemeinschaftlich betrieben wurde. Dies ist ein wichtiges Kriterium, was in den Entscheidungen des Zulassungsausschusses regelmäßig eine große Rolle spielt. Die Vertragsart zwischen Praxisinhaber und bewerbendem Arzt ist dabei zweitrangig. Es ist also egal, ob es sich um einen Vertreter, einen Entlastungsassistenten oder einen Angestellten gehandelt hat. Ein sehr viel wichtigeres Kriterium ist die Länge der Vertragsbeziehung. Dies ist wichtig, um festzustellen, ob der ehemalige Angestellte die ärztliche Versorgung schnell und ohne Anlaufprobleme möglichst vollständig übernehmen kann.
- Der Bewerber ist bereit, besondere Versorgungsbedürfnisse, die in der Ausschreibung definiert worden sind, zu erfüllen. Der Zulassungsausschuss ermittelt, ob ein besonderes bisher ungedecktes Versorgungsbedürfnis besteht, indem er die Zahl der Ärzte in einer Region mit der Zahl der Behandlungsfälle in der gleichen Region vergleicht. Danach ist zu ermitteln, ob dieser Bedarf tatsächlich langfristig besteht oder es sich nur um eine kurzfristige Erscheinung handelt. Ebenfalls ist zu prüfen, ob der Bedarf die wirtschaftliche Tragfä-

higkeit für eine Praxis schafft. Denkbar ist es auch, dass der Sonderbedarf durch einen halben Vertragsarztsitz gedeckt werden kann.

- Wirtschaftliche Interessen des ausscheidenden Vertragsarztes oder seiner Erben: Hier ist die oben genannte Garantie des Verkehrswerts gemeint. Deutlich ist aber auch, dass der Zulassungsausschuss einzig berücksichtigt, ob der Verkehrswert beim Kaufpreisangebot erreicht ist. Es geht bei diesem Kriterium nicht um die Maximierung des Kaufpreises.
- Dauer der Eintragung in die Warteliste: In § 103 Abs. 5 SGB V kann ein Arzt die Eintragung auf die Warteliste beantragen, wenn er sich erfolglos auf einen ausgeschriebenen Vertragsarztsitz beworben hat. Ein Antrag auf den Eintrag in die Warteliste muss für jede Versorgungsebene einzeln gestellt werden. Zuständig für die Warteliste ist das Arztregister der Kassenärztlichen Vereinigungen. Es gilt die Wartezeit als ein Kriterium bei der Auswahl. Die Warteliste ist aber keine Nachrückerliste, es wird lediglich die Zeit ab der Eintragung in die Warteliste herangezogen. Ein Eintrag in die Warteliste führt auch nicht automatisch dazu, dass man bei Ausschreibungen von Vertragsarztsitzen berücksichtigt wird. Vielmehr muss man sich jeweils separat auf alle infrage kommenden ausgeschriebenen Vertragsarztsitze bewerben. Da es sich hier auch nur um ein Kriterium unter vielen handelt, kann man nicht sagen, welche durchschnittliche Wartezeit benötigt wird, um einen Vertragsarztsitz zu erhalten.
- Interessen der in der Praxis verbleibenden Vertragsärzte: Hierbei steht insbesondere im Mittelpunkt, dass die Kontinuität des Praxisbetriebs und damit die vertragsärztliche Versorgung gesichert werden soll. Dabei sollen die Zulassungsausschüsse davon ausgehen, dass eine Praxis mindestens fünf Jahre weitergeführt werden soll. Mit diesem Kriterium setzt der Gesetzgeber die von ihm auch in anderen Punkten geförderte Kooperation von Ärzten in ein positives Licht.

Hat der Zulassungsausschuss seine Entscheidung getroffen, so erhalten diejenigen, die den Zuschlag für den Vertragsarztsitz nicht erhalten haben, einen Ablehnungsbescheid, sofern sie ihren Antrag nicht von sich aus zurückgezogen haben. Der Zulassungsausschuss hat seine Entscheidung nach pflichtgemäßem Ermessen zu treffen.

Die Beteiligten können innerhalb eines Monats nach der Entscheidung des Zulassungsausschusses den Berufungsausschuss anrufen (§ 96 Abs. 4 SGB V). Der Berufungsausschuss prüft das Verfahren vollinhaltlich. Seine Entscheidung tritt an die Stelle der Entscheidung des Zulassungsausschusses. Erst nach Abschluss des Verfahrens vor dem Berufungsausschuss steht den Beteiligten der Weg zum Gericht offen. Das zuständige Sozialgericht prüft in einem solchen Verfahren dann lediglich das Verfahren im Berufungsausschuss, da dies nach seinem Abschluss der rechtsgültige Beschluss ist. Selbst bei Widerspruch und Beschreiten des Rechtswegs kann der Zulassungsausschuss jedoch einen sofortigen Vollzug verordnen. Geschieht dies nicht, hat der Widerspruch aufschiebende Wirkung.

Für den potenziellen Erwerber der Praxis ist es von außerordentlicher Bedeutung, dass er auf einer aufschiebenden Bedingung im Praxiskaufvertrag beharrt, in der festgehalten wird, dass der Praxiskaufvertrag nur dann gültig wird, wenn der Zulassungsausschuss ihm den Vertragsarztsitz zuspricht. Die herrschende Meinung in der juristischen Literatur besagt, dass ohne eine solche aufschiebende Bedingung der Kaufvertrag trotzdem gültig ist. Der Vertragspartner müsste die Praxis übernehmen, ohne dass die wirtschaftliche Grundlage einer Zulassung zur Abrechnung mit den gesetzlichen Krankenkassen gegeben wäre. Auch für den Veräußerer der Praxis hat eine solche Klausel Vorteile. Er kann mit mehreren potenziellen Käufern Kaufverträge abschließen. Wirksam wird dann nur derjenige Vertrag, der mit dem vom Zulassungsausschuss benannten Arzt geschlossen worden ist.

Die Erlaubnis den Sitz der Praxis (also die Adresse innerhalb des Zulassungsbezirks) zu verlegen kann auf Antrag durch den Zulassungsausschuss erteilt werden. Dies funktioniert nur innerhalb eines Zulassungsbezirks. Liegt die neue Adresse in einem anderen Zulassungsbezirk, so ist ein Neuantrag notwendig. Ein weiterer Grund der Versagung einer Adressverlegung kann darin bestehen, dass die neuen Praxisräumlichkeiten nicht mehr für die gesamte Patientenschaft erreichbar sind.

4.2.4 Job-Sharing

In Bereichen mit Zulassungsbeschränkungen hat sich eine weitere praktische Möglichkeit entwickelt, mehr Ärzten die Möglichkeit zur Zulassung und damit zur erfolgreichen Selbstständigkeit zu geben. Dies wird unter dem Stichwort „Job-Sharing" diskutiert und praktiziert. Dabei wird an einen bestehenden Vertragsarztsitz eine zweite Arztstelle ange-dockt. Diese muss die gleiche Facharztbezeichnung haben und beide (Vertragsarzt und Job-Sharer) müssen sich verpflichten, dass sie den bisherigen Praxisumfang in ihrer gemeinsamen Berufsausübung nicht überschreiten. Grundlage ist dabei die durchschnittliche Auslastung in den vorangegangenen vier Quartalen. Die Verpflichtung besteht darin, die dadurch gewonnene Obergrenze nicht zu überschreiten (für alle Praxisärzte gemeinsam). Der Vertragsarztsitz wird also mit Obergrenze virtuell geteilt.

Das Job-Sharing bringt zwar im anschließenden Zulassungsverfahren keinen Vorteil gegenüber anderen Bewerbern. Es eignet sich jedoch sehr gut, um einen sanften Übergang zu beginnen. Mit dem geteilten Vertragsarztsitz können beide Seiten die Patienten gemeinsam betreuen und einen schrittweisen Übergang erreichen. Dies hilft in der Kommunikation nach innen und nach außen.

4.3 Allgemeine Hilfestellungen zur Auswahl von Nachfolgern

Neben den rechtlichen Besonderheiten der Suche für Nachfolger in der Ärzteschaft gibt es allgemeine Richtlinien und Hilfestellungen, um einen passenden Nachfolger zu finden. Dabei muss natürlich immer im Hintergrund berücksichtigt werden, ob ein potenzieller Nachfolger auch von dem Zulassungsausschuss ausgewählt würde oder nicht. Hier handelt es sich also um eine Bedingung sine qua non, die das Auswahlfeld potenzieller Nachfolger reduziert. Es sollte dabei immer überlegt werden, wer einen Zuschlag vom Zulassungsausschuss erhalten könnte und wer nicht. Im Folgenden sollen einige allgemeine Regeln zur erfolgreichen Rekrutierung von Nachfolgern, wie sie auch für alle anderen freien Berufe und Unternehmer infrage kommen, in Form einer Checkliste dargestellt werden.

Anforderungen an potenzielle Nachfolger	
Ein detailliertes Sollprofil mit den fachlichen medizinischen, aber auch den sozialen und unternehmerischen Anforderungen sollte erstellt werden, bevor der Suchprozess gestartet wird.	☐
Vorherige Karrierestationen prüfen: vorherige Selbstständigkeit und Tätigkeiten als Krankenhausarzt	☐
Job-Hopper vermeiden: Auch wenn verschiedene Stationen im medizinischen Bereich sinnvoll sein können, so sollte man doch Kandidaten vermeiden, bei denen man keine kontinuierliche Tätigkeit feststellen kann.	☐
Selbstdarsteller vermeiden: Der Auftritt sollte bodenständig und normal sein. Selbstdarsteller sind zumeist für den Patientenkontakt wenig nützlich und schrecken viele Patienten ab.	☐
Kommunikationsfähigkeit beurteilen: Übernehmende Ärzte müssen in der Lage sein, Veränderungen mit dem übergehenden Praxisteam zu besprechen. Dafür ist es wichtig, sich ein realistisches Bild von der Kommunikationsfähigkeit des Kandidaten zu machen.	☐
Sparsamkeit: Wie geht der Kandidat mit knappen Ressourcen um? Gerade nach der Übernahme der Praxis fehlt es häufig an Geldern, um noch weitere Investitionen zu tätigen. Der übernehmende Arzt muss zusätzlich ja auch die Praxisübernahme finanzieren.	☐
Wertesysteme prüfen: Für den ausscheidenden Arzt ist es emotional wichtig, dass der neue Kandidat die Praxis in seinem Sinne weiterführt.	☐

Tab. 6: Checkliste für Prüfpunkte in der Auswahl von Praxisnachfolgern

Ein besonderes Problem bei vielen Ärzten ist, dass Anspruch und Wirklichkeit nicht ganz zur Deckung kommen. Der Anspruch, der auch nach außen kommuniziert wird, ist zumeist, dass die Patientenversorgung im

Mittelpunkt steht. Der Auslöser beruflichen Handelns ist aber – wie bei allen anderen Berufsgruppen auch – zumindest auch das Gewinnstreben. Der Anspruch „Entscheidend ist, was am Ende übrig bleibt" ist nicht verwerflich. Aufgrund des häufig entstehenden Widerspruchs zwischen tatsächlichem und vorgeblichem Impetus kann der Übernahmeprozess blockiert werden. Der ausscheidende Arzt stellt den ethischen Anspruch in den Mittelpunkt, der kaufende Arzt seinen finanziellen Erfolg. Zumeist liegen beide auf einer Ebene, dass sie Gewinne machen wollen und dabei den ethischen Anspruch verfolgen wollen. Kommuniziert wird es manchmal anders. Dies liegt auch darin begründet, dass für den jüngeren Käufer die finanziellen Probleme näherliegen als für den älteren bisherigen Praxisinhaber. Daher lässt sich leichter anders kommunizieren. Hier hilft es zumeist, wenn ein externer Berater herangezogen wird, um die zumeist auf reine Kommunikationsprobleme zurückzuführenden Probleme zu umgehen. Klar zu sagen ist, dass es nicht verwerflich ist und einer ethischen Grundhaltung nicht widerspricht, wenn man auch wirtschaftliche Ziele klar definiert. Es wäre sogar für einen selbst (sowohl für präsumtiven Käufer als auch für den Verkäufer) unverantwortlich, solche wirtschaftlichen Überlegungen nicht anzustellen.

4.4 Kriterien bei der Auswahl einer Praxis aus Käufersicht

Auch der Käufer muss sich Gedanken machen, welche Praxis er übernehmen möchte. Dabei muss die Praxis so aufgestellt sein, dass sie in einem Maße erfolgreich ist, die gewährleistet, dass sowohl der Kaufpreis als auch die laufenden Lebenshaltungskosten des Käufers und seiner abhängigen Angehörigen abgedeckt sind.

Ein wesentlicher Faktor für den Erfolg einer Praxis ist der Standort und die in der Praxis und ihrer unmittelbaren Umgebung vorhandenen Infrastruktur. Insbesondere für Patienten spielt der erste Eindruck einer Praxis eine große Rolle. Sie gibt ihnen den Eindruck, ob in der Praxis zeitgemäße moderne Medizin praktiziert wird oder nicht. In der folgenden Checkliste sind einige Punkte genannt, die man bei der Auswahl einer zu kaufenden Praxis beachten sollte.

In der Checkliste sollte man den Erfüllungsgrad eines Kriteriums jeweils realistisch einschätzen. Dies gilt für beide Seiten des Verkaufsprozesses. Es ist auch für den Verkäufer wichtig, sich ein realistisches Bild über seine Praxis zu machen. Nur so kann er sich für die notwendigen Diskussionen mit dem potenziellen Käufer entsprechend rüsten und Argumente sammeln, die ihm helfen, seine Praxis in einem bestmöglichen Licht erscheinen zu lassen. Nur so kann damit auch gewährleistet werden, dass ein guter Preis für die Praxis erzielt werden kann. Für den potenziellen Käufer ist ein kritischer Blick auf die einzelnen Kriterien sicherlich selbstverständlich. Da eine Praxis gekauft wird „wie gesehen" – hier ist die Situation sehr ähnlich wie beim Gebrauchtwagenkauf – ,wird jeder Käufer versuchen, alle Mängel in dem Prozess der Auseinandersetzung mit der zu kaufenden Praxis auch tatsächlich herauszufinden. In solchen Diskussionen kann es oft zu persönlich belastenden Situationen für den Verkäufer kommen: Die Praxis ist sein Lebenswerk, Kritik (oder das Aufdecken von Schwachstellen) wird sehr schnell persönlich genommen und kann zum Status Beleidigtsein führen. Hier ist insbesondere das Talent und Fingerspitzengefühl eines Moderators und externen Beraters gefragt, um zu helfen, dass in einer solchen Situation die Verhandlung nicht abgebrochen wird.

4 Wie finde ich den richtigen Nachfolger?

Kategorie	Kriterium	Erfüllungsgrad
Standort der Praxis	Fußgängerzone/Innenstadtlage	
	Nachbarschaft	
	Anschluss an den öffentlichen Personennahverkehr (Bus oder Bahn)	
	Parkmöglichkeiten	
Erreichbarkeit	Beschilderung ist gut einsehbar und hat viele Kontaktpunkte zu potenziellen Patienten	
	Ebenerdiger Zugang	
	Aufzug	
	Gepflegtes Haus und Treppenhaus	
	Gute Beleuchtung	
	Keine Geruchs- oder Lärmbelästigung	
	Behindertengerechter barrierefreie Zuwegung	
Eindruck der Räumlichkeiten selbst	Angemessene ausreichende Fläche	
	Aufteilung der Praxisräume in Behandlungsräume ist zweckmäßig	
	Sozialräume in angemessenem Umfang und ansprechendem Zustand vorhanden	
	Renovierungszustand ist ordentlich, eine Renovierung in naher Zukunft nicht nötig	
Ausstattung	Möblierung, Zustand des Wartezimmers	
	Möblierung der Behandlungsräume	
	Medizinische Geräte in gutem Zustand	
	Moderne EDV-Ausrüstung	
	Moderne Kommunikationsinfrastruktur (Internet etc.)	
Praxisumfeld	Gibt es zuweisende Einrichtungen in der Nachbarschaft, mit denen zusammengearbeitet werden kann?	
	Gibt es Krankenhäuser in der Nähe?	
	Ist die Konkurrenz stark oder weniger stark?	
	Welche weiterführenden Behandler sind in der Nähe?	

Kategorie	Kriterium	Erfüllungsgrad
Personal	Wie viele Mitarbeiter sind zu übernehmen? Ist die Personalausstattung angemessen?	
	Wie ist das Alter, die Ausbildung der zu übernehmenden Mitarbeiter? Passt dies zu den Bedürfnissen der neuen Praxisleitung?	
	Zu welchen Konditionen sind die Mitarbeiter beschäftigt? Sind diese angemessen?	
	Lässt sich mit den Mitarbeitern ein gutes persönliches Verhältnis aufbauen?	
	Wie ist die Altersstruktur der Mitarbeiterschaft, sind demnächst Nachbesetzungen zu tätigen?	
	Ist der Arbeitsmarkt in der Region geeignet, damit sich Möglichkeiten zur Rekrutierung ausreichendem und qualifizierten Personals ergeben?	

Tab. 7: Checkliste zur Beurteilung der Praxisinfrastruktur und Personalsituation

Von besonderer Bedeutung ist auch die Berücksichtigung der Reputation der Praxis. Es ist deutlich leichter, insbesondere wenn ein sanfter Übergang unter Einbeziehung des bisherigen Praxisinhabers gelingt, eine gut beleumundete Praxis zu übernehmen, als wenn man zunächst den schlechten Ruf einer Praxis „umdrehen" muss. Für einen potenziellen Praxiskäufer bietet es sich dabei an, dass Gespräche mit Nachbarn, potenziellen Patienten und tatsächlichen Patienten über den Ruf der Praxis geführt werden. Ärztebewertungsportale aus dem Internet geben auch Aufschluss darüber, wie die Praxis wahrgenommen wird. Auch wenn diese Webseiten häufig einen schlechten Ruf in der Ärzteschaft haben, so zeigen sie doch, wie über Ärzte gesprochen wird. Nach Umfragen nutzen 70 % der mündigen Patienten Internetbewertungsportale vor einem Arztbesuch. Damit haben Bewertungsportale eine außerordentliche Wirkung auf die wirtschaftlichen Erfolgsaussichten einer Praxis. Mehrere negative Kommentare können die Reputation einer Praxis nachhaltig verschlechtern und dazu führen, dass Patienten auch die Praxis eines Nachfolgers meiden. Allerdings ist dieses Problem aufgrund der starken Personenbezogenheit, die sich auch darin zeigt, dass in den Portalen Kommentare nach Namen geordnet werden, geringer als in anderen Branchen, in denen der Name auch nach der

Übernahme weiter existiert. Bei schlechter Reputation kann es dazu kommen, dass der sanfte Übergang unter Beteiligung des alten Praxisinhabers nur die zweite Wahl wird. Ein direkter Auftritt unter anderem Namen ist hier für die Zukunftsaussichten häufig die bessere Lösung.

In der heutigen Zeit ist der eigene Internetauftritt nicht mehr wegzudenken. Hier bekommt man einen guten Eindruck von der Modernität der Kommunikation eines Arztes. Auch für Patienten ist die Internetseite eine Visitenkarte und damit außerordentlich wichtig für das Bild, das man von einer Arztpraxis hat. Mit relativ leichten Mitteln unter Einschaltung eines Beraters kann ein Praxisnachfolger eine neue Internetpräsenz einrichten. Allerdings erfordert eine Situation, in der bisher nur wenig Mühe auf die Webseite verwendet wurde, mehr Aufwand als eine Situation, in der auch bisher eine moderne, den Zeiten entsprechende Webpräsenz gezeigt worden ist.

Ein weiterer Punkt, der bei der Auswahl einer Praxis von Belang ist, sind die Beziehungen zur Kassenärztlichen Vereinigungen. Praxen, die Schwierigkeiten haben mit den berufsständischen Organisationen, sind auch schwierige Übernahmeziele. Bei ihnen kann nämlich auch die Gewinnermittlung der Vergangenheit nicht eindeutig vorgenommen werden. Aufgreifkriterien der Prüfer liegen dann vor, wenn ein Arzt über 780 Stunden (das sind 46.800 Minuten) im Quartal bzw. 720 Minuten pro Tag an drei Tagen pro Quartal abgerechnet hat. In diesen Fällen drohen Honorarregress, Disziplinarverfahren und Strafanzeige. Für die Gewinnermittlung der Vergangenheit ist der Honorarregress besonders wichtig. Er verändert die Gewinnbasis der Vergangenheit, der für die Praxisbewertung von besonderer Bedeutung ist. Aus diesen Gründen sollte ein Arzt von einer Übernahme absehen, wenn eine Diskussion mit den Kassenärztlichen Vereinigungen zu erwarten ist. Selbstverständlich ist auch dies ein Faktor für die Reputation der Praxis, denn Unstimmigkeiten bei den Honoraren sprechen sich herum, nicht zuletzt auch bei den Patienten.

Für den Käufer sind die Möglichkeiten der Umsatz- und damit Gewinnsteigerung aus der gesetzlichen Krankenversicherung nur sehr beschränkt. Deutlich besser lassen sich Umsätze aus den individuellen Gesundheitsleistungen realisieren (IGeL). Die Abrechnung muss nach der Gebührenordnung für Ärzte erfolgen. Kaufmännisch sind diese Leistungen eine Erhöhung der Leistung pro Patient. Der Arzt ist hier auch als Verkäufer gefordert. Er muss dem Patienten den medizinischen Sinn der Leistung klarmachen und gleichzeitig die Risiken, die zwingend mit einer weiteren Leistung verbunden sind, deutlich machen. Dabei ist ein schmaler Grat einzuhalten. Auf der einen Seite will der Arzt ja verkaufen, auf der anderen Seite darf er nicht durch plumpen Vertrieb das besondere Vertrauensverhältnis beschädigen. Letztlich entsteht eine besondere Gefahr dadurch, dass der Begriff IGeL durch die öffentliche Diskussion eher negativ besetzt ist. Für den potenziellen Käufer einer Arztpraxis ist das Potenzial für den Absatz von IGeL-Leistungen aber wichtig, um zu überlegen, wie er durch guten Absatz von IGeL-Leistungen die finanzielle Basis der Praxis verbreitern kann und damit auch die Zusatzbelastung durch die Finanzierung des Kaufpreises abfedern kann. Vorsichtig muss man immer dann sein, wenn mit einer IGeL-Leistung auch ein vermehrter Einsatz von Geräten bzw. sogar die Investition in neue Apparate verbunden ist. In diesen Fällen empfiehlt sich eine Kalkulation, in die die Planungen der Einnahmen aus den neuen Leistungen und die Kosten des Apparats (Investition und laufende Kosten) eingehen.

Insgesamt ist es positiv, wenn der alte und der neue Praxisinhaber ähnliche Behandlungsmethoden anbieten können. Hilfreich aus Käufersicht kann es sein, dass man bessere bzw. modernere Behandlungsmethoden im Angebot haben kann, als die Praxis vorher angeboten hat. Dies eröffnet die Möglichkeit, entweder vorhandenen Patienten höherwertige oder mehr Behandlungsleistungen anzubieten oder neue Patienten mit anderen Ansprüchen an eine Behandlung zu gewinnen.

4.5 Kriterien bei der Auswahl einer Praxis aus Verkäufersicht

Häufig ist das wichtigste Kriterium bei der Auswahl eines Nachfolgers, dass man sich sympathisch ist. Für den ausscheidenden Arzt, der sein Lebenswerk in andere Hände gibt, ist es von besonderer Bedeutung, dass er ein gutes Gefühl hat, wenn ein anderer jetzt seine Praxis weiterführt. Dieses gute Gefühl kann häufig nicht mit viel Geld aufgewogen werden. Häufig zeigt sich dieses gute Gefühl in fachlicher Übereinstimmung. Diese fachliche Übereinstimmung zeigt sich beispielsweise in:

* Gemeinsamen Wertvorstellungen, z. B. in ethischen Fragen und im Zusammenspiel von kommerziellem und ärztlichem Verhalten
* Gleichartigen Vorstellungen von Medizin, z. B. Einstellung zu bestimmten Heilverfahren und Techniken (beispielsweise alternativer Medizin)
* Wille zur Kommunikation zwischen Vorgänger und Nachfolger.

Neben diesen Kriterien spielen Fragen der finanziellen Bonität und Seriosität eine besondere Rolle bei der Auswahl eines potenziellen Nachfolgers. Dies ist wichtig, da der neu eintretende Arzt den Kaufpreis für die Praxis bezahlen muss. Selbst wenn dieser Preis nach und nach durch die Einnahmen der Praxis finanziert werden kann, kann es sein, dass ein unseriöser Nachfolger die Mittel anders ausgibt und damit die Praxis in eine finanzielle Schieflage bringt. Einen finalen Schutz vor solchen Machenschaften gibt es nicht. Allerdings kann sich der ausscheidende Arzt durch Abfrage einer Schufa-Auskunft oder eine detaillierte finanzielle Selbstauskunft überzeugen. Hier sollte man aufseiten des Veräußerers auch nicht zu vorsichtig vorgehen, der Grundsatz „Über Geld spricht man nicht", den man in vornehmen Kreisen verfolgt, ist an dieser Stelle deplatziert. Insofern sollte der potenzielle Käufer aufgefordert werden, dass die Arztpraxis Mittel mindestens in der Höhe erwirtschaften muss, so dass der Arzt

* eine pünktliche Tilgung aller Darlehen, die mit der Praxis in Verbindung stehen, leisten kann
* die steuerlichen und sozialversicherungsrechtlichen Verpflichtungen vornehmen kann

- Privatentnahmen tätigen kann, die sein Privatleben absichern und zusätzliche eine Altersversorgung ermöglichen.

Dies hängt auch mit der Verantwortung zusammen, die der alte Praxisinhaber für das Personal hat, das mit dem Praxisverkauf übergeht. Rechtlich handelt es sich bei der Übernahme des Personals um eine Verpflichtung, die sich unmittelbar aus dem § 613a BGB ergibt. Der Betriebsübergang bestimmt, dass der neue Arbeitgeber in die Rechte und Pflichten des Arbeitsverhältnisses eintritt und Verschlechterungen bis hin zur Kündigung erst nach Ablauf eines Jahres nach dem Betriebsübergang vornehmen kann. Eine Änderung dieser Bedingungen durch den Kaufvertrag ist nicht erlaubt. Der Kaufvertrag darf nicht in die Rechte der übertragenen Mitarbeiter eingreifen. Allerdings sollte man sich im Prozess des Vertragsschlusses damit befassen, wie das vorhandene Personal eingebunden wird in den Praxisübergabeprozess. Eine rechtzeitige und umfassende Information kann sehr positive Rückwirkungen auf die Motivation des Personals haben. Für jeden Mitarbeiter ist der Wechsel zu einem neuen Praxisinhaber mit Ängsten und Vorbehalten besetzt. Der neue Chef hat andere Vorstellungen, bis dahin, dass ein neuer Arzt andere Marotten im Arbeitsalltag hat. Für das Gelingen der Praxisübertragung ist allerdings außerordentlich wichtig, dass die Mitarbeiter motiviert sind und ihre Loyalität dem neuen Praxisinhaber schenken. Gerade für eine normalerweise mit vielen Unwägbarkeiten, versehene Anfangszeit ist das Funktionieren im Praxisteam außerordentlich wichtig. Kommt es hier zu Konflikten und Unstimmigkeiten erschwert das die sowieso schon schwierige Übernahmezeit mit ihren besonderen Herausforderungen aus Sicht des Managements zusätzlich. Gleiches gilt für die ärztlichen Herausforderungen: Der Arzt hat es mit ausschließlich neuen Patienten zu tun, auf die er sich besonders vorbereiten muss und die er erst einmal kennenlernen muss. Dies ist auch fachlich eine besondere Herausforderung, die Kapazität bindet. Hinzu kommt, dass der neue Praxisinhaber, sofern es sich um seine erste Selbstständigkeit handelt, sich einer besonderen Verantwortung gegenübersieht, sowohl fachlich Entscheidungen ohne Rückversicherung mit anderen Kolleginnen oder Kollegen treffen zu müssen. Auf der anderen Seite muss der neue Praxisinhaber aber auch erst mal in seine neue Rolle als Unternehmer hineinwachsen.

Eine zusätzliche Frage ist, wie der ausscheidende Arzt vorgeht bei der Praxisübergabe. Konventionell ist der Weg über eine Anzeige in einer der Ärztezeitschriften, so kann jeder Arzt einmal pro Halbjahr in der Zeitschrift „Der Hausarzt" eine Anzeige schalten, in der er einen Nachfolger sucht. Auch die Kassenärztlichen Vereinigungen (KV) bieten Personalbörsen, in denen Ärzte Anzeigen schalten können. Teilweise sind die Inserate für Mitglieder kostenlos, ansonsten ist nur ein kleiner Betrag für das Schalten einer Anzeige fällig. Erfolgversprechend sind aber insbesondere auch informelle Wege. So kann es sinnvoll sein, Vertreter von pharmazeutischen Unternehmen anzusprechen. Diese kommen bei vielen Ärzten herum und hören viel. Bei diesen inoffiziellen Wegen ist natürlich ein besonderes Vertrauensverhältnis notwendig, bei dem klar ist, dass sich die Absicht, die Praxis abzugeben, nicht sofort überall bei den Kolleginnen und Kollegen der Region und insbesondere auch bei den Patienten herumspricht. Daneben gibt es auf der Suche von Praxisnachfolgern spezialisierte Vermittlungsagenturen. Der Zeitraum, den man für eine erfolgreiche Nachfolgersuche benötigt, kann sehr stark variieren – je nachdem, ob sich die Praxis in einer stark gesuchten städtischen Lage oder in einer eher unattraktiven ländlichen Region befindet, die für potenzielle Nachfolger nicht nur wenige Möglichkeiten der Einkommenserzielung bereithält als auch nur eine für viele junge Ärzte nicht sehr attraktive Lebensqualität mit sich bringt. Insbesondere für schwierige Regionen kann ein Zeitraum von bis zu 5 Jahren als realistisch für die Nachfolgesuche angesehen werden. Problematisch ist es in jedem Falle, wenn der abgebende Arzt am Ende seiner Tätigkeit schon beginnt, seine Aktivitäten nach und nach ausklingen zu lassen. Dies führt zwangsläufig dazu, dass der Wert der Praxis sinkt und damit der Verkaufspreis, der häufig als Altersvorsorge für den ausscheidenden Arzt fest eingeplant ist. Ein wichtiges Kriterium sollte auch die Bereitschaft des Veräußerers der Praxis sein, eine Konkurrenzklausel zu unterzeichnen. Eine solche Klausel ist bei Unternehmenskaufverträgen aller Branchen üblich und sollte daher auch einen Arzt, nicht abschrecken. In einer solchen Klausel verpflichtet sich der ausscheidende Arzt, in einer bestimmten Region nicht ärztlich tätig zu sein. Dies betrifft sowohl eine Selbstständigkeit als auch eine Tätigkeit als angestellter Arzt. Sonst geht ein Käufer das Risiko ein, dass der verkaufende Arzt nebenan eine eigene neue Praxis aufmacht und damit die Aufgabe seiner eigenen Praxis, die ja eigentlich Auslöser der ganzen Transaktion ist, konterkariert.

4.6 Fazit

Die Nachfolgesuche ist eine schwierige Angelegenheit. Dies gilt sowohl für die emotionale Ebene als auch für die sachliche, medizinisch als auch finanziell. Es ist daher sinnvoll sowohl für den potenziellen Käufer als auch für den potenziellen Verkäufer, sich frühzeitig mit dem Thema Praxisübergabe zu befassen. Der Zeitraum sollte hier nicht zu knapp gewählt werden, da Zeitdruck keine Hilfe bringt. Findet man frühzeitig einen potenziellen Nachfolger, so kann man in den allermeisten Fällen Arrangements eines sanften Übergangs finden, von dem beide Seiten profitieren. Fängt man hingegen zu spät mit der Nachfolgesuche an, so wird die Zeit knapp, der Wunsch, die Tätigkeit aufzugeben, wird größer. Wird dieser Versuchung nachgegeben, so hat das unmittelbar Auswirkungen auf den Praxiswert, da die bewertungsrelevante Ertragsbasis sinkt. Dies würde dem potenziellen Käufer einseitig in die Hände spielen. Letztlich wird aber auch der Käufer ein Interesse haben, dass der alte Praxisinhaber ihn bei den Patienten und bei den Mitarbeitern einführt und am Anfang noch mit Rat und Tat zur Seite steht, damit die Praxisübergabe ein erfolgreicher Prozess wird.

Der Rat an alle Ärzte – egal ob sie sich mit dem Gedanken tragen, eine Praxis zu veräußern oder sich überlegen, eine Praxis zu erwerben – kann daher nur sein, dass man den Prozess der Praxisübertragung keinesfalls unterschätzen darf. Nehmen Sie sich ausreichend Zeit, überlegen Sie jeden Schritt gut und bedienen Sie sich rechtlichen, betriebswirtschaftlichen und ärztlichen Rates, wenn Sie das Gefühl haben, dass es hilft. Die Tragweite der mit einer Praxisübertragung verbundenen Entscheidung kann nicht unterschätzt werden. Die finanzielle Altersversorgung und das gute Gefühl stehen für den ausscheidenden Arzt in Rede. Der übernehmende Arzt braucht gute Voraussetzungen für den Erfolg seiner Selbstständigkeit. Letztlich wollen beide den Erfolg der Praxis, sodass ein faires Auskommen die entscheidende Voraussetzung für das Zustandekommen und die Erfolgsaussichten der Transaktion ist.

4 Wie finde ich den richtigen Nachfolger?

5 Steuern sparen bei der Veräußerung der Praxis

Gründe für die Veräußerung einer Arzt- oder Zahnarztpraxis kann es viele geben. Neben alters- oder gesundheitsbedingten Gründen können Änderungen in der Lebensplanung Ärzte dazu veranlassen, ihre Kassenarztpraxis aufzugeben. Die Suche nach einem Nachfolger kann sich als schwieriges Unterfangen erweisen, das gilt insbesondere im ländlichen Raum. Wenn ein geeigneter Nachfolger gefunden scheint, steht die Frage der Praxisbewertung, m. a. W., der „Preis" der abzugebenden Praxis im Fokus. An die Ausarbeitung entsprechender Gutachten werden hohe Anforderungen gestellt, am Preis wird intensiv „gefeilt", viel Zeit wird auf das Verhandeln verwendet. Allzu leicht wird dabei übersehen, dass auch das Steuerrecht letztendlich eine nicht unerhebliche Rolle im Zusammenhang mit der Veräußerung spielt. Zudem fallen durch den Verkauf der Praxis und den damit erzielten Kaufpreis zusätzliche, zu den bis zum Kaufstichtag vereinnahmte Einkünfte an, die es zu versteuern gilt. Hieraus können sich unter steuerrechtlichen Gesichtspunkten recht unliebsame Konsequenzen ergeben.

> **⚠ Hinweis**
>
> Eine besondere Herausforderung ergibt sich aus dem Umstand, dass das Vertragsarztrecht und das Steuerrecht an zahlreichen Stellen nicht Hand in Hand gehen. Eine Nachfolgeregelung ohne Berücksichtigung der einschlägigen steuerrechtlichen Regelungen kann die Planungen für den wohlverdienten Ruhestand schnell zunichtemachen. Eine umfassende Planung einer Praxisveräußerung muss daher zwingend die steuerrechtlichen Gestaltungsspielräume berücksichtigen. Das Steuerrecht enthält nämlich eine Reihe von Privilegien, die es beim Praxisverkauf zu nutzen gilt, denn sie sind im wahrsten Sinne des Wortes „Geld wert". Allerdings sind sie an teilweise sehr strenge Voraussetzungen geknüpft. Werden die Weichen daher im Vorfeld nicht oder nicht mehr rechtzeitig gestellt, muss dies unter Umständen teuer bezahlt werden.

5.1 Steuerliche Rahmenbedingungen als Ausgangspunkt

Die Fragen rund um die steuerliche Gestaltung stehen und fallen mit der Rechtsform, in der der Arzt seine Praxis betreibt. Gehen wir vom Standardfall aus: Dem Mediziner, der seine Praxis all die Jahre hinweg alleine geführt hat, eröffnen sich folgende Optionen:

Er kann

* seine Praxis veräußern
* sie stilllegen – weil er keinen Nachfolger findet
* seine Praxis in eine Gesellschaft (Berufsausübungsgesellschaft (BAG) oder Medizinisches Versorgungszentrum (MVZ)) einbringen.

> **⚠ Hinweis**
>
> Sowohl eine Berufsausübungsgesellschaft als auch ein Medizinisches Versorgungszentrum darf nach den Vorschriften des Vertragsarztrechts in der Rechtsform einer GmbH geführt werden.

Derzeit ist es allerdings (noch) so, dass Ärzte bei gemeinschaftlicher Ausübung ihres Berufs sich für die Gründung einer Personengesellschaft, wie beispielsweise einer Partnerschaftsgesellschaft oder einer Gesellschaft bürgerlichen Rechts, entscheiden. Nachfolgend soll daher der Fokus der steuerlichen Konsequenzen auf die vorherrschende Rechtsform gelegt werden.

5.2 Steuerliche Behandlung bei Veräußerung der Praxis

Unter steuerrechtlichen Gesichtspunkten gilt die ärztliche Tätigkeit grundsätzlich als selbstständige Tätigkeit, das ergibt sich aus § 18 Absatz 1 EStG.

§ 18 EStG

(1) Einkünfte aus selbstständiger Arbeit sind

1. [1]Einkünfte aus freiberuflicher Tätigkeit. [2]Zu der freiberuflichen Tätigkeit gehören die selbstständig ausgeübte wissenschaftliche, künstlerische, schriftstellerische, unterrichtende oder erzieherische Tätigkeit, die selbstständige Berufstätigkeit der Ärzte, Zahnärzte, Tierärzte, … und ähnlicher Berufe. [3]Ein Angehöriger eines freien Berufe im Sinne der Sätze 1 und 2 ist auch dann freiberuflich tätig, wenn er sich der Mithilfe fachlich vorgebildeter Arbeitskräfte bedient; Voraussetzung ist, dass er auf Grund eigener Fachkenntnisse leitend und eigenverantwortlich tätig wird. …

(3) [1]Zu den Einkünften aus selbstständiger Arbeit gehört auch der Gewinn, der bei der Veräußerung des Vermögens oder eines selbstständigen Teils des Vermögens oder eines Anteils am Vermögen erzielt wird, das der selbstständigen Arbeit dient. [2]§ 16 Absatz 1 Satz 1 Nummer 1 und 2 und Absatz 1 Satz 2 sowie Absatz 2 bis 4 gilt entsprechend. …

Zugleich stellt § 1 Absatz 2 BÄO klar, dass es sich bei der Ausübung einer ärztlichen Tätigkeit grundsätzlich nicht um ein Gewerbe handelt, sondern einen freien Beruf.

 Hinweis

Der Gewinn, der aus der Veräußerung (oder der Aufgabe) der bis zum Stichtag freiberuflich geführten Praxis erzielt wird, zählt steuerrechtlich zu den Einkünften aus selbstständiger Arbeit.

Allerdings wird der Veräußerungsgewinn anders besteuert.

5.3 Steuerliche Begünstigung des Gewinns

Das Einkommensteuerrecht sieht eine steuerliche Begünstigung des realisierten Veräußerungsgewinns gemäß § 18 Absatz 3 i. V. m. § 16 Satz 1 Nr. 1 EStG vor.

§ 16 EStG Veräußerung des Betriebs

(1) [1]Zu den Einkünften aus Gewerbebetrieb gehören auch Gewinne, die erzielt werden bei der Veräußerung des ganzen Gewerbebetriebs oder eines Teilbetriebs. [2]Als Teilbetrieb gilt auch die das gesamte Nennkapital umfassende Beteiligung an einer Kapitalgesellschaft; im Fall der Auflösung der Kapitalgesellschaft ist § 17 Absatz 4 Satz 3 sinngemäß anzuwenden;

Folgende Voraussetzungen müssen erfüllt sein, um von der steuerlichen Begünstigung profitieren zu können:

Die Praxis muss

- *als selbstständiger Organismus* und
- *in einem einheitlichen Vorgang*
- *auf den Erwerber*
- *gegen Entgelt übergehen* und
- *das wirtschaftliche Eigentum* an den *wesentlichen Grundlagen* der Praxis übertragen und die bisher in der Praxis entfaltete freiberufliche Tätigkeit durch den Arzt (Verkäufer) *beendet* wird (BFH, Urteil vom 09.08.1989, Az. X R 62/87).

„Selbstständiger Organismus"

Mit dem Begriff *„selbstständiger Organismus"* ist ein Betrieb gemeint, der funktional sämtliche wesentlichen Betriebsgrundlagen umfasst, also für sich genommen „lebensfähig" ist. M. a. W., der Käufer der Praxis muss in der Lage sein, mit dem, was er übernimmt, die freiberufliche Tätigkeit als Arzt nahtlos fortsetzen zu können.

Allerdings ist der Erwerber nicht dazu verpflichtet, die Praxis fortzuführen, die theoretische Möglichkeit reicht aus. Er kann sie daher auch – aus welchem Grund auch immer – stilllegen oder, was eher der Realität entsprechen wird, sie als unselbstständigen Teil in eine andere, bereits bestehende Praxis einbringen.

„Entgeltliche Übertragung"

Soweit die steuerliche Begünstigung an eine *„entgeltliche Übertragung"* im Rahmen eines *„einheitlichen Vorgangs"* geknüpft ist, lässt sich dies wesentlich leichter nachvollziehen. Damit ist schlicht und einfach die **Veräußerung der Praxis durch einen** entsprechenden Kaufvertrag gemeint.

„Wirtschaftliches Eigentum"

Was auf den ersten Blick einfach klingt, kann in der Praxis trotzdem für Stolpersteine sorgen. Dafür müssen wir allerdings ein wenig weiter ausholen. Mit dem Abschluss des Kaufvertrags ist lediglich der zivilrechtliche Teil des Geschäfts erledigt.

Beispiel

Der Kaufvertrag über die Veräußerung der Praxis zum Preis von 250.000 Euro wird am 29.10.2018 geschlossen. Das wirtschaftliche Eigentum an der Praxis soll jedoch nach dem Willen des Verkäufers und des Käufers erst zum 31.12.2018 übertragen werden.

Für die Inanspruchnahme der steuerlichen Begünstigung ist der Zeitpunkt der Übertragung des *wirtschaftlichen Eigentums* maßgeblich. Das regelt § 39 Absatz 2 Nr. 1 Abgabenordnung (AO).

§ 39 AO Zurechnung

(1) Wirtschaftsgüter sind dem Eigentümer zuzurechnen.

(2) Abweichend von Absatz 1 gelten folgende Vorschriften:

1. [1]Übt ein anderer als der Eigentümer die tatsächliche Herrschaft über ein Wirtschaftsgut in der Weise aus, dass er den Eigentümer im Regelfall für die gewöhnliche Nutzungsdauer von der Einwirkung auf das Wirtschaftsgut wirtschaftlich ausschließen kann, so ist ihm das Wirtschaftsgut zuzurechnen. [2] ....

2. ....

Mit der Übertragung des wirtschaftlichen Eigentums ist gemeint, dass derjenige, der die Praxis erworben hat, als Eigentümer tatsächlich über die Praxis einschließlich des veräußerten Inventars verfügen kann, dass er sie auf eigene Rechnung und eigene Gefahr ohne Weiteres fortführen kann.

Beendigung der freiberuflichen Tätigkeit

Das bedeutet, dass der Verkäufer der Praxis seine freiberufliche Tätigkeit als Arzt aufgeben muss, m. a. W., er darf seine bisherigen Patienten nicht weiter behandeln.

Der Anwendung des § 18 Absatz 3 EStG steht es allerdings nicht entgegen, wenn der Praxiskäufer den bisherigen Praxisinhaber entweder als angestellten Arzt weiterbeschäftigt oder ihm für eine selbstständige beratende Tätigkeit ein Honorar zahlt. In diesem Fall besteht keine Rechtsbeziehung mehr zu den früheren Patienten des bisherigen Praxisinhabers. Allein der Erwerber schließt die Behandlungsverträge mit den Patienten und erhält daraus einen Anspruch auf sein Honorar und verfügt deshalb wirtschaftlich über den Patientenstamm, vgl. dazu BFH, Urteil vom 18.05.1994, Az. I R 109/13 und BFH, Urteil vom 17.07.2008, Az. X R 40/07.

⚠ Hinweis

Behandelt der frühere Praxisinhaber in einer Übergangsphase seine früheren Patienten im Namen und auf Rechnung des Praxiskäufers als freier Mitarbeiter weiter, besteht das Problem, dass dies als „Scheinselbstständigkeit" gewertet werden kann. Hieraus können sich erhebliche steuer- sowie sozialversicherungsrechtliche Konsequenzen ergeben, sodass diese Variante sehr sorgfältig geprüft werden sollte.

„Wesentliche Grundlagen"

Damit die Begünstigung anerkannt wird, müssen zudem die wesentlichen Grundlagen der bisherigen freiberuflichen Tätigkeit als Arzt auf den Erwerber der Praxis übergehen. Was unter einer wesentlichen Betriebsgrundlage im Zusammenhang mit der Veräußerung einer Praxis zu verstehen ist, muss anhand einer „quantitativ-funktionalen" Betrachtungsweise entschieden werden.

Als wesentliche Betriebsgrundlage gelten jene Wirtschaftsgüter, die, wie die Wortwahl schon zeigt, für den Betrieb je nach Art und ihrer Funktion „wesentlich" sind. Allerdings fallen darunter auch solche Wirtschaftsgüter, welche an sich funktional zwar als „unwesentlich" zu betrachten sind, gleichzeitig jedoch erhebliche stille Reserven enthalten. Eine freiberufliche Arztpraxis steht und fällt mit ihrem Patientenstamm und dem Praxiswert. Bestandteil des Praxiswerts ist die vertragsärztliche Zulassung.

> **⚠ Hinweis**
>
> Ob die Möglichkeit zur Fortführung der Vertragsarztzulassung ein eigenständiges und damit vom sonstigen Praxiswert losgelöstes immaterielles Wirtschaftsgut darstellt, ist nach wie vor nicht abschließend geklärt. Mit der Frage muss sich der Bundesfinanzhof (BFH) in regelmäßigen Abständen beschäftigen.
>
> Die Richter tendieren allerdings dazu, dass beim Erwerb einer Vertragsarztpraxis neben dem Praxiswert nicht noch zusätzlich ein weiteres eigenständiges Wirtschaftsgut in der Form des mit der Vertragsarztzulassung verbundenen Vorteils übertragen wird.
>
> Der BFH begründet dies damit, dass die Veräußerung einer öffentlich-rechtlich erteilten Zulassung aufgrund des im SGB V näher geregelten Nachbesetzungsverfahrens gar nicht möglich ist.

Ganz unabhängig von der Rechtsprechung des BFH stellt die Zulassung ohne Zweifel einen Faktor dar. Dieser bestimmt den Wert der Praxis in erheblichem Umfang mit, wenn sich Käufer und Verkäufer darüber einigen, dass der Verkäufer unter Einhaltung sämtlicher rechtlicher Vorgaben alles unternimmt, um einen Übergang des Vertragsarztsitzes auf den Nachfolger zum Stichtag zu gewährleisten.

> ⚠️ **Hinweis**
>
> Ausnahmsweise kann eine Vertragsarztzulassung tatsächlich einmal Gegenstand eines Veräußerungs- bzw. aufseiten des Käufers eines Anschaffungsvorgangs sein und damit zum selbstständigen Wirtschaftsgut werden.
>
> Das ist dann der Fall, wenn der Erwerber eine Zahlung leistet, um die Vertragsarztzulassung „zu erwerben", jedoch an der Praxis selbst, also weder an den Räumlichkeiten, den Geräten usw. kein Interesse hat und selbst den Patientenstamm nicht übernehmen will, weil er den Vertragsarztsitz an einen anderen Ort verlegen möchte.
>
> Für den Erwerber hat das freilich steuerliche Konsequenzen. Er kann den erworbenen Praxiswert, obwohl es sich dabei grundsätzlich um eine abnutzbares immaterielles Wirtschaftsgut handelt, nicht mehr abschreiben.
>
> Auch auf der Seite des Verkäufers hat der „Deal" Konsequenzen. Er kann nun keine Arztpraxis mit all ihren wesentlichen Teilen mehr veräußern, sondern höchstens noch einzelne Gegenstände.
>
> Zudem stellt die bloße Übertragung der Zulassung unter umsatzsteuerlichen Gesichtspunkten eine nicht steuerbare Geschäftsveräußerung i. S. v. § 1 Absatz 1a UStG dar, m. a. W., es fällt Umsatzsteuer an, sofern nicht die Kleinunternehmerregelung des § 19 Absatz 1 Satz 1 UStG in Anspruch genommen werden kann.

Gehört das Gebäude, in dem die Praxis unterhalten wird, ebenfalls dem bisherigen Praxisinhaber, stellt es in gleichem Maße eine wesentliche Betriebsgrundlage dar. Von seiner Funktion her ist es „wesentlich", weil es sowohl in räumlicher als auch funktionaler Hinsicht eine wesentliche Betriebsgrundlage darstellt. In quantitativer Hinsicht stellt es eine wesentliche Betriebsgrundlage dar, weil es in der Regel umfangreiche stille Reserven beinhaltet.

> **⚠ Hinweis**
>
> Soll ein Gebäude, in dem bisher die Praxis betrieben worden ist und zu den wesentlichen Betriebsgrundlagen gehört, nicht im Rahmen der Praxisveräußerung verkauft werden, sondern in das Privateigentum des bisherigen Praxisinhabers überführt werden, schadet dies der Begünstigung des Gewinns nicht. Dies wird nämlich als Praxisaufgabe gewertet, die nach den Regeln der Praxisveräußerung zu behandeln ist.

Bei anderen Wirtschaftsgütern der Praxis wie den Büromöbeln, sämtlichen medizinischen Geräten, einem Kfz sowie der EDV sind unter diesem Gesichtspunkt funktional nur dann als „wesentlich" zu betrachten, wenn sie ganz individuell und damit auf die spezifischen Bedingungen gerade dieser Praxis zugeschnitten sind. Mit anderen Worten, sie sind nicht ohne Weiteres austauschbar. Unter quantitativen Gesichtspunkten können sie zu den wesentlichen Betriebsgrundlagen gehören, wenn darin erhebliche stille Reserven enthalten sind.

Andere Wirtschaftsgüter können zwar zum Betriebsvermögen gehören, sind aber von vornherein nicht wesentlich. Sie müssen nicht zwingend veräußert werden, sondern können zunächst zurückbehalten und zu einem späteren Zeitpunkt, dann allerdings nicht begünstigt, verwertet werden.

Dagegen stellen weder Forderungen, die beispielsweise aus Honorarnoten gegen Patienten noch bestehen, noch Verbindlichkeiten gegenüber einem Labor eine wesentliche Betriebsgrundlage dar. Sie spielen daher bei der Frage, ob der Veräußerungsgewinn unter steuerlichen Gesichtspunkten begünstigt ist, keine Rolle.

Verbindlichkeiten können jedoch unwesentliches Betriebsvermögen sein. Dies hat zur Konsequenz, dass die darauf anfallenden Zinsen als nachträgliche Betriebsausgabe abzugsfähig sind, sofern sie aus dem Veräußerungserlös nicht bezahlt werden können.

„Ein Erwerber"

Wie wir oben bereits gesehen haben, stellen der Praxiswert und der Patientenstamm den wesentlichen Teil des Vermögens der freiberuflichen ärztlichen Tätigkeit dar. Um die steuerliche Begünstigung in Anspruch nehmen zu können, ist es deshalb notwendig, dass beides vollständig auf einen Erwerber übergeht.

Ein Aufteilen des Vermögens, das die Arztpraxis ausmacht, ist also unter diesem Gesichtspunkt grundsätzlich nicht möglich.

⚠ **Hinweis**

Steuerlich begünstigt i. S. d. §§ 18 Absatz 3 i. V. m. 16 Absatz 3 i. V. m. Absatz 1 Satz 1 Nr. 1 EStG ist neben der Veräußerung der Praxis auch deren Aufgabe.

Voraussetzung ist, dass neben einer Erklärung, die Praxis aufgeben zu wollen, die bisherige freiberufliche ärztliche Tätigkeit auch tatsächlich und endgültig eingestellt wird.

Zudem müssen die wesentlichen Grundlagen entweder in das Privatvermögen überführt werden, also beispielsweise der bisher für die Praxis unterhaltene Pkw, das Gebäude, in dem sich die Praxisräume befinden und das dem bisherigen Praxisbetreiber gehört.

Was nicht in das Privatvermögen überführt werden kann, wie beispielsweise Geräte oder das Mobiliar der Praxis, muss an verschiedene Erwerber veräußert werden.

Dieser „einheitliche Vorgang" muss „innerhalb kurzer Zeit" vonstattengehen. Während nach der Rechtsprechung 19 Monate dafür zulässig sein sollen, um die Voraussetzung zu erfüllen, sollen nach einem anderen Urteil 25 Monate an der oberen Grenze des noch Zulässigen sein; BFH, Urteil vom 20.01.2005, Az. IV R 14/03.

5.4 Tarifmäßige Besteuerung und Freibetrag

Erster Schritt: Übergangsverlust oder -gewinn ermitteln

 Hinweis

Im Falle einer Praxisveräußerung ist der verkaufswillige Arzt gemäß § 16 Absatz 2 Satz 2 EStG i. V. m. § 18 Absatz 3 Satz 2 EStG so zu behandeln, als sei er zur Gewinnermittlung nach Bestandsvergleich gemäß § 4 Absatz 2 bzw. 5 EStG übergegangen.

Dazu ist ein Betriebsvermögensvergleich vorzunehmen, der eine periodengerechte Gewinnermittlung im Wege einer doppelten Buchführung voraussetzt.

Grob gesagt handelt es sich beim Betriebsvermögensvergleich um eine Methode, welche durch Vergleich den Unternehmenserfolg darstellt. Sie zeigt dadurch eine Reihe von Parallelen zur Gewinn-und-Verlust-Rechnung (GuV) auf. Allerdings wendet die GuV die Regeln nach dem Handelsgesetzbuch an, wohingegen der Betriebsvermögensvergleich die Vorschriften des Einkommensteuergesetzes heranzieht. In der Regel ist der Betriebsvermögensvergleich einfacher aufzustellen als eine Gewinn-und-Verlust-Rechnung und letztendlich eine Bilanz.

Praxistipp

Der Gewinn ergibt sich beim Betriebsvermögensvergleich am Ende des Wirtschaftsjahrs durch den Vergleich mit dem Betriebsvermögen am Schluss des vorangegangenen Wirtschaftsjahrs, vermehrt um die Entnahmen, die getätigt worden sind, und vermindert um den Wert der Einlagen, die notwendig waren.

Als Entnahmen gelten sämtliche Wirtschaftsgüter, welche aus dem Betrieb für eigene oder betriebsfremde Zwecke im Laufe des Wirtschaftsjahrs entnommen worden sind.

Die Rechnung sieht also wie folgt aus:

Betriebsvermögen (= Vermögen abzgl. Schulden) am Schluss des laufenden Wirtschaftsjahrs
./. Betriebsvermögen (= Vermögen abzgl. Schulden) am Schluss des vorangegangenen Wirtschaftsjahrs
= Unterschiedsbetrag (= Reinvermögensänderung)

+ Entnahmen

./. Einlagen

= Ergebnis des Wirtschaftsjahres

+ nicht abzugsfähige Betriebsausgaben

./. steuerfreie Betriebseinnahmen

= Gewinn/Verlust

Das gilt selbst dann, wenn es bisher ausgereicht hat, eine Einnahmen-Überschuss-Rechnung aufzustellen. Selbst das ist nicht zwingend. Schließlich sind freiberuflich tätige Ärzte gemäß § 18 EStG weder nach Handels- noch nach Steuerrecht zur Buchführung verpflichtet, nicht einmal freiwillig müssen sie Bücher führen oder einen Jahresabschluss machen. Den Betriebsvermögensvergleich wird in der Regel der Steuerberater übernehmen, der über das entsprechende Know-how verfügt. In dieser selbstständigen Tätigkeit als Arzt müssen sämtliche Vermögensgegenstände, die für die Praxis erworben und bis zum Zeitpunkt der Veräußerung der Praxis genutzt wurden, aufgeführt werden (Inventar, Geräte, Kfz etc.). Es geht also um all jene Gegenstände, für die über die Jahre hinweg eine Abschreibung für Abnutzung (AfA) geltend gemacht worden ist.

Für die Bilanz ist also nicht der tatsächliche Wert des einzelnen Geräts oder des Fahrzeugs relevant, sondern der sogenannte Buchwert. Mit dem Begriff wird der ursprüngliche Anschaffungspreis abzüglich der bisher geltend gemachten Abschreibung bezeichnet.

Beispiel

Anfang des Jahres 2016 ist ein neues Ultraschallgerät mit 3D/4D und Rollwagen zum Preis von 15.000 Euro angeschafft worden. Laut der Afa-Tabelle für den Wirtschaftszweig „Gesundheitswesen" (herausgegeben vom Bundesministerium für Finanzen, BStBl. I 1995, Seite 84 ff.) beträgt die Abschreibung für Ultraschallgeräte 5 Jahre und wird linear zu 20 % pro Jahr vorgenommen.

Zum 01. Januar 2018 steht das Gerät noch mit 9.000 Euro zu Buche (Abschreibung für das Jahr 2016 und 2017 zu jeweils 20 % des Anschaffungswerts, also 6.000 Euro).

Aufgrund dessen kann sich entweder ein Übergangsverlust oder auch ein -gewinn ergeben, der im Rahmen des § 18 EStG des laufenden und damit nicht begünstigten Gewinns zu berücksichtigen ist.

Zweiter Schritt: Veräußerungsgewinn ermitteln

Neben dem bis zum Stichtag noch erwirtschafteten Gewinn aus der selbstständigen Tätigkeit als Arzt ist der sogenannte Veräußerungsgewinn zu versteuern.

 Hinweis

Der Veräußerungsgewinn ist nicht identisch mit dem Verkaufspreis, den Sie mit dem Erwerber der Praxis vereinbart haben.

Der Veräußerungsgewinn der Praxis lässt sich nach einem vereinfachten Schema wie folgt berechnen:

 Praxistipp

Verkaufspreis (wie mit dem Käufer vereinbart)

./. Buchwert des Betriebsvermögens (wie oben berechnet)

./. Kosten, die im Zusammenhang mit der Veräußerung der Praxis angefallen sind.

Setzen wir unser Beispiel von oben fort.

👍 Beispiel

Hier steht ein Ultraschallgerät mit 9.000 Euro zu Buche. Gegenüber Privatpatienten sind zum Kaufstichtag zudem noch Forderungen in Höhe von 12.000 Euro offen. Vor der Tür steht ein Pkw, der regelmäßig für die Hausbesuche durch den Arzt genutzt wird und nach den oben dargestellten Abschreibungsregeln noch mit 15.000 Euro in den Büchern steht.

Auf der anderen Seite steht noch ein Darlehen, das vor Jahren dazu gedient hat, die Praxis zu modernisieren. Dieses ist bis auf einen Betrag in Höhe von 20.000 Euro bereits zurückgezahlt. Darüber hinaus sind noch Rechnungen gegenüber einem Labor in Höhe von 6.000 Euro offen.

Um nun den Buchwert der gesamten Praxis feststellen zu können, muss das Vermögen (in der Bilanz die „Aktiva") den Schulden (in der Bilanz die „Passiva") gegenübergestellt werden.

Das Vermögen besteht

- aus der „Geschäftsausstattung", zu der u. a. das Ultraschallgerät gehört,
- aus den Forderungen, die noch gegenüber Patienten offen sind,
- aus dem Pkw
- dann ist da noch das Bankkonto, das mit rund 4.000 Euro im „Plus" ist,

Alles zusammengezählt beträgt das Vermögen rund 80.000 Euro.

Dem gegenüber stehen noch der

- Rest in Höhe von 20.000 Euro für das Darlehen
- sowie Rechnungen gegenüber dem Labor in Höhe von 6.000 Euro, was zusammen 26.000 Euro ausmacht.

Das Betriebsvermögen beträgt also 80.000 Euro abzüglich der Schulden in Höhe von 26.000 Euro, also 54.000 Euro. Das ist Ihr Eigenkapital.

Gehen wir noch einen Schritt weiter: Jetzt soll die Praxis verkauft werden. Die Rechnung sieht nun wie folgt aus:

 Beispiel

Sie einigen sich mit dem Erwerber der Praxis über einen Verkaufspreis in Höhe von 250.000 Euro. Ihr Veräußerungsgewinn beträgt nun 250.000 Euro abzüglich des oben errechneten Eigenkapitals in Höhe von 54.000 Euro, also 196.000 Euro.

Es kann vorkommen, dass sich Käufer und Verkäufer darauf einigen, dass bestimmte Gegenstände nicht mit veräußert werden sollen. Beispielsweise möchte der Verkäufer den Pkw behalten und weiter privat nutzen. Oder der Käufer möchte das Ultraschallgerät nicht übernehmen, weil er ein anderes Gerät eines anderen Herstellers bevorzugt. Dann ist der jeweilige Gegenstand aus der Berechnung herauszunehmen. Kann das Ultraschallgerät noch vor dem Kaufstichtag vom Praxisverkäufer zu einem guten Preis verkauft werden, wandert der erzielte Kaufpreis auf das Bankkonto und erhöht dort den Saldo.

 Hinweis

Wollen Sie hingegen beispielsweise den Pkw behalten und nach der Praxisaufgabe weiter privat nutzen, sollte diese Vertragsklausel in jedem Fall mit dem Steuerberater vorab besprochen werden.

Ist der Pkw nämlich nicht entnommen und damit nicht im Rahmen der Praxisveräußerung verkauft worden, kann nämlich ein Entnahmegewinn anfallen, der das Behalten des Fahrzeugs unattraktiv macht.

5.4.1 Freibetrag berücksichtigen

Steht der steuerlich begünstigte Veräußerungsgewinn nun fest, kann die Sonderregelung des § 16 Absatz 4 EStG ins Auge gefasst werden.

Diese Sonderregelung gewährt nämlich grundsätzlich einen Freibetrag in Höhe von 45.000 Euro. Allerdings ist dieser zu kürzen, wenn der Veräußerungsgewinn mehr als 136.000 Euro ausmacht.

👍 **Beispiel**

In unserem Beispiel beträgt der Veräußerungsgewinn 196.000 Euro. Wenn wir von diesem Betrag nun die 136.000 Euro als genannte Grenze abziehen, dann verbleiben 60.000 Euro. Der Freibetrag in Höhe von 45.000 Euro ist daher aufgebraucht.

Außerdem darf der Freibetrag nur einmal im Leben in Anspruch genommen werden. Wer bereits schon einmal in seinem Leben ein Unternehmen veräußert und dafür Steuerbegünstigung in Anspruch genommen hat, der kann dies beim Verkauf seiner Arztpraxis kein zweites Mal mehr tun.

Der Steuerfreibetrag ist – falls ein solcher überhaupt in Betracht kommt – allerdings wieder einmal an einige Voraussetzungen geknüpft.

⚠️ **Hinweis**

§ 16 EStG Veräußerung des Betriebs

(4) [1]Hat der Steuerpflichtige das 55. Lebensjahr vollendet oder ist er im sozialversicherungsrechtlichen Sinne dauernd berufsunfähig, so wird der Veräußerungsgewinn auf Antrag zur Einkommensteuer nur herangezogen, soweit er 45.000 Euro übersteigt. [2]Der Freibetrag ist dem Steuerpflichtigen nur einmal zu gewähren. [3]Er ermäßigt sich um den Betrag, um den der Veräußerungsgewinn 136.000 Euro übersteigt.

Während die Vollendung des 55. Lebensjahres als Hürde noch relativ einfach zu nehmen sein wird, sieht es mit der dauernden Berufsunfähigkeit im sozialversicherungsrechtlichen Sinne schon schlechter aus. Das liegt nicht nur daran, dass Ärzte im Vergleich zu anderen Berufssparten relativ selten berufsunfähig werden und wenn, dann in der Regel aufgrund einer Erkrankung und nicht eines unfallbedingten Geschehens.

Seit Abschaffung der Erwerbsberufsunfähigkeitsrente und Einführung der Erwerbsminderungsrente im Jahr 2001 liegt die Latte für den Bezug einer Erwerbsminderungsrente deutlich höher.

> ⚠ **Hinweis**
>
> Der Antrag ist zusammen mit der Steuererklärung zu stellen.
>
> Wird der Antrag gestellt, dürfen allerdings keine weiteren steuerbegünstigenden Vorschriften mehr in Anspruch genommen werden. In der Praxis bedeutet dies, dass insbesondere alle stillen Reserven in voller Höhe versteuert werden müssen. Eine steuerneutrale Übertragung scheidet daher aus.

5.4.2 Zusätzlich: Halber Steuersatz

Zusätzlich kann eine Tarifermäßigung gemäß § 34 Absatz 3 EStG in Anspruch genommen werden.

§ 34 Außerordentliche Einkünfte

(1) [1]Sind in dem zu versteuernden Einkommen außerordentliche Einkünfte enthalten, so ist die auf alle im Veranlagungszeitraum bezogenen außerordentlichen Einkünfte entfallende Einkommensteuer nach den Sätzen 2 bis 4 zu berechnen. [2]Die für die außerordentlichen Einkünfte anzusetzende Einkommensteuer beträgt das Fünffache des Unterschiedsbetrags zwischen der Einkommensteuer für das um diese Einkünfte verminderte zu versteuernde Einkommen (verbleibendes zu versteuerndes Einkommen) und der Einkommensteuer für das verbleibende zu versteuernde Einkommen zuzüglich eines Fünftels dieser Einkünfte. [3]Ist das verbleibende zu versteuernde Einkommen negativ und das zu versteuernde Einkommen positiv, so beträgt die Einkommensteuer das Fünffache der auf ein Fünftel des zu versteuernden Einkommens entfallenden Einkommensteuer. [4]Die Sätze 1 bis 3 gelten nicht für außerordentliche Einkünfte im Sinne des Absatzes 2 Nummer 1, wenn der Steuerpflichtige auf diese Einkünfte ganz oder teilweise § 6b oder § 6c anwendet.

(2) Als außerordentliche Einkünfte kommen nur in Betracht:

1. Veräußerungsgewinne im Sinne der §§ 14, 14a Absatz 1, der §§ 16 und 18 Absatz 3 mit Ausnahme des steuerpflichtigen Teils der Veräußerungsgewinne, die nach § 3 Nummer 40 Buchstabe b in Verbindung mit § 3c Absatz 2 teilweise steuerbefreit sind;

(3) [1]Sind in dem zu versteuernden Einkommen außerordentliche Einkünfte im Sinne des Absatzes 2 Nummer 1 enthalten, so kann auf Antrag abweichend von Absatz 1 die auf den Teil dieser außerordentlichen Einkünfte, der den Betrag von insgesamt 5 Millionen Euro nicht übersteigt, entfallende Einkommensteuer nach einem ermäßigten Steuersatz bemessen werden, wenn der Steuerpflichtige das 55. Lebensjahr vollendet hat oder wenn er im sozialversicherungsrechtlichen Sinne dauernd berufsunfähig ist. [2]Der ermäßigte Steuersatz beträgt 56 Prozent des durchschnittlichen Steuersatzes, der sich ergäbe, wenn die tarifliche Einkommensteuer nach dem gesamten zu versteuernden Einkommen zuzüglich der dem Progressionsvorbehalt unterliegenden Einkünfte zu bemessen wäre, mindestens jedoch 14 Prozent. [3]Auf das um die in Satz 1 genannten Einkünfte verminderte zu versteuernde Einkommen (verbleibendes zu versteuerndes Einkommen) sind vorbehaltlich des Absatzes 1 die allgemeinen Tarifvorschriften anzuwenden. [4]Die Ermäßigung nach den Sätzen 1 bis 3 kann der Steuerpflichtige nur einmal im Leben in Anspruch nehmen. [5]Erzielt der Steuerpflichtige in einem Veranlagungszeitraum mehr als einen Veräußerungs- oder Aufgabegewinn im Sinne des Satzes 1, kann er die Ermäßigung nach den Sätzen 1 bis 3 nur für einen Veräußerungs- oder Aufgabegewinn beantragen. [6]Absatz 1 Satz 4 ist entsprechend anzuwenden.

Um Härten bei der Besteuerung zu vermeiden, kann auch der „halbe Steuersatz" (also 56 Prozent des durchschnittlichen Steuersatzes) angewendet werden. Voraussetzung ist allerdings, dass gleichzeitig alle anderen Kriterien kumulativ erfüllt sein müssen.

 Beispiel

In unserem Beispiel beträgt der Veräußerungsgewinn 196.000 Euro. Hierauf fallen rund 73.700 Euro tarifliche Einkommensteuer an. Um nun die Steuerlast zu mindern, macht der Praxisverkäufer von der Besteuerung mit dem halben Steuersatz Gebrauch. Seine Steuerlast beträgt dadurch nur noch 109.760 Euro (56 % aus 196.000 Euro).

Hinweis

Auch die Anwendung des halben Steuersatzes darf nur einmal im Leben in Anspruch genommen werden.

5.4.3 Die Fünftel-Regelung

Auch die sogenannte „Fünftel-Regelung" hat zum Ziel, die Belastung mit dem Höchststeuersatz im Jahr der Veräußerung der Arztpraxis zumindest zu mildern.

 Hinweis

Die Fünftel-Regelung kann im Einzelfall steuerlich zu einem interessanteren Ergebnis führen als bei Anwendung des halben Steuersatzes. Deshalb sollten immer beide Varianten anhand der aktuellen Zahlen durchgespielt werden, um das optimale Ergebnis zu erreichen.

Bei der Fünftel-Regelung werden außerordentliche Einkünfte rechnerisch auf insgesamt fünf Jahre verteilt. Damit lässt sich der progressive Steuertarif, aufgrund dessen es beim Zufluss von zusammengeballten Einkünften (aus der selbstständigen Tätigkeit als Arzt und der Veräußerung der Praxis im Kalenderjahr) zu einer hohen Steuerbelastung kommt, durch die Verteilung mildern.

Die Fünftel-Regelung Schritt für Schritt

Im ersten Schritt werden die steuerpflichtigen außerordentlichen Einkünfte (also jene aus dem Praxisverkauf) aus dem zu versteuernden Einkommen herausgerechnet. Dieser Betrag wird als „verbleibendes zu versteuerndes Einkommen" oder als „Basiseinkommen I" bezeichnet.

 Beispiel

Der Arzt hat für den Verkauf seiner Praxis einen Veräußerungsgewinn in Höhe von 196.000 Euro im Jahr 2018 erzielt. Gleichzeitig hat er in diesem Jahr noch Einkünfte aus seiner Tätigkeit als Allgemeinmediziner in Höhe von 120.000 Euro. Im nächsten Schritt ist für das Basiseinkommen I die Einkommensteuer nach der Tabelle zu ermitteln. Die Einkommensteuer für das Basiseinkommen beträgt in unserem Beispiel oben laut Einkommensteuertabelle 41.778 Euro für Alleinstehende (ohne Solidaritätszuschlag).

Danach werden die außerordentlichen Einkünfte in fünf gleiche Teile geteilt und ein Fünftel dem im ersten Schritt festgestellten Basiseinkommen I hinzugerechnet. Die Summe stellt dann das Basiseinkommen 2 oder das Zwischeneinkommen dar.

👍 Beispiel

Jahreseinkommen aus der Tätigkeit als Allgemeinmediziner	120.000 Euro
ein Fünftel aus dem Veräußerungsgewinn	39.200 Euro
zu versteuerndes Einkommen	159.200 Euro
Einkommensteuer	58.242 Euro

Eine Milderung der Steuerbelastung tritt durch Anwendung der Fünftel-Regelung dadurch ein, dass der Veräußerungsgewinn rein rechnerisch auf fünf Jahre aufgeteilt wird. Dadurch kommt es zu einer „Tarifglättung". Die Berechnung stellt sich in unserem Beispielsfall also wie folgt dar:

Zu versteuerndes Einkommen im Jahr		316.000 Euro	
Veräußerungsgewinn	./.	196.000 Euro	
Verbleibendes zu versteuerndes Einkommen		**120.000 Euro**	
Einkommensteuer (Alleinstehend)			41.778 Euro
1/5 von 196.000 Euro	+	39.200 Euro	
Zwischeneinkommen		159.200 Euro	
Einkommensteuer daraus			58.242 Euro
Differenz			**16.464 Euro**
Differenz x 5 = Einkommensteuer auf Veräußerungserlös			82.320 Euro
Einkommensteuer insgesamt			**124.098 Euro**

Hinweis

Zum Vergleich: Die Einkommensteuer aus einem zu versteuernden Einkommen aus 316.000 Euro (alleinstehend, ohne Solidaritätszuschlag) beträgt 132.678 Euro. Die Ersparnis beträgt in unserem Beispielsfall also magere 8.580 Euro. Im Einzelfall muss daher geprüft werden, ob nicht der halbe Steuersatz günstiger ist.

Die Anwendung der Fünftel-Regelung hat allerdings einen Vorteil: Es gibt kein Mindestalter, das erreicht werden muss, und es gibt auch keine weiteren Beschränkungen.

 Praxistipp

M. a. W., die Fünftel-Regelung kann nach derzeitigem Stand bei beliebig vielen Veräußerungen in Anspruch genommen werden.

Weitere Gestaltungsspielräume

Wie wir in unserem Beispiel gesehen haben, ist die Steuerersparnis bei Anwendung der Fünftel-Regelung eher mager ausgefallen.

Umso wichtiger ist es daher, die Gestaltungsspielräume, die diese Regelung lässt, möglichst auszunutzen.

 Praxistipp

Am wirkungsvollsten ist die Fünftel-Regelung, wenn in dem Jahr, in dem der Veräußerungsgewinn anfällt, keine weiteren Einkünfte anfallen, steuerliche Verluste ggf. im Wege von Sonderabschreibungen generiert werden oder Sonderausgaben getätigt werden. Welche Maßnahmen im Einzelfall sinnvoll sind, kann nur in enger Abstimmung mit dem Steuerberater geklärt werden.

Auch hier zeigt sich wieder, dass die Veräußerung der Praxis mit Weitsicht geplant werden sollte, um das steuerlich optimale Ergebnis zu erzielen.

5.5 Veräußerung gegen eine Leibrente

In der Regel ist der Kaufpreis für die Praxis in einem Einmalbetrag zu einem bestimmten Stichtag zu zahlen. Stattdessen können sich Verkäufer und der Erwerber der Praxis darauf einigen, dass der Betrag anteilig in wiederkehrenden Beträgen zu leisten ist.

Eine Variante davon ist die Betriebsveräußerung gegen eine Leibrente. Mit der meist monatlich zu zahlenden „Leibrente" sichert sich der aus der Praxis ausscheidende Arzt einen Teil seines Lebensunterhalts im Alter, der Einsteiger muss hingegen den Betrag für den Kaufpreis nicht auf einmal aufbringen.

Steuerrechtlich steht dem Verkäufer im Hinblick auf die Einkommensteuer ein Wahlrecht zu.

Er kann den sogenannten Kapitalwert der Rente im Veranlagungsjahr der Veräußerung der Praxis als Veräußerungspreis versteuern. In diesem Fall kann er die steuerlichen Begünstigungen für sich beanspruchen. Die Ertragsanteile der späteren Rentenzahlungen sind dann als sonstige Einkünfte gemäß § 22 Nr. 1a EStG zu versteuern.

👍 Beispiel

Käufer und Erwerber der Praxis vereinbaren, statt einer Einmalzahlung eine Veräußerung gegen eine Leibrente. Der sog. Barwert beträgt 250.000 Euro, das steuerliche Kapitalkonto zum Zeitpunkt der Veräußerung angenommen 110.000 Euro.

Im Falle einer Sofortversteuerung entsteht ein Veräußerungsgewinn, und zwar in der Höhe der Differenz zwischen dem Barwert (250.000 Euro) und dem steuerlichen Kapitalkonto (110.000 Euro), also in Höhe von 140.00 Euro. (Der Barwert der Rente errechnet sich aus der Jahresrente mal dem Vervielfältiger in Abhängigkeit der Lebenserwartung des Rentenempfängers.)

Dieser Betrag bleibt auf Antrag (!) in Höhe von 45.000 Euro (steuerliche Begünstigung) steuerfrei, der dann noch verbleibende Betrag in Höhe von 95.000 Euro ist entweder nach der Fünftel-Regelung gemäß § 34 Absatz 1 EStG oder § 34 Absatz 3 EStG zu versteuern.

Die Rentenzahlung selbst unterliegt im Hinblick auf den Ertragsanteil von 18 % der zufließenden Rente als „sonstige Einkünfte" der Einkommensteuer.

Alternativ können die Rentenzahlungen im jeweiligen Veranlagungsjahr als nachträgliche Einnahmen aus der ursprünglich selbstständigen Tätigkeit versteuert werden. Die Rente wird dazu in einen Zins- und einen Tilgungsanteil (Kapitalanteil) aufgeteilt. Der Zinsanteil unterliegt ab der ersten Rentenzahlung als nachträgliche Betriebseinnahme der Besteuerung, der Tilgungsanteil erst nach Verrechnung mit dem Buchwert einschließlich der Veräußerungskosten.

Bei Wahl dieser Variante besteht allerdings keine Möglichkeit, die Begünstigungen in Anspruch zu nehmen.

Praxistipp

Die letztgenannte Variante kann gerade beim Eintritt in den Ruhestand durchaus attraktiv sein. Aufgrund des Progressionseffekts fallen die Einkünfte geringer aus, sodass der mit dieser Variante verbundene Verlust der Inanspruchnahme der Begünstigungen wieder wettgemacht wird.

5.6 Veräußerung gegen Ratenzahlung

Die Kaufpreiszahlung in Form einer Leibrente darf nicht mit einem Praxisverkauf gegen Ratenzahlung verwechselt werden.

Wird zwischen Käufer und Erwerber eine Ratenzahlung des Kaufpreises für die Praxis vereinbart, wird dem Erwerber damit lediglich gestattet, den vereinbarten Kaufpreis in mehreren Raten zu begleichen.

Das klingt für den Erwerber erst einmal verlockend, für den Verkäufer ist eine solche Vertragsgestaltung allerdings mit Risiken verbunden. Der Verkäufer trägt in erster Linie das Risiko, dass der Erwerber über die Dauer der Ratenzahlung hinweg liquide bleibt. Das Risiko lässt sich durch Vereinbarung von Sicherheiten zwar reduzieren, aber dennoch nicht ganz ausschließen.

> ⚠ **Hinweis**
>
> Der Verkäufer muss in der Regel den Verkaufsgewinn sofort versteuern, was ihn durchaus in Liquiditätsprobleme bringen kann, wenn er nicht über ausreichend Rücklagen verfügt.

5.7 Umsatzsteuer

Die Veräußerung einer Arztpraxis unterliegt grundsätzlich nicht der Umsatzsteuer. In der Regel handelt es sich nämlich dabei um eine nicht steuerbare „Geschäftsveräußerung im Ganzen" (GiG).

Voraussetzung für eine Geschäftsveräußerung im Ganzen ist

*   die entgeltliche oder unentgeltliche Übertragung
*   der wesentlichen Grundlagen einer Praxis
*   im Ganzen
*   an einen anderen Arzt, der die Praxis weiterführt, vgl. BFH, Urteil vom 18.09.2008, Az. V R 21/07.

> **⚠ Hinweis**
>
> Gegen eine Geschäftsveräußerung im Ganzen spricht nichts, wenn eine der wesentlichen Grundlagen, welche die Arztpraxis ausmachen, nicht an den Erwerber der Praxis übergehen. Bleibt beispielsweise die Immobilie, in der die Praxis seit Jahrzehnten betrieben worden ist, im Eigentum des Verkäufers und werden die Räumlichkeiten parallel mit der Veräußerung an den Erwerber vermietet, so ist das für die Beurteilung der „Geschäftsveräußerung im Ganzen" in der Regel unproblematisch.

Liegen die Voraussetzungen für eine Geschäftsveräußerung im Ganzen nicht vor, dann ist die Veräußerung grundsätzlich umsatzsteuerpflichtig. Allerdings kann die Übertragung einzelner Wirtschaftsgüter wiederum nach den allgemeinen Regeln des Umsatzsteuerrechts von der Umsatzsteuer befreit sein. Das muss in jedem Einzelfall geprüft werden.

Eine Umsatzsteuerbefreiung kommt auch in Betracht, wenn im Zuge einer Geschäftsveräußerung im Ganzen bestimmte Sachen vom Veräußerer der Praxis vorab bereits verkauft werden, weil der Nachfolger diese beispielsweise nicht übernehmen will oder umgekehrt, der ausscheidende Arzt sie behalten möchte.

Sind von dem Arzt bisher fast ausschließlich umsatzsteuerfreie Leistungen in der Praxis erbracht worden, greift grundsätzlich die Umsatzsteuerbefreiung gemäß § 4 Nr. 28 UStG. Hiernach ist die Lieferung von solchen Sachen von der Umsatzsteuer befreit, wenn der Arzt sie selbst für umsatzsteuerbefreite Tätigkeiten – also bei Ärzten das Erbringen von Heilbehandlungen – in der Vergangenheit angeschafft und benutzt hat.

Anders sieht es hingegen im Hinblick auf sogenannte immaterielle Wirtschaftsgüter aus. Gemeint ist dabei in erster Linie der Praxiswert, also das, was man bei Unternehmen als „Goodwill" bezeichnet und mit dem der Patientenstamm untrennbar verbunden ist.

Unter steuerlichen Gesichtspunkten wird der Praxiswert seit geraumer Zeit als sogenannte sonstige Leistung – also nicht als Lieferung – behandelt. Verkauft ein Arzt kurz vor dem Eintritt in den Ruhestand seinen Patientenstamm und liegen die Voraussetzungen für eine Geschäftsveräußerung im Ganzen nicht vor, fällt Umsatzsteuer auf den Kaufpreis für den Patientenstamm an.

> ⚠ **Hinweis**
>
> Für den Erwerber der Praxis ist die Frage, ob Umsatzsteuer anfällt oder nicht, ebenfalls von Bedeutung. Handelt es sich nämlich nicht um eine Geschäftsveräußerung im Ganzen und liegt aufseiten des Verkäufers keine Steuerbefreiung i. S. d. § 4 Nr. 28 UStG vor, dann wird Umsatzsteuer fällig, für die der Erwerber aber keine Vorsteuer in Abzug bringen kann.

In der Regel wird der Erwerber der Praxis für den zu zahlenden Kaufpreis ein Darlehen aufnehmen müssen. Die dafür anfallenden Zinsen und Gebühren stellen im Zeitpunkt der Zahlung sofort abzugsfähige Betriebsausgaben beim Erwerber dar.

5.8 Grunderwerbsteuer

Nicht selten gehört ein Gebäude samt Grundstück zum Betriebsvermögen des Arztes, der seine Praxis an den Nachfolger übergeben will. Beides wird dann meist im Interesse des Verkäufers mit veräußert, um den Verkauf als begünstigte Betriebsveräußerung steuerrechtlich behandeln zu können.

Wird ein Grundstück veräußert, fällt grundsätzlich Grunderwerbsteuer an, und zwar ganz unabhängig davon, ob das Grundstück „im Paket" zusammen mit der Praxis auf den Nachfolger übergeht oder über die Praxis und das Grundstück zwei getrennte Kauf- und Übertragungsverträge geschlossen werden.

Bemessungsgrundlage für die Grunderwerbsteuer ist der Kaufpreis für den Grund bzw. das Gebäude.

Ausnahmsweise kann der sog. Grundstückswert gemäß § 8 Abs. 2 Grunderwerbsteuergesetz (GrEStG) als Bemessungsgrundlage dienen. Dies greift beispielsweise, wenn Anteile an einer Gemeinschaftspraxis veräußert werden, welche über Grundbesitz verfügt.

Die Steuersätze für die Grunderwerbsteuer schwanken von Bundesland zu Bundesland. Sie beträgt im Jahr 2018 in Bayern beispielsweise 3,5 %, im Saarland, Schleswig-Holstein und einigen anderen Bundesländern hingegen 6,5 %.

5.9 Steuerliche Auswirkungen für den Erwerber

Nicht nur auf der Verkäuferseite stellen sich zahlreiche steuerrechtliche Fragen rund um die Veräußerung einer Arztpraxis. Auch der Erwerber fragt sich, welche steuerrechtlichen Auswirkungen damit verbunden sind. In der Regel hat der Käufer einer Arztpraxis ein Interesse daran, den von ihm bezahlten Kaufpreis steuerlich in möglichst hohem Umfang und zudem zeitnah geltend zu machen. Schließlich dient die damit verbundene Steuerlast häufig dazu, den Kaufpreis für die Praxis überhaupt im Wege eines Darlehens finanzieren zu können. Dazu muss der Kaufpreis für die Praxis allerdings in „Einzelteile" zerlegt werden. Beträge, die für Wirtschaftsgüter des Anlagevermögens aufgewendet worden sind, dürfen über die jeweilige Nutzungsdauer hinweg gemäß § 7 EStG abgeschrieben werden. Diese Regelung gilt auch für die Anschaffungskosten des Praxiswerts. Nach einem Urteil des BFH vom 21.02.2017, Az. VIII R 7/14, berechtigt die Übertragung einer Vertragsarztpraxis nur dann zur Absetzung für Abnutzung (Afa) auf den Praxiswert und das Inventar, sofern die gesamte Praxis und nicht nur die Vertragsarztzulassung erworben worden ist. Zur Begründung führen die Richter aus, dass zwecks Ermittlung der Afa zwischen dem Erwerb der Praxis einschließlich Wirtschaftsgütern und Praxiswert und dem bloßen Erwerb des wirtschaftlichen Vorteils, der sich aus der Vertragsarztzulassung ergibt, zu unterscheiden ist. Erwirbt der Nachfolger die Praxis als einheitliches Chancenpaket, dann ist keine Aufteilung in ein immaterielles Wirtschaftsgut „Praxiswert" und andere immaterielle Wirtschaftsgüter (Vertragsarztzulassung, Patientenstamm) möglich. M. a. W., der Kassenarztzulassung kommt grundsätzlich kein gesonderter Wert zu. Sie ist vielmehr Teil des Praxiswerts und daher abzuschreiben.

Anders sei dies nur dann zu beurteilen, wenn es nur um die mit der Vertragsarztzulassung verbundenen Marktchancen gehe. Eine Abschreibung scheide in diesem Falle aus.

> **Praxistipp**
>
> In der Rechtsprechung ist eine Abschreibungsdauer des Praxiswerts einer Arztpraxis zwischen 3 und 5 Jahren anerkannt, bei einer Gemeinschaftspraxis beträgt sie in der Regel zwischen 6 und 10 Jahren.

5.10 Einbringen in eine Kooperation

Die Veräußerung der Praxis oder gar deren Aufgabe, wenn sich einfach kein Nachfolger finden lässt, stellt nur eine Möglichkeit dar, die Praxisübergabe zu gestalten.

💡 Praxistipp
Alternativ kann ein weiterer Arzt in die Praxis aufgenommen werden oder die Praxis kann in eine bereits bestehende Berufsausübungsgemeinschaft (BAG) oder ein Medizinisches Versorgungszentrum (MVZ) eingebracht werden. Ein derartiger Zusammenschluss ist nach den berufsrechtlichen Regelungen zulässig.

Beide Varianten stellen ein probates Mittel dar, um zum einen den Praxiswert zu erhalten und zum anderen das Einkommen des aus dem Berufsleben ausscheidenden Arztes für eine gewisse Zeit zu sichern.

Neben den sich aus § 103 Absatz 6 Satz 2 SGB V ergebenden Vorteilen durch Gründung einer Kooperation bietet dies zusätzlich steuerliche Vorteile.

⚠ Hinweis
Die Finanzverwaltung (BMF 11.11.2011 – IV C 2 – S 1978 – b/98/1001, BStBl. I 2011, 1314, Rn. 01.47) betrachtet das Einbringen einer (Einzel-)Praxis in eine BAG oder ein MVZ sowie die Aufnahme eines weiteren Arztes in die bestehende Praxis als Einbringung im Wege einer Einzelrechtsnachfolge, sofern gleichzeitig eine Geldeinlage oder die Einlage von Wirtschaftsgütern erfolgt.

Dabei ist zu bedenken, dass beim Einbringen einer Praxis in eine bereits bestehende BAG oder ein MVZ keine neue Personengesellschaft zur Gründung gelangt. Anders sieht es aus, wenn ein Arzt einen Kollegen in seine Einzelpraxis aufnimmt. Hier wird unterstellt, dass die Praxis mit allen materiellen und immateriellen Werten in eine fiktiv zu gründende Personengesellschaft eingebracht wird. An dieser (fiktiven) Gesellschaft beteiligt sich der neu hinzugekommene Kollege. Steuerlich betrachtet wird dies als Veräußerungsgeschäft eingeordnet, vgl. Urteil des BFH vom 26.01.1994, Az. III R 39/91.

 Hinweis

Wie oben bereits dargestellt, erstellen Ärzte in der Regel eine Einnahmen-Überschuss-Rechnung, machen also keinen Jahresabschluss mit Bilanz, Gewinn-und-Verlust-Rechnung etc.

Zum Zeitpunkt der Einbringung muss nun gemäß § 16 Absatz 2 Satz 2 EStG i. V. m. § 18 Absatz 3 EStG ein Wechsel in der Gewinnermittlung stattfinden. Dazu ist es notwendig, einen Bestandsvergleich vorzunehmen.

 Hinweis

Ein Übergang von einer Einnahmen-Überschuss-Rechnung zur Gewinnermittlung durch Bestandsvergleich ist ausnahmsweise nicht erforderlich, wenn die Einbringung zu Buchwerten erfolgt und die aufnehmende Personengesellschaft ebenfalls ihren Gewinn durch Einnahmen-Überschuss-Rechnung ermittelt.

In dem der Entscheidung des BFH vom 11.04.2013, Az. III R 32/12, zugrunde liegenden Sachverhalt ging es zwar um die Aufteilung einer Steuerberaterkanzlei in zwei Einzelunternehmen. Nach Auffassung der Finanzverwaltung (siehe dazu OFD Niedersachsen, 03.03.2017 – S1978d – 10 – St243) ist die „Realteilung" einer Personengesellschaft als umgekehrter Fall einer Einbringung zu betrachten, weshalb die Entscheidung des BFH auf die Einbringung i. S. d. § 24 UmwStG übertragbar ist.

Eine Bilanzierungspflicht besteht also im Wesentlichen dann noch, wenn die aufnehmende Personengesellschaft ihren Gewinn durch Betriebsvermögensvergleich ermittelt.

5.10.1 Aufnahme eines Kollegen in die bestehende Praxis

Die steuerliche Gestaltung stellt sich wie folgt dar:

* Wird mit der Aufnahme des Kollegen in der Praxis gleichzeitig ein Teil des Praxisvermögens an diesen – entsprechend seiner Beteiligungshöhe – veräußert, handelt es sich dabei um eine steuerlich nicht begünstigte Veräußerung i. S. d. § 18 Absatz 3 i. V. m. § 16 Absatz 1 Satz 1 Nr. 2 i. V. m. § 34 EStG. Die Veräußerung ist deshalb steuerlich nicht begünstigt, weil der veräußernde Arzt für einen vertraglich vereinbarten Zeitraum noch weiter in „seiner" Praxis tätig sein will.
* Gleichzeitig steht die Regelversteuerung des Veräußerungsgewinns im Raum.

Um eine sofortige Regelversteuerung des Veräußerungsgewinns zu verhindern, sind verschiedene Modelle mit unterschiedlichen Vor- und Nachteilen entwickelt worden.

Das Gewinnvorab- oder Gewinnverzichtsmodell

Dieses Modell funktioniert wie folgt: Der in die Praxis aufgenommene Arzt verpflichtet sich vertraglich, für einen gewissen Zeitraum auf seinen Gewinn (oder zumindest einen Teil davon) aus der Praxis zu verzichten. Stattdessen erhält der Veräußerer der Praxisanteile einen höheren Gewinnanteil, als ihm nach seiner Beteiligungshöhe eigentlich zustehen würde.

☀ Praxistipp

Zwingende Voraussetzung für das Funktionieren dieses Modells ist allerdings, dass der Kaufpreis der Höhe nach nicht festgelegt wird. Steht dieser nämlich fest, erzielt nach der Rechtsprechung des BFH der den Praxisanteil veräußernde Arzt einen Veräußerungsgewinn.

Ist für den Gewinnverzicht jährlich ein fester Betrag vorgesehen, steht folglich der Kaufpreis der Höhe nach fest.

> Das lässt sich umgehen, wenn vertraglich lediglich vereinbart wird, dass der in die Praxis aufgenommene Arzt in den nächsten fünf Jahren auf einen bestimmten Prozentsatz seines Gewinnanteils verzichtet und dieser Anteil dem veräußernden Arzt zufällt. Damit lässt sich erreichen, dass der „Verkaufserlös" erst zum Zeitpunkt des Zuflusses zu versteuern ist.

Sowohl für den Veräußerer als auch den Erwerber ist dieses Modell mit Unwägbarkeiten verbunden. Der eine kann nicht absehen, wie viel er tatsächlich für den Anteil an seiner Praxis an Verkaufserlös erzielen kann, der andere weiß nicht, was ihn der Einstieg in die Praxis unterm Strich kosten wird.

Die Nullbeteiligung

Einer vorübergehenden sog. Nullbeteiligung am Gesellschaftsvermögen einer BAG oder eines MVZ setzt das Vertragsarztrecht klare Grenzen. Nach der Rechtsprechung des Bundessozialgerichts (BSG) ist im Falle einer gemeinschaftlichen Berufsausübung nämlich sowohl eine Beteiligung am immateriellen als auch am materiellen Wert der Praxis notwendig. Dieser Auffassung hat sich auch der Bundesfinanzhof (BFH) angeschlossen und das hat Konsequenzen:

Dem neu hinzugekommenen Arzt, dessen Mitunternehmerrisiko gegen „null" tendiert, droht die lohnsteuerliche und sozialversicherungsrechtliche Einstufung als Arbeitgeber. Außerdem kann es passieren, dass sämtliche freiberuflichen Einkünfte in gewerbliche umgedeutet werden (sog. Abfärbetheorie).

Es ist deshalb notwendig, sowohl in steuerlicher Hinsicht eine Beteiligung an Gewinn und Verlust als auch eine Haftung und ggf. Teilnahme an der Geschäftsführung sicherzustellen.

5.10.2 Einbringen der Praxis in eine bestehende Personengesellschaft

Im ersten Schritt weitgehend steuerunschädlich lässt sich die Arztpraxis hingegen in eine bestehende Personengesellschaft einbringen und das Praxisvermögen weiter nutzen.

Wird der veräußerungswillige Arzt Mitunternehmer des BAG oder MVZ, dann kann das eingebrachte Praxisvermögen auf Antrag weiterhin mit dem Buchwert angesetzt werden, anstelle es mit dem gemeinen Wert anzusetzen.

> ### ☀ Praxistipp
>
> Eine Stellung als Mitunternehmer liegt nach dem Willen der Finanz-verwaltung nicht vor, wenn die Beteiligung des veräußernden Arztes bloß auf dem Darlehenskonto der aufnehmenden Gesellschaft gebucht wird.
>
> Anders sieht dies nur dann aus, wenn die Buchung auf dem Kapital-konto I erfolgt, weil damit untrennbar eine Gewährung von Gesell-schaftsrechten verbunden ist. Auf dem Kapitalkonto I müssen sich wenigstens die Verhältnisse der Gesellschaftsbeteiligung widerspie-geln. Das setzt freilich entsprechende gesellschaftsrechtliche Rege-lungen bzw. Gesellschafterbeschlüsse voraus.

Weitere Voraussetzung für eine steuerneutrale Umstrukturierung ist die Übertragung der wesentlichen Grundlagen der bisher geführten Praxis auf die Personengesellschaft. Eine steuerneutrale Umwandlung gelingt selbst dann, wenn Wirtschaftsgüter im Alleineigentum verbleiben und lediglich der Personengesellschaft zur Nutzung überlassen werden.

Als Veräußerungspreis gilt das eingebrachte Praxisvermögen, das auf Antrag gemäß § 24 Absatz 2 Satz 2 UmwStG statt mit dem gemeinen Wert mit dem Buchwert angesetzt werden kann. Es kommt also nicht zur Aufdeckung stiller Reserven und folglich entsteht kein Veräuße-rungsgewinn.

Schon zum Zeitpunkt der Aufnahme eines Kollegen in die Praxis oder der Einbringung der Einzelpraxis sollten die Bedingungen für die end-gültige Verabschiedung in den Ruhestand geregelt werden.

In beiden Fällen kommt es zu einer Veräußerung des gesamten Mitun-ternehmeranteils, was zugleich als begünstigte Praxisanteilsveräuße-rung zu behandeln ist.

5.11 Veräußerung eines Anteils an einer Gemeinschaftspraxis

Es muss sich nicht immer um eine Einzelpraxis handeln, aus der der Arzt alters- oder krankheitsbedingt ausscheiden will bzw. muss. Auch beim Ausscheiden aus einer Freiberufler-Personengesellschaft handelt es sich um einen Veräußerungstatbestand. Um den Veräußerungsgewinn ermitteln zu können, ist wiederum zwingend ein Übergang zur Gewinnermittlung nach § 4 Abs. 1 EStG notwendig.

Hingegen handelt es sich um eine Realteilung i. S. d. § 16 Abs. 2 Satz 2 und 3 EStG, wenn der Arzt als Gesellschafter seine Mitunternehmerschaft gänzlich beendet und die Wirtschaftsgüter in ein anderes Betriebsvermögen überführt werden. Es handelt sich also im Hinblick auf den ausscheidenden Arzt um eine Betriebsaufgabe.

Nach einem Urteil des BFH vom 17.09.2015, Az. III R 49/13, kann es sich selbst dann um eine Realteilung handeln, wenn der Mitunternehmer aus der Mitunternehmerschaft ausscheidet und dabei einen Teil des Betriebs mitnimmt, die verbleibenden Mitunternehmer das Unternehmen dann aber fortsetzen.

Die Realteilung stellt einen steuerneutralen Vorgang dar, soweit die vom ausscheidenden Gesellschafter übernommenen Wirtschaftsgüter weiter als Betriebsvermögen eingesetzt werden. Eine Fortführung zu Buchwerten ist also selbst dann möglich, wenn der ausscheidende Arzt lediglich einzelne Wirtschaftsgüter mitnimmt, nicht aber einen Teilbetrieb.

5.12 Erwerb der Praxis durch Schenkung oder Erbschaft

Nicht immer ist es notwendig, einen Dritten zu finden, der die Arztpraxis später einmal übernimmt. Der „Nachfolger" oder die „Nachfolgerin" ist in den eigenen Reihen zu finden und steht schon in den Startlöchern. Ein Familienmitglied möchte gerne in die Fußstapfen des „Seniors" treten und die Praxis fortführen. Das eröffnet die Möglichkeit, die Praxis noch zu Lebzeiten des „Seniors" im Wege einer vorweggenommenen Erbfolge an den Nachfolger zu übertragen.

> **⚠ Hinweis**
>
> Von einer „vorweggenommenen Erbfolge" ist immer dann die Rede, wenn eine Person zu Lebzeiten einen Teil ihres Vermögens an ein oder mehrere Familienmitglieder verschenkt, die im Erbfall das Vermögen ohnehin erhalten würden.

> **☀ Praxistipp**
>
> Hohe Vermögenswerte lassen sich auf diesem Wege ganz gezielt und insbesondere steuerfrei übertragen. Der Freibetrag (pro Kind liegt dieser derzeit bei 400.000 Euro und bei Ehegatten bei 500.000 Euro) kann nämlich alle zehn Jahre genutzt werden.

Andernfalls geht die Praxis mit Eintritt des Erbfalls auf die Erben über.

5.12.1 Das Erbrecht und die Praxisnachfolge

Verstirbt ein Arzt und hinterlässt er dabei eine Praxis einschließlich seiner Patienten, wirft das gleich eine ganze Reihe von Fragen auf: Was geschieht nun mit den Patienten? Wer wird Nachfolger in der Praxis? Wer erbt die Praxis? Die Antworten auf die Fragen 2 und 3 müssen dabei nicht zwingend identisch ausfallen.

Das Erbrecht „ignoriert" nämlich die berufsrechtlichen Besonderheiten, mit denen eine Praxisnachfolge zwangsläufig verbunden ist. Eine Arztpraxis ist unter erbrechtlichen Gesichtspunkten nichts anderes als ein Teil des Vermögens des Verstorbenen. Und das kann zu erheblichen Problemen führen.

 Hinweis

Tritt der Erbfall aufgrund des Todes eines Menschen ein, geht das Vermögen als Ganzes auf den oder die Erben über. Wer als Erbe berufen ist, bestimmt sich entweder durch gewillkürte Erbfolge oder durch gesetzliche Erbfolge.

Eine gewillkürte Erbfolge liegt immer dann vor, wenn der Erblasser zu Lebzeiten eine Verfügung von Todes wegen getroffen hat, also beispielsweise sein Testament gemacht hat. Darin hat er bestimmt, wer zu welchem Teil Erbe werden soll. Fehlt es an einer Verfügung von Todes wegen, tritt die gesetzliche Erbfolge ein.

Stolperfalle Vertragsarzt

Das Erbrecht macht allerdings keinen Unterschied danach, ob nun das Einfamilienhaus, die Jacht, ein bestimmtes Gemälde, das schon seit Generationen im Familienbesitz ist, oder eine Vertragsarztpraxis zur Erbmasse gehört. Diese wird nach den gleichen Regeln vererbt. M. a. W., die Vertragsarztpraxis geht im Erbfall als Ganzes auf den oder die Erben über – im schlimmsten Fall kann dies eine vielköpfige Erbengemeinschaft sein, die schon nach wenigen Wochen heillos zerstritten ist. Ist nur ein einziger Erbe vorhanden, ist dieser Alleinerbe.

Damit befinden wir uns nun mitten in dem Problem, das uns das Vertragsarztrecht an dieser Stelle beschert. Die Erben haben zwar das Vermögen in Form der Arztpraxis geerbt, dürfen freilich die Arztpraxis nicht ohne Weiteres fortführen. Als Erben treten sie zwar in sämtliche von dem Arzt geschlossenen Verträge ein.

 Hinweis

Die vertragsärztliche Zulassung endet hingegen automatisch mit dem Tod des Arztes. Dies ergibt sich aus § 95 Absatz 7 Satz 1 SGB V. Die Zulassung als Vertragsarzt ist nicht vererblich.

Allerdings besteht für die Erben nach dem Tod des Arztes die Möglichkeit, die Praxis für höchstens zwei Quartale durch einen anderen Vertragsarzt fortführen zu lassen. Dies ist aufgrund von § 4 Absatz 3 Bundesmantelvertrag-Ärzte (BMV-Ä) möglich. Die Zeit kann dann genutzt werden, um einen Nachfolger für die Praxis zu suchen.

Zulassungsvoraussetzungen

Das stellt freilich die nächste Hürde dar. Die Erben können über den Praxisnachfolger nicht selbst entscheiden. Vielmehr ist in der Regel ein öffentliches Nachbesetzungsverfahren gemäß den Regeln des § 103 SGB V durchzuführen.

> **☀ Praxistipp**
>
> Dem lässt sich entgegenwirken, wenn bereits zu Lebzeiten ein Kollege in die Praxis aufgenommen wird, der später die Nachfolge übernimmt.

Unabhängig davon, ob die Praxis nun im Wege der Erbfolge oder einer Schenkung übergehen soll, muss der Erbe oder Beschenkte die allgemeinen und die besonderen Zulassungsvoraussetzungen des § 103 Absatz 4 Satz 5 SGB V erfüllen:

Er muss u. a.
- über eine Eintragung im Arztregister verfügen
- die Anforderung an die notwendige berufliche Eignung
- das notwendige Approbationsalter sowie
- die Dauer der ärztlichen Tätigkeit
erfüllen.

Erst dann besteht die Aussicht auf eine vorrangige Berücksichtigung aufgrund der bestehenden Verwandtschaftsverhältnisse im Rahmen des Nachbesetzungsverfahrens. Hat der Erbe und Arzt die Bewilligung vom Zulassungsausschuss erhalten und ist die Übertragung des Praxisvermögens unentgeltlich erfolgt, ist dies steuerrechtlich als Vorgang gemäß § 6 Absatz 3 EStG zu werten.

Hinweis

Aufgrund der Übertragung kommt es folglich nicht zur Aufdeckung der im Praxisvermögen enthaltenen stillen Reserven.

Die übertragenen Wirtschaftsgüter müssen vom Nachfolger zwingend mit dem Buchwert angesetzt werden. An die ist der Nachfolger allerdings gebunden.

⚠ Hinweis

Gleichgültig, ob durch Erbfolge oder durch Schenkung: Im Falle der unentgeltlichen Übertragung auf einen Nachfolger fällt Erbschaftsteuer bzw. Schenkungsteuer an. Allerdings können dabei steuerliche Begünstigungen in Betracht kommen.

Die Erbschaftsteuer war in der Vergangenheit wiederholt ein Zankapfel – und nicht nur bei den Erben. Insbesondere stand immer wieder die Versteuerung von geerbtem oder durch Schenkung erworbenem Betriebsvermögen im Mittelpunkt der Diskussionen, das aufgrund der früheren Fassung des Erbschaftsteuergesetzes von der Erbschaftsteuer in weiten Teilen verschont blieb. Mit anderen Worten: Der Erbe von Betriebsvermögen war beim gleichen Vermögen deutlich bessergestellt als derjenige, der von Oma oder Tante Bargeld oder ein kleines Häuschen geerbt hatte. Diese Regelung hat das Bundesverfassungsgericht im Jahr 2014 gekippt und dem Gesetzgeber aufgegeben, eine neue, verfassungsgemäße Regelung zu schaffen.

Im Herbst 2016 ist dann das Gesetz zur Anpassung des Erbschaftsteuer- und Schenkungssteuergesetzes in Kraft getreten, das für Abhilfe sorgen sollte. Damit sind einerseits die alten Verschonungsregelungen teilweise verschärft worden, die Handhabung der Neuregelungen andererseits ist alles andere als einfach. Die §§ 13a, 13b ErbStG sehen unter gewissen Voraussetzungen eine Verschonung vor. § 13b Abs. 1 ErbStG sieht einen 85 %igen Verschonungsabschlag bis zu einem Schwellenwert von 26 Mio. Euro vor.

Die Regelverschonung ist allerdings an eine Reihe von Voraussetzungen geknüpft:

- Das sog. Verwaltungsvermögen darf nicht mehr als 50 % betragen.
- Die Lohnsumme beträgt nach fünf Jahren nicht weniger als 400 Prozent der Lohnsumme zum Zeitpunkt des Erbfalls.
- Der Nachfolger hat die Arztpraxis mindestens fünf Jahre fortgeführt.

👍 Beispiel

Ein Arzt vererbt im Jahr 2018 seine freiberufliche Praxis seiner Tochter. Das Verwaltungsvermögen beträgt 35 %, der Ertragswert beträgt 4 Mio. Euro. Die Praxis stellt begünstigtes Vermögen i. S. d. § 13b Absatz 1 Nr. 2 ErbStG dar. Das Verwaltungsvermögen beträgt weniger als 50 %, sodass die Regelverschonung zur Anwendung gelangt.

Begünstigtes Betriebsvermögen gemäß § 13b Absatz 1 ErbStG	4.000.000 Euro
./. Verschonungsabschlag i. H. v. 85 %	3.400.000 Euro
Verbleibt an begünstigtem Betriebsvermögen	600.000 Euro

Ein Abzugsbetrag nach § 13a Absatz 2 ErbStG kommt aufgrund der Höhe des verbleibenden Betrages nicht in Betracht.

Die Berechnung der Schenkungsteuer für die Tochter sieht wie folgt aus:

Verbleibendes begünstigtes Betriebsvermögen	600.000 Euro
./. Freibetrag gemäß § 16 Absatz 1 Nr. 2 ErbStG	400.000 Euro
= Steuerpflichtiger Erwerb	200.000 Euro
Schenkungsteuer (Steuersatz 11 %)	22.000 Euro

Alternativ kommt eine Verschonung des vererbten Praxisvermögens von 100 Prozent in Betracht, vorausgesetzt,

- der Nachfolger führt die Praxis im Kern mindestens sieben Jahre fort und
- die Lohnsumme beträgt nach diesen sieben Jahren nicht weniger als 700 Prozent der Lohnsumme zum Zeitpunkt des Erbfalls.

5.13 Die einzelnen Varianten aus steuerrechtlicher Sicht

5.13.1 Ertrags- und schenkungssteuerneutral: Die vorweggenommene Erbfolge

Die Übergabe bzw. Übernahme einer Arztpraxis sollte auch unter steuerrechtlichen Gesichtspunkten wohl überlegt und gut geplant werden. Andernfalls kann die Übergabe zu einer teuren Angelegenheit werden, die das ganze Vorhaben finanziell unattraktiv macht. Wer absehen kann, dass sich ein Nachfolger für die Praxis aus der eigenen Familie ergeben könnte, für den kann das Modell „vorweggenommene Erbfolge" vorzugswürdig sein.

Der Nachfolger als Erbe kann sich bereits geraume Zeit vor der eigentlichen Übergabe der Praxis bei den Patienten etablieren und Vertrauen bei den Patienten gewinnen. Mit neuen Ideen und Ansätzen kann er ggf. einen eigenen Patientenstamm aufbauen, vielleicht sogar die Angebote der Praxis erweitern. Die Variante hat zudem den Vorteil, dass dem Nachfolger im Nachbesetzungsverfahren in zulassungsbeschränkten Gebieten eine Sonderstellung zukommt. Unter steuerrechtlichen Gesichtspunkten ist insbesondere hervorzuheben, dass eine Übertragung des Praxisvermögens ertrags- und schenkungssteuerneutral erfolgen kann.

5.13.2 Gewinnrealisierung verschoben: Einbringung in eine Personengesellschaft

Nicht in jedem Fall lässt sich allerdings ein Nachfolger in der eigenen Familie finden. Kinder üben andere Berufe aus oder, falls sie sich doch für den Arztberuf entscheiden, wollen keine eigene Praxis führen. Die Anstellung in einem MVZ mag nicht nur finanziell lukrativer erscheinen, sondern gewährleistet eine Vereinbarung von Beruf und Familie besser.

Dann kann es sogar auf der Hand liegen, die Praxis in eine bereits bestehende Personengesellschaft in Form einer BAG oder eines MVZ einzubringen. Im Wege einer steuerneutralen Umwandlung entsteht ertragsteuerlich zunächst einmal kein Übergangsgewinn, welcher einer laufenden Besteuerung unterliegt. Erst im Falle der Beendigung der Tätigkeit, also dem Austritt aus der Gesellschaft bzw. dem Gesellschafterwechsel, kommt es zur Gewinnrealisierung aufgrund des Wechsels der Gewinnermittlungsart und Veräußerung des Mitunternehmeranteils.

5.13.3 Veräußerung an einen Dritten: Steuerbegünstigungen ausschöpfen

Als dritte und letzte Möglichkeit bleibt nur noch die Veräußerung der Einzelpraxis an einen Dritten – falls sich ein Käufer findet. Andernfalls bleibt nur die Praxisaufgabe. Hier bleibt nur die Möglichkeit, die Steuerbegünstigungen auszuschöpfen, soweit dies möglich ist.

5.13.4 Erwerber: Die Wahl zwischen Neugründung und Praxiskauf

Wer als Arzt vor der Wahl steht, entweder eine Praxis neu zu gründen oder eine bestehende zu übernehmen, wird ebenfalls abwägen. Beides ist mit finanziellen Risiken verbunden. Wer sich für eine Neugründung entscheidet, muss bei „null" anfangen, sich einen Patientenstamm aufbauen, Vertrauen gewinnen, hat zugleich keine „Altlasten" wie Mietverträge oder Arbeitsverträge mit dem Personal oder Laboren etc.

Wer sich für die Übernahme einer Praxis entscheidet, sollte allerdings sehr viel Sorgfalt auf die vertragliche Ausgestaltung legen und in Zusammenarbeit mit einem Steuerberater die Möglichkeiten einer Abschreibung des zu erwerbenden Praxiswerts sehr sorgfältig erörtern, damit es später keine bösen Überraschungen gibt.

6 Der Verkauf bzw. Erwerb aus rechtlicher und betriebswirtschaftlicher Sicht

Wer sich mit dem Gedanken trägt, seine Arztpraxis auf einen Dritten zu übertragen, oder wer als junger Arzt sich mit der Frage „Neugründung" oder „Kauf" einer bestehenden Praxis beschäftigt, steht vor sehr komplexen Fragestellungen. Neben zivil- und steuerrechtlichen Fragen spielt das Vertragsarztrecht eine nicht zu unterschätzende Rolle.

> **⚠ Hinweis**
>
> Vertragsärztlich muss nämlich sichergestellt werden, dass der Vertragsarztsitz auf den Nachfolger übergeht.

6.1 Der Vertragsarztsitz

Nur wer als Arzt über eine vertragsärztliche Zulassung, also einen sog. Vertragsarztsitz, verfügt, kann an der Vergütung der Behandlung gesetzlicher Versicherter teilnehmen. Die Zulassung wird vom Zulassungsausschuss erteilt. Mit der Zulassung wird der Arzt Mitglied der Kassenärztlichen Vereinigung (KV), was gleichzeitig bedeutet, dass er den vertragsärztlichen Rechten und Pflichten nachkommen muss.

> ⚠ **Hinweis**
>
> Hierzu gehört es unter anderem, eine Praxis zu unterhalten und dort Sprechstunden für die Patienten abzuhalten.
>
> Dies gilt selbst für Fachärzte, die für gewöhnlich nicht von Patienten aufgesucht werden, wie etwa einen Facharzt für Labormedizin, oder Ärzte, die ihre Leistungen schon aufgrund des Fachgebiets in der Regel in der Praxis eines anderen Arztes erbringen, wie beispielsweise Fachärzte für Anästhesie.

Für den Vertragsarztsitz ist also eine Praxis notwendig. Damit sind Räumlichkeiten gemeint, in denen die Patienten empfangen und behandelt werden können. Diese müssen so gestaltet sein, dass ein ordnungsgemäßer Praxisbetrieb möglich ist. Neben einer Praxisausstattung (Bestuhlung für Wartebereich, Möbel für die Behandlungsräume, Instrumente, Verbandsmaterial usw.) sind in der Regel je nach Fach zudem verschiedene Medizingeräte notwendig.

Ohne Personal lässt sich die Praxis in der Regel nicht betreiben. Angefangen beim Empfang, über die Unterstützung bei der Behandlung von Patienten bis hin zur Reinigung der Räumlichkeiten bedarf es personeller Unterstützung.

Früher hat das ausgereicht, damit ein Arzt sein „Auskommen" hatte. Heute ist es schon fast ein „Muss", neben der Eintragung im Telefonbuch zusätzlich über einen eigenen Webauftritt im Internet zu verfügen, um die Praxis und ihre Leistungsangebote zu präsentieren. Wer besonderen Wert auf die Gestaltung legt, wird ein Praxisdesign entwerfen lassen, das sich nicht nur im Webauftritt, sondern in den Räumlichkeiten sowie dem Informationsmaterial über die Praxis wiederfindet und so einen einheitlichen Auftritt vermittelt.

Wer sich nun mit dem Gedanken trägt, entweder seine Praxis zu verkaufen oder sich als Vertragsarzt mit einem Vertragsarztsitz niederzulassen, steht nun vor der Frage, was eigentlich alles „käuflich" ist und was nicht. Hier gelten erst einmal folgende Grundregeln: Sowohl eine Praxisausstattung als auch Medizingeräte lassen sich ohne allzu große Probleme verkaufen, sei es freihändig, sei es über Online-Börsen, die auf Praxisinventar spezialisiert sind, sei es an einen Nachfolger, der die Praxis übernehmen möchte. Beim Corporate Design einer Praxis wird es schon schwieriger, auch wenn ein „Verkauf" nicht unmöglich ist.

6.1.1 Ist die Zulassung als Vertragsarzt käuflich?

Ganz anders sieht es hingegen bei der Zulassung als Vertragsarzt aus. Die Antwort, ob dieser „verkauft" werden kann, lautet „Nein", und zwar ohne „Wenn" und „Aber". So hat es das Bundessozialgericht (BSG) bereits vor Jahren in einer Entscheidung klar zum Ausdruck gebracht. Die Begründung der Richter ist einfach und leicht nachvollziehbar: Bei der Zulassung eines Vertragsarztes handelt es sich um eine öffentlich-rechtliche Rechtsposition, welche dem Vertragsarzt vom Zulassungsausschuss erteilt wird. Über diese kann deshalb nicht im Rahmen eines zivilrechtlichen Vertrags, wie einem Praxiskaufvertrag, verfügt werden.

💡 Praxistipp
Der Käufer einer Arztpraxis erhält daher nicht automatisch eine Zulassung zur ambulanten vertragsärztlichen Versorgung! Dies hat jedoch keinen Einfluss darauf, dass eine Arztpraxis als solche (Inventar, Arbeitsverträge usw.) veräußerbar ist. Beides ist jedoch streng voneinander zu trennen – und dies gilt auch und gerade im Rahmen des Kaufvertrags.

6 Der Verkauf/Erwerb aus rechtlicher und betriebswirtschaftlicher Sicht

6.1.2 Die Zulassung als Vertragsarzt

Um eine Zulassung als Vertragsarzt zu erhalten, muss der Bewerber eine Reihe von Voraussetzungen erfüllen. Die Rechtsgrundlage für das Vertragsarztrecht enthält zum einen das Sozialgesetzbuch (SGB) V.

Welche Voraussetzungen im Detail erfüllt sein müssen, um eine Zulassung zum Vertragsarzt zu erhalten oder sie zu beenden, regelt zum anderen die Zulassungsverordnung für Ärzte (Ärzte-ZV). Unter anderem ist die Approbation als Arzt sowie der Abschluss einer allgemeinmedizinischen Weiterbildung oder einer Weiterbildung in einem anderen Fachgebiet erforderlich, § 3 Ärzte-ZV.

Sind alle Voraussetzungen erfüllt, ist grundsätzlich die Zulassung als Vertragsarzt für den Ort der Niederlassung zu erteilen. Soweit die grundsätzlichen Vorgaben. Allerdings gibt es mittlerweile zahlreiche Regionen, in denen es nach Auffassung der Krankenkassen zu viele Ärzte gibt. In einem solchen Fall wird eine Zulassungssperre verhängt, wodurch keine freie Zulassung erteilt werden kann. Hier bestehen erhebliche Hürden, wenn ein solcher Vertragsarztsitz nachbesetzt werden soll. In anderen Regionen stehen Ärzte hingegen vor ganz anderen Problemen: Sie suchen händeringend nach einem Nachfolger, finden aber trotz ernsthafter und oft jahrelanger Bemühungen keinen.

6.1.3 Nachbesetzungsverfahren

> ⚠ **Hinweis**
>
> Das Nachbesetzungsverfahren spielt nur in überversorgten Gebieten eine Rolle, § 103 SGB V.
>
> In allen anderen Planungsbereichen erhalten Ärzte auf Antrag beim Zulassungsausschuss ohne Weiteres eine Zulassung zur vertragsärztlichen Versorgung.

Um in einem solchen Gebiet, in dem Zulassungssperren angeordnet sind, die Möglichkeit zu eröffnen, eine Arztpraxis weitergeben zu können, hat der Gesetzgeber das sogenannte Nachbesetzungsverfahren

6 Der Verkauf/Erwerb aus rechtlicher und betriebswirtschaftlicher Sicht

geschaffen. M. a. W., es besteht für den Arzt, der seine Praxis aufgeben will, keine Möglichkeit, sich seinen Nachfolger selbst auszusuchen, so wie dies einem Unternehmer in einer anderen Branche möglich ist.

> **⚠ Hinweis**
>
> Der Nachfolger kann eine Arztpraxis also nur dann übernehmen, wenn ein anderer Arzt sich dazu entscheidet, auf seine Zulassung zu verzichten. Mit dieser Regelung hat der Gesetzgeber die einzige Möglichkeit geschaffen, eine Praxis in einem gesperrten Planungsbereich zu veräußern. Andernfalls wäre die Praxis unverkäuflich und damit wertlos. Denn ohne die Chance, gesetzlich versicherte Patienten zu behandeln, wird in vielen Fällen eine Praxis auf Dauer nicht wirtschaftlich betrieben werden können.

Der Ausschreibungsantrag

Für die Nachbesetzung eines Vertragsarztsitzes ist von dem Vertragsarzt, der über die Zulassung verfügt, gemäß § 103 Absatz 3a Satz 1 SGB V ein Antrag auf Durchführung eines Nachbesetzungsverfahrens zu stellen. Der Antrag ist an den zuständigen Zulassungsausschuss (ZA) zu richten. Das Nachbesetzungsverfahren ist unabhängig davon durchzuführen, ob es um die Nachbesetzung eines Vertragsarztsitzes in einer Einzelpraxis oder in einer Berufsausübungsgemeinschaft (BAG) geht. Der Antrag auf Ausschreibung kann jederzeit zurückgenommen werden. Mit dem Antrag auf Ausschreibung erklärt der abgebende Arzt allerdings, auf seine Zulassung in Zukunft verzichten zu wollen. Das kann freilich schnell zum Stolperstein werden, wenn sich nicht so schnell wie geplant ein Nachfolger finden lässt – was insbesondere in ländlichen Regionen durchaus zum Problem werden kann – oder der Interessent im letzten Moment dann doch noch abspringt. Ist der Verzicht erst einmal erklärt, kann er nicht mehr zurückgenommen werden.

> **Praxistipp**
>
> Der Verzicht sollte daher nur unter der aufschiebenden Bedingung erklärt werden, dass das Ausschreibungsverfahren tatsächlich erfolgreich abgeschlossen werden kann und eine Nachbesetzung gelingt.

6 Der Verkauf/Erwerb aus rechtlicher und betriebswirtschaftlicher Sicht

Ob ein Verzicht auf die Zulassung unter einer derartigen aufschiebenden Bedingung zulässig ist, ist allerdings bisher nicht abschließend von der Rechtsprechung geklärt. Es ist dennoch empfehlenswert, den Verzicht unter der Bedingung der bestandskräftigen Zulassung eines Nachfolgers zu erklären.

Das Ausschreibungsverfahren

Unverzüglich nach Eingang des Antrags ist der Vertragsarztsitz durch die Kassenärztliche Vereinigung in den amtlichen Bekanntmachungsblättern auszuschreiben, § 103 Absatz 4 Satz 1 SGB V. In der Ausschreibung ist das Fachgebiet, der Planungsbereich sowie die Form anzugeben, in der die Praxis bisher geführt wird, also beispielsweis in Form einer Einzelpraxis oder einer Berufsausübungsgemeinschaft.

Beim Nachbesetzungsverfahren handelt es sich um ein öffentlich-rechtliches Ausschreibungsverfahren, das jedem Arzt offenstehen muss. Sowohl dem Zulassungsausschuss als auch dem Vertragsarzt, der seine Praxis aufgeben will (bzw. dessen Erben – dazu mehr im Kapitel „Steuern) ist eine Liste der Bewerber zu überlassen.

 Hinweis

Der einzige Wermutstropfen an der Sache ist nun, dass derjenige, der seine Praxis aufgeben will, sich seinen Nachfolger nicht aussuchen kann. Das bleibt nämlich dem Zulassungsausschuss vorbehalten. Freilich können Wünsche des die Praxis abgebenden Arztes in einem gewissen Rahmen Berücksichtigung finden, bindend sind sie jedoch nicht. Das hängt mit dem öffentlich-rechtlichen Charakter des Verfahrens zusammen.

Neben der beruflichen Qualifikation spielt das Approbationsalter und die Dauer der ärztlichen Tätigkeit eine Rolle. Zudem ist eine mindestens fünf Jahre dauernde vertragsärztliche Tätigkeit in einem Gebiet erforderlich, in dem der Landesausschuss das Bestehen von Unterversorgung festgestellt hat.

Darüber hinaus ist zu berücksichtigen, ob es sich bei dem Erwerber um ein Mitglied aus dem „privilegierten" Personenkreis handelt. Mit dem im Jahr 2015 in Kraft getretenen GKV-Versorgungsstärkungsgesetz (kurz GKV-VSG) sind diesbezüglich erhebliche Änderungen eingetreten.

Nach der Gesetzeslage vor Inkrafttreten des GKV-VSG ist vom Zulassungsausschuss geprüft worden, ob es sich bei dem potenziellen Nachfolger

- um den Ehegatten, Lebenspartner oder ein Kind des bisherigen Vertragsarztes oder
- um einen angestellten Arzt oder einen Praxispartner handelt.

> **⚠ Hinweis**
>
> Mit dem GKV-VSG ist der Kreis der privilegierten Personen, bei deren Bewerbung ein Nachbesetzungsverfahren durchzuführen ist, geändert worden. Zum Kreis der „privilegierten Personen" gehören neben Ehegatten, Lebenspartnern oder Kindern des bisherigen Vertragsarzte nur noch jene Angestellten oder Partner in der Gemeinschaftspraxis, mit denen das Vertragsverhältnis mindestens bereits drei Jahre angedauert hat, es sei denn, der Anstellungsvertrag oder der Vertrag über die Gründung einer Gemeinschaftspraxis wurde noch vor dem Stichtag 05.03.2015 abgeschlossen, § 103 Abs. 3a Satz 5 und 6 SGB V.

Einen positiven Aspekt haben die Änderungen durch das GKV-VSG allerdings auch. Neu in den Kreis der „privilegierten Personen" hingegen wurden jene Ärzte aufgenommen, welche zuvor in einem unterversorgten Bereich tätig waren.

Jene Ärzte, die zugleich die Bereitschaft erklären, die Praxis in ein solches Gebiet des Planungsbereichs zu verlagern, in dem nach den Feststellungen der KV aufgrund der Ärztedichte noch ein Versorgungsbedarf vorhanden ist.

Hinweis

Stammt der potenzielle Nachfolger aus dem privilegierten Personen-kreis, besteht ein gewisser Vorrang bei der Auswahlentscheidung. Das bedeutet aber nicht, dass die Tochter/der Sohn oder der Praxis-partner zwangsläufig in die Fußstapfen des veräußerungswilligen Arztes treten werden.

Was es mit dem Aufkauf auf sich hat

Ebenfalls neu ist die Regelung, dass vom Landesausschuss der Ärzte und Krankenkassen eine Feststellung zu treffen ist, sofern der allge-meine bedarfsgerechte Versorgungsgrad nicht lediglich bloß um 10 % (mit der Folge einer Sperre), sondern um 40 % überschritten ist, § 103 Absatz 1 Satz 3 SGB V.

Hat der Landesausschuss der Ärzte und Krankenkassen eine derartige Feststellung getroffen, „soll" der Zulassungsausschuss dazu befähigt sein, den Antrag auf Durchführung eines Nachbesetzungsverfahrens abzulehnen, sofern eine Nachbesetzung des Vertragsarztsitzes aus Gründen der Patientenversorgung nicht erforderlich erscheint.

Von „Versorgungsrelevanz" ist insoweit die Rede. D. h., im Falle der Schließung der Praxis wäre es problemlos möglich, die Patienten durch andere in der Nähe befindliche Praxen versorgen zu lassen. Der Zulas-sungsausschuss muss daher sehr sorgfältig prüfen, ob diese Vorausset-zungen erfüllt sind. Handelt es sich nämlich gerade um eine besonders spezialisierte Praxis, ist eine Weiterbehandlung durch einen anderen Vertragsarzt nicht immer gewährleistet.

 Hinweis

Die Praxis wäre damit zwar nicht wertlos, aber würde deutlich an Wert verlieren. Um diesen wirtschaftlichen Nachteil auszugleichen, soll derjenige Arzt, der die Praxis abgeben will, durch die Kassenärzt-liche Vereinigung entschädigt werden. Diese Pflicht zur Ersetzung wird als „Aufkauf" bezeichnet.

Die Wahrscheinlichkeit, dass die Durchführung eines Nachbesetzungs-verfahrens vom Zulassungsausschuss unter diesem Gesichtspunkt abgelehnt wird, ist gering, aber nicht ganz von der Hand zu weisen. In der Regel gelingt es nämlich, die Versorgungsrelevanz der Praxis zu begründen, sodass sie von einem Nachfolger fortgeführt werden kann.

⚠ Hinweis

Ein Aufkauf lässt sich dadurch vermeiden, dass im Rahmen des Nach-besetzungsverfahrens die Verlegung der Praxis in eine Region des Planungsbereichs angekündigt wird, wo ein erhöhter Versorgungs-bedarf vorhanden ist.

Der Zulassungsausschuss hat seine Entscheidung nach pflichtgemäßem Ermessen zu treffen. Ein vom Zulassungsausschuss abgelehnter Bewer-ber kann gegen die Entscheidung Widerspruch einlegen, wobei dem Widerspruch eine aufschiebende Wirkung beikommt, § 96 Absatz 4 Satz 2 SGB V. Der Weg steht u. a. dem abgebenden Arzt bzw. dessen Erben zu. Zudem steht der Weg zu den Sozialgerichten offen.

⚠ Hinweis

Es steht damit immer ein Widerspruch oder gar die Klage vor dem Sozialgericht durch einen der Beteiligten am Verfahren im Raum.

Der Bewerber, der im Rahmen des Nachbesetzungsverfahrens zuge-lassen worden ist, darf jedoch nach allgemeiner Ansicht seine ver-tragsärztliche Tätigkeit nicht aufnehmen, wenn nicht ausnahms-weise der Sofortvollzug angeordnet worden ist.

M. a. W., der die Praxis veräußernde Arzt hängt „in der Luft". Verfahren vor den Sozialgerichten können langwierig sein und das kann im Zwei-fel dem Veräußerer die Existenz kosten.

6 Der Verkauf/Erwerb aus rechtlicher und betriebswirtschaftlicher Sicht

 Praxistipp

Die Situation lässt sich dadurch entschärfen, indem der veräuße-rungswillige Arzt mit den Bewerbern auf die Vertragsarztzulassung eine Vereinbarung schließt, wonach sie auf einen Widerspruch ver-zichten. Kann er eine solche Verzichtserklärung beim Berufungsaus-schuss bzw. dem Sozialgericht vorweisen, ist der Widerspruch bzw. eine Klage vor dem Sozialgericht unzulässig.

Der Praxisverkauf

Hat sich der Zulassungsausschuss für einen Bewerber als Nachfolger entschieden, ist die Praxis jedoch noch lange nicht verkauft.

 Hinweis

Die Zulassung darf dem Nachfolger nämlich nur erteilt werden, wenn er dazu bereit ist, die Praxis zum Verkehrswert als Kaufpreis zu erwerben.

Was unter dem „Verkehrswert" zu verstehen ist, hat der Gesetzgeber allerdings nicht näher definiert. Gemeint ist damit der Wert, der für eine Praxis in dieser Lage, mit diesem Patientenstamm, in diesem Fach-gebiet, mit dieser Ausstattung, dem zu erzielenden Einkommen, auf dem Markt zu erwarten ist. Erst wenn der Übernehmer bereit ist, den Verkehrswert der Praxis zu bezahlen, darf er vom Zulassungsausschuss ausgewählt werden.

 Hinweis

Für die Auswahlentscheidung durch den Zulassungsausschuss ist ein abgeschlossener Kaufvertrag über die Praxis keine Voraussetzung!

6.1.4 Verzicht zugunsten einer Anstellung in einem MVZ (oder bei einem ande-ren Vertragsarzt)

Mit dem MVZ ist eine Versorgungsform geschaffen worden, mit der die Zulassung dem MVZ als Gesellschaft erteilt wird. Sie ist aufgrund der Zulassung Träger der Rechte und Pflichten. Dem MVZ sind mehrere

6 Der Verkauf/Erwerb aus rechtlicher und betriebswirtschaftlicher Sicht

Sitze („Arztstellen") zugeordnet. Gesellschafter des MVZ und Vertragsärzte können dabei personenident sein, müssen es aber nicht. Das
eröffnet die Möglichkeit, selbst bei einem Gesellschafterwechsel den
Praxisbetrieb ohne Probleme weiterzuführen, denn anders als im Falle
eines Vertragsarztes, der mit Beendigung seiner Tätigkeit seine Zulassung verliert, tangiert ein Gesellschafterwechsel die MVZ-Gesellschaft
als Zulassungsträger nicht.

Theoretisch lässt sich ein MVZ mit einem Vertragsarztsitz gründen, vorausgesetzt, auf dem Sitz werden zwei Ärzte angestellt oder sind als
Vertragsärzte tätig. Limitiert wird die Größe des MVZ durch die Grenzen
aus der Bedarfsplanung, die für MVZ in gleichem Maße einschlägig sind
wie für niedergelassene Ärzte. Folglich ist eine Anstellung in einem
MVZ nur dann möglich, wenn eine freie Arztstelle vorhanden ist.

> **⚠ Hinweis**
>
> Voraussetzung für eine Anstellung ist daher zum einen ein freier
> Arztsitz zum anderen eine Genehmigung zur Anstellung, welche
> beim Zulassungsausschuss zu beantragen ist.
>
> Handelt es sich um einen gesperrten Planungsbereich, dann konkur-
> rieren MVZ mit niedergelassenen Ärzten um einen begehrten Arzt-
> sitz. Sie können gleichermaßen eine Bewerbung als Nachfolger auf
> einen zur Nachbesetzung ausgeschriebenen Arztsitz abgeben. Die
> Auswahlentscheidung erfolgt nach den gleichen Kriterien.

Verlagerung eines Vertragsarztsitzes in ein MVZ

Vom Gesetzgeber ist alternativ dazu die Möglichkeit geschaffen worden, einen Vertragsarztsitz in ein MVZ einzubringen, womit das MVZ
zugleich wachsen kann. Die Variante „Verzicht zugunsten einer Anstellung in einem MVZ" eröffnet die Möglichkeit, die Zulassung weiterzuge-
ben, ohne jedoch den komplizierten und langwierigen Weg über ein
Nachbesetzungsverfahren gehen zu müssen, dessen Ausgang ungewiss
ist. Hierbei verzichtet der ausstiegswillige Vertragsarzt auf seine eigene
Zulassung, lässt sich jedoch entweder bei einem anderen Vertragsarzt
oder einem MVZ anstellen.

Dieses Modell hat in der Vergangenheit an Beliebtheit gewonnen. In vielen Fällen führte dies jedoch dazu, dass immer weniger Vertragsarztsitze zur Nachbesetzung zur Verfügung standen. Ärzte, die ihre Praxis aufgeben wollten, traten entweder die Stelle im MVZ erst gar nicht an, so wie dies vereinbart war, oder arbeiteten dort nur wenige Monate. Die Stelle im MVZ wurde anschließend neu besetzt, der Arzt, der zuvor erst seine eigene Praxis aufgegeben hatte, verabschiedete sich in den Ruhestand.

Auch für die Patienten war dies mit erheblichen Nachteilen verbunden. Die Praxis in ihrem Ort war und blieb geschlossen, das MVZ, in dem „ihr" Arzt nun (vorübergehend) praktizierte, war nicht zwingend im selben Ort oder Ortsteil. Kollegen, die auf der Suche nach einem Vertragsarzt waren, war der Weg für eine Praxisübernahme ebenfalls versperrt. Der Verzicht auf die Zulassung erwies sich zunehmend als Umgehung der Ausschreibung im Rahmen eines Zulassungsverfahrens.

> **⚠ Hinweis**
>
> Dieses Problem hat auch das Bundessozialgericht (BSG) erkannt und in seinem Urteil vom 04.05.2016, Az. B 6 KA 21/15 R, dieser Vorgehensweise einen Riegel vorgeschoben. Die Richter haben in ihrem Urteil klargestellt, dass ein Arzt, der auf seine Zulassung als Vertragsarzt verzichtet, um eine Anstellung in einem MVZ oder bei einem anderen Vertragsarzt aufzunehmen, grundsätzlich drei Jahre in diesem Anstellungsverhältnis verbleiben muss, bevor diese Stelle durch einen Nachfolger im Wege einer Anstellungsgenehmigung neu besetzt werden darf.

Zudem haben die Richter in ihrer Entscheidungsbegründung sehr deutlich hervorgehoben, dass die Drei-Jahres-Frist im Falle der Übertragung eines Arztsitzes in erster Linie dazu dienen muss, das ansonsten notwendigerweise durchzuführende Nachbesetzungsverfahren einschließlich der Prüfung der Bedarfsnotwendigkeit auszuhebeln.

6 Der Verkauf/Erwerb aus rechtlicher und betriebswirtschaftlicher Sicht

> ### ⚠ Hinweis
>
> Das Modell ist daher nicht für Ärzte geeignet, die in Kürze ihre Vertragsarzttätigkeit vollständig aufgeben wollen.
>
> Sehr wohl eröffnet es die Möglichkeit zum langsamen „Ausschleichen" aus der Vertragsarzttätigkeit (siehe dazu weiter unten).

In den Augen des BSG handelte es sich dabei um ein ernsthaftes und drängendes Problem, denn sie erklärten, der Inhalt des Urteils sei bereits ab (der sehr viel früher erfolgenden) Urteilsverkündung und nicht erst, wie dies sonst üblich ist, ab Veröffentlichung der Urteilsgründe zwingend anzuwenden. Damit sind für sämtliche neuen Umwandlungsanträge ab dem 04. Mai 2016 die neuen Regelungen einschlägig.

> ### 💡 Praxistipp
>
> Im Zusammenhang mit der Verzichtserklärung einerseits und dem Antrag auf Anstellungsgenehmigung im MVZ andererseits muss entweder ein unbefristeter Arbeitsvertrag vorgelegt werden oder ein befristeter mit einer Dauer von mindestens drei Jahren.
>
> Während der Mindestdauer von drei Jahren muss der verzichtende Vertragsarzt jedoch nicht einen vollen Versorgungsauftrag ausüben. Zur Erläuterung: Eine Zulassung mit einem vollen Versorgungsauftrag muss vollzeitig (= mindestens 20 Sprechstunden persönlich/ Woche) ausgeübt werden und ist in der Bedarfsplanung mit dem Anrechnungsfaktor 1,0 zu berücksichtigen. Daneben besteht die Möglichkeit einer Teilzulassung (= mindestens 10 Sprechstunden persönlich/Woche), also eines hälftigen Versorgungsauftrags, der mit dem Anrechnungsfaktor 0.5 in der Bedarfsplanung zu berücksichtigen ist. Eine Teilzulassung darf dabei jedoch nicht mit einer Halbtagszulassung gleichgesetzt werden.
>
> Der verzichtende Vertragsarzt muss nun die drei Jahre nicht mit dem vollen Anrechnungsfaktor 1,0 absolvieren. Ein Jahr nach dem Verzicht kann der Beschäftigungsumfang über die restlichen zwei Jahre schrittweise jeweils um den Anrechnungsfaktor 0,25 reduziert werden.

6 Der Verkauf/Erwerb aus rechtlicher und betriebswirtschaftlicher Sicht

Das eröffnet einem anderen Kollegen des MVZ oder einem neu ein-
zustellenden Arzt die Möglichkeit, seinen Beschäftigungsumfang in
gleichem Maße schrittweise zu erhöhen. Sowohl die Erhöhung als
auch Reduzierung der Arbeitszeit ist der zuständigen Kassenärztlichen Vereinigung mitzuteilen. Der Zulassungsausschuss muss letztendlich über die Anträge eine Feststellung treffen.

Es gibt freilich Situationen, in denen es nicht möglich ist, die ange-
strebte Drei-Jahres-Frist tatsächlich zu absolvieren. Eine kürzere Tätigkeit ist dann unschädlich, wenn der früher zugelassene Vertragsarzt
mindestens drei Jahre tätig sein wollte, er aber aufgrund von Umständen, die bei Erklärung des Verzichts auf die Zulassung nicht bekannt
waren, einfach nicht mehr umsetzen kann. Sowohl eine Erkrankung als
auch andere gravierende Gründe, welche die ursprüngliche Berufs-
bzw. Lebensplanung über den Haufen werfen, spielen hier eine Rolle.

⚠ Hinweis

Je kürzer der verzichtende Vertragsarzt in seiner Anstellung tätig
war, umso höher sind die Anforderungen an den Nachweis jener
Umstände, mit denen es gilt nachzuweisen, dass ursprünglich die
Absicht bestanden hat, mindestens drei Jahre in dem Anstellungsverhältnis tätig zu sein.

6.2 Die Vertragsgestaltung

6.2.1 Der richtige Zeitpunkt

Wie wir oben bereits gesehen haben,

- ist es unter Umständen ein schwieriges Unterfangen, überhaupt einen Nachfolger für die Praxis zu finden
- muss das öffentlich-rechtliche Nachbesetzungsverfahren unabhängig davon durchlaufen werden.

M. a. W., beides muss parallel zueinander laufen, ohne sich jedoch gleichzeitig so weit aus dem Fenster zu lehnen, dass auf der Seite des Verkäufers der Verlust der Zulassung im Raum steht und sich der Kaufinteressent auf der anderen Seite schadenersatzpflichtig macht, wenn er doch noch abspringt.

Es bleibt also nichts anderes übrig, als Verhandlungen über die Veräußerung bereits geraume Zeit vor dem Zeitpunkt aufzunehmen, zu dem die Aufgabe der Praxis ins Auge gefasst wird.

 **Praxistipp**

Idealerweise ist mit den Vorbereitungen bereits deutlich vor Beginn der Ausschreibungen des Vertragsarztsitzes zu beginnen.

Sinn oder Unsinn: Praxisverkaufsanzeigen?

Ein öffentlich-rechtliches Nachbesetzungsverfahren macht freilich nur dann Sinn, wenn es überhaupt Bewerber um die Praxis und damit um die Zulassung gibt. Nicht immer stehen die Bewerber „Schlange", mitunter kommt es gar nicht so selten vor, dass sich gerade im ländlichen Bereich niemand auf die Ausschreibung hin meldet.

Keine Kaufinteressenten bedeuten freilich für den Praxisabgeber, dass er im Zweifel auf seiner Praxis sitzenbleibt, sie also – bis auf verwertbares Inventar – mehr oder weniger wertlos ist.

Was liegt also näher, als eine Verkaufsanzeige bezüglich der Praxis auf einem oder mehreren der einschlägigen Portale zu schalten?

HInweis

Mit einer solchen Verkaufsanzeige lassen sich zumindest mögliche Kaufinteressenten finden. Potenzielle Käufer der Praxis können sich die Praxis ansehen, einen Eindruck von der Ausstattung gewinnen, sich mit dem Umfeld, in dem sich die Räumlichkeiten befinden, vertraut machen. Der eine oder andere Interessent wird vielleicht erst aufgrund dieses Kontakts und der detaillierten Informationen und Eindrücke sich dazu entschließen, im Rahmen des Nachbesetzungsverfahrens eine Bewerbung einzureichen, auf die er andernfalls verzichtet hätte.

 Praxistipp

Gleichzeitig eröffnet das Vorgehen beiden Seiten die Möglichkeit, sich kennenzulernen. Manchmal stellt sich in den Vorgesprächen dann doch heraus, dass die „Chemie" nicht stimmt, ein zunächst ins Auge gefasster Interessent sich eben doch nicht als so ideal gerade für diese Praxis und diesen Patientenstamm erweist, weil die Vorstellungen doch zu weit auseinandergehen.

„Passt" hingegen alles, haben Praxisabgeber und Nachfolger die Gelegenheit, über die Details der Praxisübergabe zu verhandeln, die entsprechenden Verträge aufzusetzen und abzustimmen.

Erst der Kaufvertrag – dann das Nachbesetzungsverfahren?

Gerade wenn damit zu rechnen ist, dass sich nur wenige oder möglicherweise gar kein Nachfolger für die Praxis finden lässt, ist das Interesse aus der Sicht des Praxisabgebers besonders groß, einen übernahmewilligen Kollegen so früh wie möglich zu binden – und zwar noch bevor das offizielle Nachbesetzungsverfahren überhaupt in Gang gesetzt ist.

Theoretisch kann sich der verkaufswillige Arzt mit einem Kollegen darüber einigen, dass dieser die Praxis übernehmen soll. Das gilt gleichermaßen für den Ehepartner oder Kinder.

Das ist durchaus zulässig. Die Sache hat freilich einen Haken.

> ### ⚠ Hinweis
>
> Der Zulassungsausschuss hat lediglich zu prüfen, ob ein Antrag auf Durchführung des Nachbesetzungsverfahrens vorliegt. Der Umstand, dass der Arzt, der den Antrag gestellt hat, sich mit einem Nachfolger quasi schon „geeinigt" hat, ist für das Nachbesetzungsverfahren ohne jede Bedeutung.
>
> Ein Vertrag über den Verkauf der Praxis sollte daher unter der aufschiebenden Bedingung der Auswahlentscheidung des Zulassungsausschusses für den kaufwilligen Bewerber geschlossen werden.

Die Gefahr: Die Zulassung entfällt wieder

Folgendes Szenario ist also denkbar: Die Entscheidung über einen Nachfolger ist vom Zulassungsausschuss unter Berücksichtigung sämtlicher Kriterien gefallen. Der Arzt, der gerne in den Ruhestand gehen möchte, und der potenzielle Nachfolger können sich aber auf Gedeih und Verderb nicht auf einen Kaufpreis für die Praxis einigen.

> ### ⚠ Hinweis
>
> Die Zulassung des Übernehmers kann in diesem Fall wieder entfallen. Der Praxisabgeber hat bereits seinen Verzicht auf die Zulassung im Zusammenhang mit dem Antrag auf Durchführung eines Nachbesetzungsverfahrens gestellt. Damit ist seine Möglichkeit, die Praxis zu verkaufen und die Zulassung zu übertragen, ebenfalls weg.
>
> Die einzige Möglichkeit, die ihm jetzt noch bleibt, sind ggf. Schadenersatzansprüche gegen den ausgewählten Praxisnachfolger, mit dem keine Einigung erzielt werden konnte. Der Zulassungsausschuss hingegen ist raus aus der Sache.

6.2.2 Die Vertragsgestaltung im Falle der Übertragung einer Einzelpraxis

6.2.2.1 Notwendige Inhalte und Formen

Rein juristisch betrachtet, handelt es sich bei der Übernahme einer Arztpraxis um einen Kaufvertrag, für den die Regeln des Bürgerlichen Gesetzbuchs (BGB) einschlägig sind.

Damit ist gleichzeitig der Mindestinhalt (die „essentlalla negotii"), den ein Kaufvertrag i. S. d §§ 433 ff. BGB haben muss, durch das Gesetz festgelegt.

Bei einem Kaufvertrag sind dies

• der Name des Verkäufers und des Käufers
• die Kaufsache
• der Kaufpreis.

Das Ganze passt also – rein theoretisch – auf einen Bierdeckel. Allerdings sollte es niemand dabei belassen, denn beim näheren Hinsehen werden die Stolperfallen schnell sichtbar. Denn schon allein der Punkt „Kaufsache" zeigt, dass es nicht so einfach ist. Neben den materiellen Vermögenswerten sollen in der Regel auch Gegenstände des Anlage- und Umlaufvermögens (also das Inventar der Praxis, ein Pkw etc.) verkauft werden sowie der „Goodwill", also der rein ideelle Praxiswert.

 Praxistipp

Hin und wieder soll bloß die Kassenarztpraxis verkauft werden. Der Arzt, der als Verkäufer auftritt, möchte aber noch ein paar Jahre lang „seine" Privatpatienten weiter behandeln und sich mit dem Erwerber der Praxis die Praxisräume teilen. Auch eine solche Konstellation ist denkbar und zulässig, sollte aber vertraglich klar und deutlich vereinbart werden, um spätere Auseinandersetzungen zu vermeiden.

Für den Abschluss des Kaufvertrags gibt es grundsätzlich keine Formvorschriften. Er kann daher – theoretisch - mündlich oder konkludent geschlossen werden.

⚠ Hinweis

Anders sieht es hingegen aus, wenn sich die Praxis in Räumlichkeiten befindet, die im Eigentum des Praxisabgebers stehen. Will der Nachfolger das Gebäude (und damit das Grundstück) erwerben, besteht ein innerer Zusammenhang zwischen dem Vertrag, mit dem die Praxis verkauft wird, und dem Grundstückskaufvertrag.

In diesem Fall bedarf es neben dem Grundstückskaufvertrag auch beim Praxiskaufvertrag einer notariellen Beurkundung!

Unabhängig davon ist es jedoch dringend anzuraten, den Kaufvertrag über die Praxis in Schriftform abzuschließen.

 Hinweis

Schriftform ist nicht gleich „Textform". Was unter „Schriftform" zu verstehen ist, steht in § 126 BGB. Danach sind die Anforderungen an die Schriftform erfüllt, wenn die Vertragsurkunde eigenhändig mit dem Namen unterzeichnet worden ist oder mittels eines notariell beglaubigten Handzeichens unterzeichnet wurde.

Bei einem Vertrag in Textform fehlt es gerade an der Unterschrift. Ein Vertrag kann daher per E-Mail, SMS oder gar WhatsApp geschlossen werden – eben in Textform, nicht jedoch in Schriftform, weil es dabei an der notwendigen Unterschrift fehlt.

 Praxistipp

Der Praxisübernahmevertrag sollte zwingend mindestens die nachfolgenden Punkte regeln. Die Liste kann jedoch lediglich das Grundgerüst für den Kaufvertrag bilden. In jedem Einzelfall sind Anpassungen an die besonderen Umstände einer jeden Praxisveräußerung notwendig. Zudem gilt es, Wünsche von Verkäufer und Käufer zu berücksichtigen (z. B. welche Gegenstände ausdrücklich nicht mit verkauft werden sollen).

Im Praxisübernahmevertrag sind mindestens zu regeln:

- der Vertragsgegenstand
- der Kaufpreis
- das Inventar
- die Patientenkartei
- das Personal
- die Praxisräume (Mieträume)
- die Abwicklung bezüglich bestehender Honorarforderungen
- die Haftungsabgrenzung
- ein Rückkehrverbot

- die Vereinbarung der Schriftform.

Die Liste kann eine rechtliche (insbesondere auch eine steuerrechtliche) Beratung nicht ersetzen, sondern stellt lediglich eine Orientierungshilfe dar.

6.2.2.2 Praxisabgeber und Käufer

Gleich am Anfang des Vertrags sollten erst einmal dargelegt werden, um was es in dem Vertrag geht („Kaufvertrag") und welche Rollen („Verkäufer", „Käufer") die Parteien einnehmen.

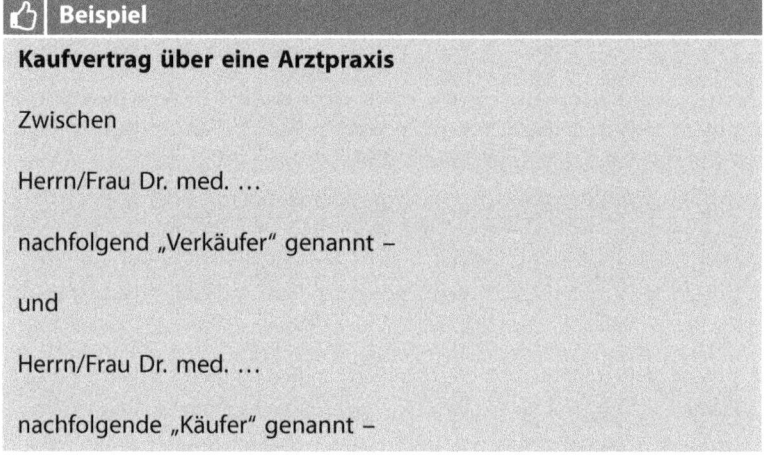

👍 **Beispiel**

Kaufvertrag über eine Arztpraxis

Zwischen

Herrn/Frau Dr. med. ...

nachfolgend „Verkäufer" genannt –

und

Herrn/Frau Dr. med. ...

nachfolgende „Käufer" genannt –

6.2.2.3 Die Präambel

Die Präambel des Kaufvertrags dient in erster Linie dazu, kurz und knapp einen Überblick darüber zu geben, um was es geht: nämlich den Verkauf einer Arztpraxis.

Sie soll deshalb vorab klarstellen, dass der Veräußerer Eigentümer von Geräten und Instrumenten ist. Deshalb müssen im weiteren Vertragstext Leasingobjekte gesondert erwähnt werden.

> 👍 **Beispiel**
>
> **Präambel**
>
> Herr/Frau Dr. med. … betreibt eine Praxis für … in …(Ort, Straße).
>
> Die Praxisräume sind gemietet. (Alternativ: Die Praxisräume stehen im Eigentum von Herrn/Frau Dr. med. … und werden an den Käufer unter den unten näher vereinbarten Konditionen vermietet.)
>
> Dies vorausgeschickt, vereinbaren die Parteien …

6.2.2.4 Vertragsgegenstand

Gegenstand des Kaufvertrags ist der Kauf der (näher zu bezeichnenden) Arztpraxis. Klargestellt werden sollte, dass nicht allein die vertragsärztliche Zulassung übernommen wird. Und damit wird es schon schwierig. Schließlich wird „die" Arztpraxis veräußert. Letztendlich handelt es sich dabei um nichts anderes als um einen Unternehmenskaufvertrag.

Gegenstand des Vertrags sind deshalb sowohl materielle als auch immaterielle Vermögenswerte der Arztpraxis, soweit sie veräußert werden sollen.

Den materiellen Wert der Praxis macht der Substanzwert aus. Damit sind beispielsweise das Mobiliar, die Geräte, Instrumente etc. gemeint. Hinzu kommt noch der immaterielle Vermögenswert. Dazu gehört der „Goodwill", der sog. Geschäfts- oder Firmenwert. Übertragen auf die Arztpraxis wird damit das Ansehen der Praxis bei den Patienten wie bei den Kollegen bezeichnet. Damit untrennbar verbunden sind die Chancen, die Praxis weiter zu betreiben oder gar noch auszubauen. Das setzt freilich voraus, dass die Patienten der Praxis „treu" bleiben, es also dem Nachfolger gelingt, die Patienten an sich zu binden.

6.2.2.5 Der Kaufpreis

Im Fokus der Verhandlungen bezüglich der Übernahme der Arztpraxis steht der Kaufpreis. Hier gehen die Interessen von Praxisabgeber und Nachfolger naturgemäß auseinander. Zudem gibt es nicht „das" Verfahren, um den Kaufpreis zu ermitteln. Deshalb gibt es auch nicht „den" Kaufpreis. Welche Methoden zur Verfügung stehen, um den Kaufpreis zu ermitteln, zeigt das Kapitel „Bewertung von Arztpraxen".

> **⚠ Hinweis**
>
> Nachfolgewillige Ärzte werden sich in der Regel bisher in einem Angestelltenverhältnis befunden haben. Bei ihnen steht in erster Linie die Frage im Raum, wie sich ihre Verdienstmöglichkeiten beim Kauf der Arztpraxis gestalten werden.
>
> Meist wird der mögliche Praxisnachfolger nicht über die finanziellen Mittel verfügen, um den im Raum stehenden Kaufpreis aufbringen zu können. Den Verdienstaussichten stehen also die Finanzierungskosten gegenüber.
>
> Daneben werden andere Kriterien wie das notwendige zeitliche Engagement sowie die Chance, mit speziellen Kenntnissen die Praxis noch ausbauen zu können, durchaus noch eine Rolle spielen.

Letztendlich ist es Verhandlungssache zwischen dem Praxisabgeber und dem möglichen Nachfolger.

Nachfolgewillige Ärzte werden sich anhand von Jahresabschlüssen und Quartalsabrechnungen (insbesondere aus dem 4. Quartal incl. Jahresabrechnung der KV) einen Eindruck hinsichtlich der Budgetauslastung gemacht haben. Ein besonderes Augenmerk sollte dabei auch darauf gerichtet werden, ob und ggf. in welcher Höhe die Gefahr einer Wirtschaftlichkeitsprüfung oder Plausibilitätsprüfung besteht.

Wie schon erwähnt, ist die Veräußerung einer Arztpraxis nichts anderes als ein Unternehmensverkauf. Und wie bei jedem Unternehmensverkauf wird „die Braut geschmückt", m. a. W., es wird hier und da ein wenig nachgeholfen, damit sich die Praxis nach außen hin möglichst positiv präsentiert. Damit die Abrechnungswerte möglichst gut aussehen, wird die Leistung optimiert. Solchen Stolperfallen auf die Spur zu kommen, ist nicht einfach. Es kann deshalb durchaus sinnvoll sein, einen Sachverständigen mit der Bewertung der Praxis zu beauftragen.

Im Zweifel sind Wertgutachten bei Geräten oder Instrumenten erforderlich. Ein besonderes Augenmerk sollte im Rahmen der Bewertung auf Besonderheiten der Praxis gerichtet werden, die der Nachfolger in dieser Weise möglicherweise nicht gewährleisten kann.

👍 Beispiel

Der Praxisabgeber beherrscht insgesamt 5 Sprachen und verfügt deshalb über einen hohen Anteil an ausländischen Patienten, welche die Praxis gerade deshalb aufsuchen, weil dort keine Sprachbarrieren bestehen.

Diesen „Service" kann der Nachfolger nicht bieten. Es muss daher damit gerechnet werden, dass ein Teil dieser Patienten abwandern wird. Ob neue Patienten durch den Nachfolger angesprochen werden können, ist zum Zeitpunkt des Vertragsabschlusses ungewiss.

Bei der Kaufpreisgestaltung ist unbedingt darauf zu achten, dass der Preis in einen materiellen und einen ideellen Kaufpreis aufgeteilt ist und diese Aufteilung angemessen ist.

⚠ Hinweis

Häufig vergeht zwischen dem Abschluss des Vertrags und dem Tag der Übergabe der Praxis an den Nachfolger ein längerer Zeitraum.

In diesem Fall kann es sinnvoll sein, den Preis ggf. variabel zu gestalten. Geräte können in dieser Zeit an Wert verlieren, der Patientenstamm kann sich verändern usw.

👍 Beispiel

Der Kaufpreis für die unter Punkt … näher beschriebene Arztpraxis beträgt Euro … (in Worten: …Euro). Die Veräußerung der Praxis ist umsatzsteuerfrei.

Dabei entfällt ein Teilbetrag in Höhe von … Euro auf den Verkauf von Geräten und Instrumenten gemäß dem beigefügten Anlageverzeichnis und ein weiterer Teilbetrag in Höhe von … Euro auf den Goodwill.

Der Praxisabgeber versichert dabei, dass der Kaufgegenstand nicht mit Rechten Dritter behaftet ist.

6.2.2.6 Die Abwicklungsmodalitäten

Nun geht es noch darum, die genaue Abwicklung des Kaufvertrags zu regeln. In dem Abschnitt zuvor ist lediglich die Höhe des Kaufpreises und dessen Aufteilung festgeschrieben worden. Jetzt geht es noch darum, festzulegen, zu welchem Termin der Besitz, die Nutzen und Lasten an der Praxis auf den Nachfolger übergehen sollen.

 Beispiel

Besitz, Nutzen und Lasten an der oben beschriebenen Praxis gehen auf den Nachfolger mit Wirkung zum …. (Datum) über.

Der Kaufpreis ist eine Woche nach Bestandskraft der Zulassung des Nachfolgers zur vertragsärztlichen Versorgung, frühestens jedoch am …(Datum), zur Zahlung fällig. Bei Zahlungsverzug ist der Kaufpreis ab Fälligkeit mit … Prozent p. a. zu verzinsen.

Der Kaufpreis ist in einem Betrag auf das Konto des Verkäufers bei der …. Bank … IBAN … zu überweisen.

6.2.2.7 Das Inventar

Es ist ausreichend, auf ein Inventarverzeichnis zu verweisen, das als Anlage beigefügt wird und damit zum Bestandteil des Vertrags wird. Voraussetzung ist freilich, dass das Inventarverzeichnis vollständig ist und nur jene Gegenstände auflistet, die zusammen mit der Praxis veräußert werden sollen.

⚠ **Hinweis**

Jene Geräte, die nicht mit verkauft werden sollen, weil sie der Praxisabgeber entweder in sein Privateigentum überführen oder der Nachfolger sie nicht übernehmen will, sollten trotzdem im Anlageverzeichnis aufgeführt und entsprechend gekennzeichnet werden.

Im Nachhinein kann sich nämlich niemand mehr daran erinnern, wie man bezüglich des Geräts „X" oder des Instruments „Y" verblieben ist. Meist gehen die Verhandlungen hin und her und am Ende fühlen sich Praxisabgeber oder Nachfolger „übers Ohr gehauen", weil nun plötzlich ein Gerät nicht mehr zum verkauften Praxisinventar gehören soll oder das Gerät mitverkauft wird, aber dem Praxisabgeber der Kaufpreis nun zu niedrig erscheint.

Neben der Auflistung der Sachen sollte auch der Zustand beschrieben werden und bis zum welchen Zeitpunkt noch Gewährleistungsrechte bestehen.

6.2.2.8 Patientenkartei und Schweigepflicht

Mit den Patienten steht und fällt die Praxis. Der bestehende Patientenstamm ist daher bares Geld wert und sichert dem Nachfolger sein Auskommen.

Während Geräte und Instrumente ohne Weiteres an den Nachfolger verkauft werden können, sieht es mit dem vorhandenen – geldwerten – Patientenstamm anders aus. Jeder Patient hat ein Recht auf informelle Selbstbestimmung. Zudem steht die Schweigepflicht gemäß § 203 Absatz 1 Satz 1 StGB im Raum. Beides spielt im Zusammenhang mit dem Praxisverkauf eine nicht unerhebliche Rolle.

§ 203 StGB Verletzung von Privatgeheimnissen

(1) Wer unbefugt ein fremdes Geheimnis, namentlich ein zum persönlichen Lebensbereich gehörendes Geheimnis oder ein Betriebs- oder Geschäftsgeheimnis, offenbart, das ihm als
   1. Arzt, Zahnarzt, Tierarzt, Apotheker oder Angehörigen eines anderen Heilberufs, der für die Berufsausübung oder die Führung der Berufsbezeichnung eine staatlich geregelte Ausbildung erfordert,
   2. ....
anvertraut worden oder sonst bekanntgeworden ist, wird mit Freiheitsstrafe bis zu einem Jahr oder mit Geldstrafe bestraft.

Nach ganz überwiegender Auffassung in der Rechtsprechung ist im Weitergeben von Patientendaten ohne Zustimmung des Patienten vom Veräußerer der Praxis an dessen Nachfolger ein „unbefugtes Offenbaren" von Geheimnissen im Sinne des § 203 StGB zu sehen. Um diese Konsequenzen zu vermeiden, gibt es mehrere Lösungsansätze.

Einwilligung der Patienten einholen

Die naheliegendste Lösung ist das Einholen der Einwilligung der Patienten. Der Nachfolger der Praxis hat grundsätzlich ein Interesse daran, die bisher vom Praxisabgeber angelegte Patientenkartei zu nutzen. Schließlich gibt diese – einmal vorausgesetzt, dass sie vollständig und sorgfältig geführt worden ist – einen guten Überblick über den Gesundheitszustand jedes Patienten, dessen Medikation und ggf. seine familiären Verhältnisse. Dem steht allerdings die ärztliche Schweigepflicht entgegen, wie oben bereits dargestellt.

Die ganz einhellige höchstrichterliche Rechtsprechung verlangt nun, dass der Praxisabgeber seinem Nachfolger die Patientenkartei nicht ohne klare und eindeutige Zustimmung jedes einzelnen Patienten zugänglich machen darf. „Zustimmung" ist dabei nicht gleichzusetzen mit „Genehmigung".

Eine Zustimmung ist stets vorab einzuholen – in diesem Fall also vor dem Zugriff auf die Patientenkartei des Praxisabgebers. Das Einholen einer Genehmigung im Nachhinein („Ich habe mir mal Ihre alte Karteikarte dazu geholt, Sie sind doch damit einverstanden") reicht nicht aus und stellt bereits einen Verstoß gegen die ärztliche Schweigepflicht dar.

Und noch eine Hürde stellt die Rechtsprechung auf. Die Einwilligung in die Übergabe muss nicht nur notwendigerweise vor der Übergabe der Praxis erfolgen, sondern zudem noch schriftlich.

 Praxistipp

Der Praxisabgeber muss also jeden einzelnen Patienten vor der Übergabe anschreiben und um die schriftliche Einwilligung zur Weitergabe seiner Patientendaten an den Nachfolger bitten. Das ist nicht nur mühsam, sondern wird in vielen Fällen nicht zum Erfolg führen.

Die Patienten erkennen die Notwendigkeit dieser Maßnahme meist nicht. Viele – selbst sehr gut formulierte – Schreiben einschließlich der vorbereiteten Einwilligungserklärung wandern in den Papierkorb. Das Problem ist für den Nachfolger damit nicht gelöst.

Der Nachfolger steht jetzt bei jedem Patienten vor dem Problem, dass er prüfen muss, ob die Einwilligung vorliegt. Zwar besteht die Möglichkeit, die Einwilligung noch vor der ersten Behandlung des Patienten im persönlichen Gespräch einzuholen. Das Ganze ist freilich mühsam, fehlerbehaftet und nicht sehr praxistauglich.

Die Alternative: Das sog. Zwei-Schrank-Modell

Um dieser oben aufgezeigten Problematik aus dem Weg zu gehen, erfolgt die Übergabe der Patientenkartei deshalb meist auf Grundlage der „Münchner Empfehlungen zur Wahrung der ärztlichen Schweigepflicht bei Veräußerung einer Arztpraxis".

Hierzu wird neben dem Kaufvertrag zusätzlich noch ein Verwahrungsvertrag geschlossen, wobei der Name das Prinzip schon beschreibt: Die Karteikarten müssen in zwei verschiedenen Schränken untergebracht werden.

Unproblematisch ist dabei der Schrank, der jene Karteikarten enthält, bei denen die Patienten bereits ihre Zustimmung erteilt haben. Der Nachfolger legt nun für jeden Patienten eine neue Karteikarte an. Die Altkartei, zu der keine schriftliche Zustimmung vorliegt, wird in einem separaten, vor dem Zugriff gesicherten Aktenschrank aufbewahrt. Sowohl der Praxisabgeber als auch der Nachfolger erhalten einen Schlüssel dazu.

Der Nachfolger verpflichtet sich nun, nur dann auf die separierte Altkartei Zugriff zu nehmen, wenn er zuvor die Einwilligung des Patienten eingeholt hat.

 Hinweis

Die Einwilligung kann – zur Sicherheit – schriftlich durch den Nachfolger eingeholt werden. Nach höchstrichterlicher Rechtsprechung soll es aber ausreichend sein, wenn der Patient seine Zustimmung durch schlüssiges Verhalten erklärt – indem er beispielsweise die

Praxis, die bereits durch den Nachfolger geführt wlrd, zur Behandlung aufsucht. Mit dem Aufsuchen der Praxis und dem Wunsch nach Behandlung erklärt der Patient also eindeutig und unmissverständlich sein Einverständnis in die Einsichtnahme der Alt-Kartei durch den Nachfolger.

Hat der Patient seine Einwilligung erteilt, geht das Eigentum an der Karteikarte des Patienten auf den Praxisnachfolger über.

 Hinweis

Das Verwahrungsverhältnis erfolgt entgeltlich – die Patientenkartei ist eine Position im Kaufvertrag. Um sich als Praxisabgeber zu schützen, ist es deshalb notwendig, Haftungserleichterungen, die ansonsten greifen würden, auszuschließen.

Eine Vertragsklausel, die eine Weitergabe von Patientendaten ohne deren Zustimmung vorsieht, ist nichtig.

Das kann allerdings weitreichende Konsequenzen haben. Denn unter bestimmten Voraussetzungen kann der gesamte Praxisübergabevertrag nichtig sein.

Grundsätzlich ist der gesamte Vertrag unwirksam, wenn eine einzelne Vertragsklausel nichtig ist. Diese Konsequenzen können der Praxisabgeber und der Nachfolger jedoch dadurch vermeiden, indem sie eine sogenannte salvatorische Klausel (siehe dazu weiter unten) in den Vertrag einfügen. Mit einer solchen Klausel bringen die Vertragsparteien zum Ausdruck, dass selbst dann, wenn eine einzelne Bestimmung des Vertrags sich als unwirksam erweisen sollte, am Vertrag festgehalten werden soll.

Allerdings ist nach höchstrichterlicher Rechtsprechung der gesamte Praxisübernahmevertrag trotzdem unwirksam, wenn der unwirksamen Bestimmung ein so wesentliches Gewicht beizumessen ist, dass nicht davon auszugehen ist, dass die Vertragsparteien den Vertrag ohne die Klausel abgeschlossen hätten. Das kann beispielsweise der Fall sein, wenn für die Patientenkartei ein gesonderter Teil des Kaufpreises entfällt und dieser im Vergleich zum Gesamtkaufpreis einen erheblichen Teil ausmacht. Im Urteil des BGH vom 11.10.1995, Az. VIII 25/94, waren es rund 50 Prozent.

Zudem steht die Gefahr von strafrechtlichen Ermittlungen wegen eines Verstoßes gegen die ärztliche Schweigepflicht zumindest im Raum.

Die Patientenkartei geht erst mit Übergabe der Praxis und vollständiger Bezahlung des Kaufpreises auf den Nachfolger über, vorausgesetzt, die schriftliche Einwilligungserklärung des Patienten liegt vor oder er hat durch sein Erscheinen in der Praxis schlüssig erklärt, vom Nachfolger behandelt zu werden.

Verweigert ein Patient die Einwilligung, sind die Patientenunterlagen vom Veräußerer der Praxis nach den berufsrechtlichen Regelungen zu verwahren.

6.2.2.9 Personal

Häufig erfolgt die Veräußerung der Praxis und die Übergabe nahezu nahtlos, schon aus dem Grund, den Patienten zu signalisieren, dass die (kassen-)ärztliche Versorgung weiterhin gewährleistet ist.

Wie schon dargelegt, handelt es sich beim Verkauf einer Arztpraxis um einen Unternehmensverkauf und das hat nun auch Auswirkungen auf das bisher in der Praxis angestellte Personal.

 Hinweis

Rein juristisch betrachtet liegt ein Betriebsübergang vor. Kraft Gesetzes tritt der Nachfolger gemäß § 613a BGB in die Rechte und Pflichten der zum Zeitpunkt des Praxisübergangs bestehenden Arbeitsverhältnisse ein.

Das hat sowohl Vor- als auch Nachteile. Zum einen entfällt die mühsame und zeitraubende Suche nach geeignetem Personal. Zum anderen ist der Nachfolger an Personal gebunden, das zwar fachlich gut ausgebildet ist, bei dem aber vielleicht von vornherein schon absehbar ist, dass sich eine Zusammenarbeit schwierig gestalten könnte. Die Vorstellungen über die Praxisführung gehen auseinander oder die Chemie stimmt einfach nicht. In anderen Fällen muss aufgrund einer geplanten Umgestaltung der Praxis durch den Nachfolger die Personaldecke reduziert werden. All das wird durch die gesetzliche Regelung des § 613a BGB erschwert.

 Praxistipp

In diesem Fall ist zwingend eine Vereinbarung zwischen dem Praxisabgeber und dem Nachfolger erforderlich. Der Praxisabgeber muss sich darin verpflichten, noch vor Übergang der Praxis den Mitarbeitern zu kündigen, die der Nachfolger nicht übernehmen will.

Im Praxisübernahmevertrag muss daher eine entsprechende Klausel aufgenommen werden.

Außerdem empfiehlt es sich bezüglich der Arbeitnehmer, die übernommen werden sollen, diese nicht nur namentlich im Vertrag aufzuführen, sondern ihre Arbeitsverträge als Anlage beizufügen sowie getroffene mündliche Abreden schriftlich abzufassen und ebenfalls zum Vertragsbestandteil zu machen.

 Hinweis

Der Erwerber haftet im Übrigen auch für die Lohnsteuer! Ein Blick in die Buchhaltung ist deshalb schon sinnvoll, um sicherzustellen, dass in der Vergangenheit die Lohnsteuer vollständig und fristgerecht abgeführt worden ist.

6.2.2.10 Praxisräume – Mietvertrag

Hinsichtlich der Räumlichkeiten, in denen sich die Praxis befindet, sind mehrere Varianten denkbar:

- Der Praxisabgeber hat sie angemietet
- Die Räume befinden sich in einem Gebäude, das dem Praxisabgeber gehört
  - und die Räume sollen an den Nachfolger vermietet werden
  - oder das Gebäude soll zusammen mit der Praxis an den Nachfolger verkauft werden.

Sind die Räume vom Praxisabgeber angemietet, ist zum einen ein Blick in den Mietvertrag angezeigt, zum anderen kann ein Gespräch mit dem Vermieter notwendig werden. Bisher war der Praxisabgeber Mieter und damit Vertragspartner.

 Hinweis

Der Vermieter muss in jedem Fall vom Mieterwechsel in Kenntnis gesetzt und dessen Zustimmung eingeholt werden.

Manche Praxismietverträge beinhalten bereits eine Klausel für den Fall der Praxisübergabe an einen Nachfolger. Fehlt eine solche Klausel, wird ein Austausch auf der Seite des Mieters in der Regel keine großen Probleme machen. Allerdings muss der Nachfolger damit rechnen, dass der Vermieter zum einen den Nachweis der Bonität des neuen Mieters verlangt und zum anderen die Gelegenheit dazu nutzt, an den Mietkonditionen etwas zu ändern.

Schließlich hat der Nachfolger ein Interesse daran, den Mietvertrag über die Praxisräume fortzuführen. Damit ist letztendlich ein Stück „Patientenbindung" verbunden. Selbst wenn sich neue Räume in der Nähe finden lassen, werden Wege für Patienten unter Umständen erschwert, weil sie durch öffentliche Verkehrsmittel nicht so gut erreichbar sind wie die alten Räumlichkeiten oder es an ausreichend Parkmöglichkeiten fehlt.

 Hinweis

In den neu abzuschließenden Mietvertrag bzw. in die Fortführung des alten Mietvertrags mit dem Praxisnachfolger als Mieter sollte eine Klausel aufgenommen werden, dass eine Kündigung innerhalb einer angemessenen Frist möglich ist, sofern der Nachfolger seine Praxis aufgrund einer Berufsunfähigkeit aufgeben muss.

Gehört das Gebäude dem Praxisabgeber und soll es an den Nachfolger vermietet werden, ist neben dem Praxiskaufvertrag ein Mietvertrag unter den Beteiligten abzuschließen.

Will der Nachfolger hingegen das gesamte Gebäude einschließlich der darin befindlichen Praxisräume gleichzeitig mit der Praxis kaufen, ist zu berücksichtigen, dass sowohl der Kaufvertrag über das Grundstück samt Gebäude wie auch der Praxiskaufvertrag der notariellen Beurkundung bedürfen.

> **☀ Praxistipp**
>
> Liegt die Erklärung über den Eintritt des Nachfolgers in den bestehenden Mietvertrag noch nicht vor oder ist der neue Mietvertrag noch nicht abgeschlossen, sollte der Praxiskaufvertrag unter der auflösenden Bedingung geschlossen werden, dass der Vermieter die notwendige Erklärung abgibt. Andernfalls hat der Nachfolger zwar – theoretisch – eine Praxis, aber keine Räume, in denen er seine Patienten behandeln kann, und Ersatzräume lassen sich nicht mal eben „schnell" in der näheren Umgebung finden.

6.2.2.11 Weitere Verträge

In der Regel existieren in der Arztpraxis zahlreiche weitere Verträge, die es zu sichten gilt und in jedem Einzelfall zu prüfen ist, ob der Vertrag übernommen werden soll oder nicht bzw. kann. Das gilt beispielsweise für Leasing-Verträge (medizinische Geräte, Kopierer etc.), bestehende Verträge mit Providern für Telefon, Fax oder die Website usw.

6.2.2.12 Honorarforderungen

Unbedingt geregelt werden sollte, wie die zum Zeitpunkt der Praxisübergabe bereits bestehenden Honorarforderungen zu behandeln sind. Das gilt sowohl für Forderungen gegenüber der Kassenärztlichen Vereinigung als auch aus privatärztlicher Tätigkeit.

Schließlich stehen die Forderungen, die bis zum Zeitpunkt der Übergabe bereits entstanden sind, dem Verkäufer zu. Es besteht also beispielsweise die Möglichkeit, die Forderungen, die zum Zeitpunkt des Übergabestichtags noch offen sind, durch den Praxisabgeber einziehen zu lassen. Sollen versehentlich Zahlungen an den Nachfolger geleistet werden, dann muss sich dieser dazu verpflichten, die eingenommenen Beträge an den Verkäufer auszukehren.

6.2.2.13 Haftungsabgrenzung

Im Hinblick auf mögliche Schadenersatz- und Schmerzensgeldansprüche für Behandlungsfehler sollte der Praxisabgeber den Nachfolger im Innenverhältnis freistellen.

6.2.2.14 Gewährleistungsrechte

Dem Nachfolger stehen Gewährleistungsrecht für Sach- und Rechtsmängel aus dem Kaufvertrag zu, also beispielsweise das Recht auf Mängelbeseitigung, Minderung, Rücktritt oder auf Schadensersatz.

In der Regel werden diese Gewährleistungsrechte im Falle eines Praxisübernahmevertrags ausgeschlossen.

Was davon unberührt bleibt, das sind die Fälle arglistiger Täuschung über bestimmte Eigenschaften der Praxis. Werden gefälschte Auswertungen über die Quartalszahlen vorgelegt oder falsche Angaben über den Patientenstamm gemacht, also Kriterien, die für den Wert der Praxis eine Rolle spielen, berechtigt dies den Nachfolger zur Anfechtung des Praxiskaufvertrags.

6.2.2.15 Rückkehrverbot (Konkurrenzschutzklausel)

Eine sogenannte Konkurrenzschutzklausel kann durchaus sinnvoll sein. Sie schützt den Nachfolger nämlich davor, dass sich der Praxisabgeber im näheren Umfeld erneut mit einer Praxis niederlässt und so zu einer ernsthaften Konkurrenz des Nachfolgers wird. Nur so lässt sich der Praxisstamm weitgehend erhalten.

👍 **Beispiel**

Konkurrenzschutzklauseln sind allerdings nicht unproblematisch. An sie werden strenge Anforderungen von der Rechtsprechung gestellt und wer sich nicht daran hält, muss mit der Unwirksamkeit der Klausel rechnen.

Insbesondere muss die Klausel sowohl im Hinblick auf den Gegenstand als auch räumlich und zeitlich eine Beschränkung enthalten.

Um festzulegen, welche Tätigkeit dem Praxisabgeber künftig unter-sagt sein soll, muss auf den Zweck der Praxis abgestellt werden. Eine Rolle spielt also das Fachgebiet sowie der Umstand, ob und inwie-weit bisher Privatpatienten behandelt worden sind und welchen Anteil die Kassenpatienten ausmachen.

In zeitlicher Hinsicht gilt eine Grenze von zwei Jahren als zulässig. Hinsichtlich der räumlichen Begrenzung ist der jeweilige Einzugsbe-reich zu berücksichtigen. Dabei ist jedoch stets zu beachten, dass dem Praxiabgeber noch ein wirtschaftliches Überleben möglich sein muss, wenn er weiter als niedergelassener Arzt tätig sein will. Eine Klausel, die ein nachvertragliches Wettbewerbsverbot im Falle einer bestehenden Zulassungssperre für das gesamte vertragsarztrechtli-che Planungsgebiet vorsieht, wäre aufgrund dieser Vorgaben nicht zulässig.

Dem Praxisabgeber steht für die Dauer der Konkurrenzschutzklausel im Übrigen eine Entschädigung zu. Es sollte dabei vereinbart wer-den, dass diese mit dem Kaufpreis abgegolten ist.

Zur Durchsetzung des Wettbewerbsverbots sollte eine Vertragsstrafe vorgesehen werden, die den Praxisabgeber verpflichtet, einen fest-gelegten Betrag pro Quartal beim Verstoß gegen die Konkurrenz-schutzklausel zu zahlen.

6.2.2.16 Die Zulassung als Wirksamkeitsvoraus-setzung

Ob der Kaufvertrag über die Praxis tatsächlich wirksam wird, sollte an eine Bedingung geknüpft werden.

Aufgrund des Umstandes, dass in aller Regel ein öffentlich-rechtliches Nachbesetzungsverfahren erforderlich ist, damit der Nachfolger zur kassenärztlichen Versorgung zugelassen ist, macht der Kauf aus der Sicht des möglichen Nachfolgers nur dann Sinn, wenn er die vertrags-ärztliche Zulassung auch tatsächlich erhält. Nur ausnahmsweise wird es gelingen, eine zuvor überwiegend durch Kassenpatienten geführte Pra-xis dauerhaft privatärztlich fortzuführen.

Deshalb ist es zwingend notwendig, vertraglich eine Verknüpfung der Wirksamkeit des Vertrags mit der Kassenarztzulassung des Nachfolgers zu vereinbaren.

☀	**Praxistipp**

Der Vertrag sollte daher unter dem Vorbehalt geschlossen werden, dass dem Nachfolger die Zulassung zur vertragsärztlichen Tätigkeit erteilt wird. Geschieht dies wider Erwarten nicht, haben beide Parteien das Recht, den Rücktritt vom Vertrag zu erklären.

Gleichzeitig verpflichtet sich der Praxisabgeber dazu, alles ihm Mögliche zu unternehmen, um zu erreichen, dass der Nachfolger zugelassen wird.

Insbesondere verpflichtet er sich dazu, das notwendige Nachfolgeverfahren zu betreiben und auf seine Zulassung zum Zeitpunkt der Bestellung seines Nachfolgers zu verzichten.

6.2.2.17 Übergangsregelung

Nicht selten streben die Vertragspartner einen „schleichenden" Übergang an. M. a. W., es wird vorübergehend eine Berufsausübungsgemeinschaft mit dem Nachfolger gegründet, um ihm den Einstieg in die Praxis zu erleichtern, dem Praxisabgeber zugleich einen langsamen Ausstieg aus dem Berufsleben zu ermöglichen.

Dieser Übergang muss vertraglich geregelt werden. Insbesondere muss das Ausscheiden des Praxisabgebers zu einem bestimmten Stichtag darin festgeschrieben werden, weil sonst die als Übergangslösung geplante Berufsausübungsgemeinschaft zur Dauerlösung werden könnte.

6.2.2.18 Schriftform

Wie schon dargelegt, ist es in jedem Fall empfehlenswert, den Praxiskaufvertrag in Schriftform abzufassen. Allzu gerne werden „Kleinigkeiten" ganz „nebenbei" dann noch mündlich abgesprochen. Früher oder später gibt es dann Streit darüber, was denn nun vereinbart worden ist.

Um dies zu vermeiden, sollte der Praxisübernahmevertrag eine klare und eindeutige Klausel enthalten, wonach sämtliche Ergänzungen oder Abänderungen des Vertrags der Schriftform bedürfen und mündliche Nebenabreden nicht getroffen worden sind.

6.2.2.19 Schiedsgericht

Die Erfahrung zeigt: Auch der beste Vertrag kann nie alle Eventualitäten abdecken. Gleichgültig, ob etwas trotz bester Vorbereitung vergessen wurde zu regeln oder die Parteien eine Klausel unterschiedlich verstehen, Ärger kann es immer geben.

Gerade bei einem Praxiskaufvertrag ist beiden Parteien in der Regel daran gelegen, die Sache so schnell wie möglich zu klären – und die Mühlen der Justiz mahlen bekanntlich langsam.

Eine deutlich schnellere Entscheidung lässt sich in der Regel durch die Einschaltung eines Schiedsgerichts erreichen. Auch unter einem anderen Gesichtspunkt ist die Klärung durch ein Schiedsgericht von Vorteil: Die Beteiligten können auf die Besetzung des Schiedsgerichts Einfluss nehmen. Dadurch ist die Besetzung des Schiedsgerichts mit Personen, die sich gerade auf diesem Rechtsgebiet besonders gut auskennen, gewährleistet.

Einen Haken hat die Sache freilich und deshalb sollten die Vertragsparteien das Für und Wider einer Einsetzung eines Schiedsgerichts abwägen: Der Weg zu den „normalen" Gerichten ist dann nämlich verwehrt. Fühlt sich eine der Parteien im Schiedsverfahren „über den Tisch gezogen", kann der Schiedsspruch anschließend nicht mehr durch ein Zivilgericht überprüft werden. Schließlich ist es ja gerade Sinn und Zweck des Schiedsverfahrens, schnell und unbürokratisch zu einer Entscheidung zu kommen.

👍 Beispiel

Für sämtliche Streitigkeiten aus diesem Vertrag sowie dessen Durchführung vereinbaren die Vertragsparteien die Anrufung eines Schiedsgerichts unter Ausschluss des ordentlichen Rechtswegs. Das Schiedsgericht soll auch über Forderungen entscheiden, hinsichtlich derer die Aufrechnung erklärt worden ist.

Das Schiedsgericht wird mit einem von den Parteien einvernehmlich zu benennenden Einzelschiedsrichter besetzt. Das Schiedsgericht entscheidet nach dem geltenden materiellen Recht.

6.2.2.20 Kosten rund um den Vertrag

Ohne juristische Beratung und ohne die Bewertung der Praxis ist ein Praxiskaufvertrag, der „Hand und Fuß" hat, kaum zu bewältigen. Es fallen daher Kosten rund um die Vertragsgestaltung an. Daher sollte der Vertrag eine Klausel enthalten, ob und ggf. wie die angefallenen Kosten aufzuteilen sind.

Die Kosten können hälftig geteilt werden, andere Aufteilungen sind möglich und frei aushandelbar.

Schon allein diese ausgewählten Punkte, die keinen Anspruch auf Vollständigkeit erheben, zeigen, dass die Formulierung eines Praxiskaufvertrags zahlreiche Stolpersteine beinhaltet. In sich nicht schlüssige Verträge, wichtige Punkte, die entweder gar nicht geregelt wurden oder zu denen es lediglich eine mündliche Absprache gibt, die im Nachhinein nicht mehr beweisbar ist, führen früher oder später zu Auseinandersetzungen bis hin zu Gerichtsverfahren. Eine fachkundige und vor allem frühzeitige Beratung ist daher unabdingbar.

6.2.2.21 Die salvatorische Klausel

Die Notwendigkeit, eine salvatorische Klausel in den Vertrag einzuführen, ist bereits an anderer Stelle kurz angedeutet worden. Sinn und Zweck der Klausel ist es, die Wirksamkeit des Vertrags zu erhalten, selbst wenn sich im Nachhinein ein einzelner Vertragsbestandteil als unwirksam erweisen sollte.

Die Vorschrift des § 139 Bürgerliches Gesetzbuch (BGB) beschreibt die Teilnichtigkeit: Erweisen sich Teile eines Rechtsgeschäfts als nichtig, dann ist das gesamte Geschäft nichtig, wenn nicht davon ausgegangen werden kann, dass es auch ohne den nichtigen Teil abgeschlossen worden wäre. Um nun in der Praxis zu vermeiden, dass ein ganzer Vertrag „hinfällig" ist, weil darin vielleicht ein Satz oder ein Absatz enthalten ist, der unwirksam ist, wird ganz am Ende eines Vertrags häufig eine salvatorische Klausel eingefügt. Eine feststehende Formulierung gibt es nicht, je nach Art des Vertrags kann daher die Klausel ein wenig anders zu formulieren sein.

 Beispiel

Sollten einzelne Bestimmungen des Vertrags unwirksam oder undurchführbar sein, bleiben die übrigen Inhalte des Vertrags davon unberührt.

Sollten sich Teile des Vertrags als nichtig oder lückenhaft erweisen, verpflichten sich die Vertragsparteien zudem zu einer inhaltlichen Anpassung.

 Beispiel

An die Stelle einer unwirksamen oder nicht durchführbaren Bestimmung soll eine wirksame oder durchführbare Bestimmung treten, die in ihren Wirkungen den Zielsetzungen des Vertrags am nächsten kommt, welche die Vertragsparteien mit der unwirksamen oder nicht durchführbaren Bestimmung angestrebt haben.

6.2.3 Die Vertragsgestaltung im Falle der Übertragung einer Beteiligung an einer Praxis

Handelt es sich um eine Berufsausübungsgemeinschaft, aus der einer der Kollegen als Gesellschafter aussteigen will, sieht die Vertragsgestaltung ein wenig anders aus. Grundsätzlich sind zwei Varianten denkbar.

Erste Möglichkeit: die Anteilsübertragung

Der Praxisabgeber kann seinen Gesellschaftsanteil an der Berufsausübungsgemeinschaft an den Nachfolger direkt übertragen. Die Rede ist in diesem Zusammenhang von einem Anteilsübertragungsmodell. Der Vertrag wird in diesem Fall zwischen dem ausscheidewilligen Arzt und dessen Nachfolger geschlossen. Der Vertrag sollte unter dem Vorbehalt geschlossen werden, dass der Nachfolger durch den Zulassungsausschuss diesen Vertragsarztsitz des ausscheidenden Gesellschafters erhält.

Zusätzlich ist der Vertrag über die Gemeinschaftspraxis entsprechend anzupassen. Darin ist die Aufnahme des Nachfolgers zu regeln.

 Hinweis

Die Anteilsübertragung in einer Gemeinschaftspraxis, welche in der Rechtsform einer Gesellschaft bürgerlichen Rechts (GbR) geführt wird, bedarf der Zustimmung sämtlicher Gesellschafter. Ein Gesellschafterwechsel bedingt daher immer eine Änderung des Gesellschaftsvertrags.

Zweite Möglichkeit: der Doppelvertrag

Wie die Bezeichnung es schon andeutet, bei dieser Variante werden zwei Verträge geschlossen. Im ersten Schritt schließen die in der Praxis verbleibenden Ärzte mit dem ausscheidenden Arzt einen Vertrag. Ein weiterer Vertrag wird zwischen dem Nachfolger und den in der Gemeinschaftspraxis verbleibenden Ärzten geschlossen. Eine vertragliche Beziehung kommt – im Gegensatz zum Modell der Anteilsübertragung – zwischen dem ausscheidenden Arzt und dessen Nachfolger nicht zustande.

Im Rahmen dieser Vertragsgestaltung wächst der Gesellschaftsanteil des ausscheidenden Arztes durch den Abschluss des ersten Vertrags den übrigen Gesellschaftern (= Ärzten) zu. Im zweiten Vertrag übertragen die verbleibenden Gesellschafter dem Nachfolger des ausscheidenden Arztes einen Geschäftsanteil.

Dieses Modell lässt sich allerdings in einer Gemeinschaftspraxis, die lediglich aus zwei Ärzten besteht, oder einer Gemeinschaftspraxis, aus der alle Ärzte bis auf einen aussteigen wollen, nicht umsetzen. Das führt nämlich zur Beendigung der Gesellschaft. Ein Fortführen der Gesellschaft mit nur einem Gesellschafter ist nicht möglich. M. a. W., will nun ein Gesellschafter neu hinzutreten, muss die Gesellschaft erst einmal wieder neu gegründet werden.

Mit dem ausscheidenden Gesellschafter ist ein Austrittsvertrag zu schließen, der insbesondere die Rechnungsabgrenzung sowie die Haftung und Freistellungsverpflichtungen der verbliebenen Gesellschafter regelt. Zudem muss eine Abfindungszahlung vereinbart werden.

Mit dem Nachfolger ist ein Eintrittsvertrag mit nahezu identischem Inhalt zu schließen. Statt der Abfindungszahlung ist hier freilich der Kaufpreis zu vereinbaren.

7 Besondere Aspekte bei der Praxisübergabe

7.1 Übergabe von Patientendaten

Ein eminent wichtiger Aspekt, der bei der Praxisübergabe auftritt, ist das Thema Übergabe der Patientendatei. Grundlage für die Beurteilung sind hier zunächst die generellen ärztlichen Dokumentations- und Aufbewahrungspflichten.

> **⚠ Hinweis**
>
> Im Rahmen dieses Themenkomplexes kommt m. E. auch den Vorgaben der neuen Datenschutz-Grundverordnung (DSGVO) massive Bedeutung zu (s. Kapitel 7.2).

7.1.1 § 10 MBO-Ärzte als Basis für ärztliche Aufbewahrungs- und Dokumentationspflichten

Laut § 10 der Muster-Berufsordnung für Ärzte (MBO-Ärzte) hat der Arzt über die in Ausübung seiner ärztlichen Tätigkeit gemachten Feststellungen und die getroffenen Maßnahmen die erforderlichen Aufzeichnungen zu machen (Dokumentationspflicht).

§ 10 MBO-Ä

(1) Ärztinnen und Ärzte haben über die in Ausübung ihres Berufes gemachten Feststellungen und getroffenen Maßnahmen die erforderlichen Aufzeichnungen zu machen. Diese sind nicht nur Gedächtnisstützen für die Ärztin oder den Arzt, sie dienen auch dem Interesse der Patientin oder des Patienten an einer ordnungsgemäßen Dokumentation.

(2) Ärztinnen und Ärzte haben PatientInnen und Patienten auf deren Verlangen in die sie betreffende Dokumentation Einsicht zu gewähren, soweit der Einsichtnahme nicht erhebliche therapeutische Gründe oder erhebliche Rechte der Ärztin, des Arztes oder Dritter entgegenstehen. Auf Verlangen sind der Patientin oder dem Patienten Kopien der Unterlagen gegen Erstattung der Kosten herauszugeben.

(3) Ärztliche Aufzeichnungen sind für die Dauer von zehn Jahren nach Abschluss der Behandlung aufzubewahren, soweit nicht nach gesetzlichen Vorschriften eine längere Aufbewahrungspflicht besteht.

(4) Nach Aufgabe der Praxis haben Ärztinnen und Ärzte ihre ärztlichen Aufzeichnungen und Untersuchungsbefunde gemäß Absatz 3 aufzubewahren oder dafür Sorge zu tragen, dass sie in gehörige Obhut gegeben werden. Ärztinnen und Ärzte, denen bei einer Praxisaufgabe oder Praxisübergabe ärztliche Aufzeichnungen über Patientinnen und Patienten in Obhut gegeben werden, müssen diese Aufzeichnungen unter Verschluss halten und dürfen sie nur mit Einwilligung der Patientin oder des Patienten einsehen oder weitergeben.

(5) Aufzeichnungen auf elektronischen Datenträgern oder anderen Speichermedien bedürfen besonderer Sicherungs- und Schutzmaßnahmen, um deren Veränderung, Vernichtung oder unrechtmäßige Verwendung zu verhindern. Ärztinnen und Ärzte haben hierbei die Empfehlungen der Ärztekammer zu beachten.

Die ärztlichen Aufzeichnungen müssen also für die Dauer von 10 Jahren nach Abschluss der Behandlung aufbewahrt werden, soweit nicht nach gesetzlichen Vorschriften eine längere Aufbewahrungspflicht vorgeschrieben ist oder der Arzt aus medizinischen Gründen eine längere Aufbewahrung für erforderlich hält. Nachfolgend eine Übersicht der wichtigsten Aufbewahrungsfristen;

Arbeitsunfähigkeitsbescheinigungen (Teil 1c)	1 Jahr
Berufsgenossenschaftliche Verletzungsartenverfahren	20 Jahre
Betäubungsmittelrezepte (Durchschriften)	3 Jahre
Betäubungsmittelkartei	3 Jahre
Befunddokumentationsblätter: • Früherkennung auf Krebserkrankungen Frauen/Männer • Gesundheitsuntersuchung (Erwachsene)	5 Jahre

Blutprodukte und genetisch hergestellte Plasmaproteine zur Behandlung von Hämostasestörungen (Aufzeichnungen einschließlich EDV-erfasster Daten bei Anwendung)	15 Jahre
Durchgangsarztverfahren (Aufzeichnungen) einschließlich Röntgenbilder	15 Jahre
Jugendarbeitsschutzuntersuchungen (Untersuchungsbogen)	10 Jahre
Kinder-Früherkennungsuntersuchung (Aufzeichnungen)	10 Jahre
Laborqualitätssicherung (Kontrollkarten, Ringversuchszertifikate)	5 Jahre

Patientenkartei (nach der letzten Behandlung), z. B.
• ärztliche Aufzeichnungen einschließlich Untersuchungsbefunde, Laborbuch
• Befundmitteilungen z. B. über
  – EEG
  – EKG (auch Langzeit-EKG)
  – Röntgendiagnostik
  – sonographische Untersuchungen (Fotos)
• Durchschriften von Arztbriefen (eigene und fremde)
	10 Jahre

Röntgenbilder	10 Jahre
Röntgenbilder von Personen, die das 18. Lebensjahr noch nicht vollendet haben	Bis zur Vollendung des 28. Lebensjahres dieser Person
Sicherungskopien der Quartalsabrechnung	mind. 16 Quartale
Strahlentherapie (Röntgenbehandlungen sowie über Behandlungen mit radioaktiven Stoffen und ionisierenden Strahlen) - Aufzeichnungen	30 Jahre
Überweisungsscheine	1 Jahr
Zytologische Befunde und Präparate	10 Jahre

Tab. 8: Aufbewahrungsfristen für ärztliche Aufzeichnungen und Patientenunterlagen

Sie können Ihren Dokumentations- und Aufbewahrungspflichten durchaus noch in der herkömmlichen Weise in Papierform nachkommen, allerdings dürfte es wohl kaum noch eine Praxis geben, die so vorgeht. In der Regel ist also die elektronische Speicherung mittels EDV maßgeblich. Nach § 10 Absatz 5 MBO-Ärzte müssen besondere Sicherungs- und Schutzmaßnahmen ergriffen werden, um die

• Veränderung,
• Vernichtung oder
• unrechtmäßige Verwendung der elektronischen Daten

zu verhindern.

7.1.2 Vorgaben bezüglich der Praxisaufgabe

Auch wenn Sie Ihre Tätigkeit als niedergelassener Arzt beenden, sind Sie weiter zur Aufbewahrung der Patientendaten verpflichtet. Beim Tod eines Arztes geht die Aufbewahrungspflicht auf die Erben über.

> ⚠ **Hinweis**
>
> Verstirbt ein Arzt, ohne dass ein Erbe ermittelt werden kann, muss m. E. der Staat (bzw. das Bundesland des Verstorbenen) als gesetzlicher Erbe die Aufbewahrungspflichten übernehmen.

Bei der Beendigung der ärztlichen Tätigkeit werden zwei Varianten unterschieden:

1. Beendigen der Tätigkeit ohne Nachfolger
2. Beendigen der Tätigkeit und Übergabe an einen Nachfolger

Beendigung der Tätigkeit ohne Nachfolger

Bezüglich der Aufbewahrungsvorgaben gilt laut Informationen der KVB (hier stellvertretend für andere KV) Folgendes:

1. Die Aufbewahrung der elektronischen Patientendaten in eigenen (ggf. angemieteten) Räumen ist möglich. Die Einsichtnahme durch unberechtigte Dritte muss allerdings ausgeschlossen sein. Außerdem ist eine Zugriffsmöglichkeit für betroffene Patienten und eine Lesbarkeit der Daten für die Dauer der Aufbewahrungsfrist sicherzustellen.
2. Die Patientenkarteien dürfen auch in „gehörige Obhut" gegeben werden (bspw. zu einem ärztlichen Kollegen). Dieser Kollege muss die Aufzeichnungen ebenfalls gegen eine Einsichtnahme Dritter schützen, die Daten dürfen mit Einwilligung des Patienten eingesehen oder weitergegeben werden.
3. Auch eine Übergabe der Patientendaten zur Verwahrung an ein externes Unternehmen ist zulässig, wenn die unter 1. bzw. 2. genannten Pflichten eingehalten werden.

4. Computer und Festplatte (m. E. auch andere elektronische Speichermedien) sind sicher und vor unberechtigtem Zugriff geschützt aufzubewahren.
5. Wenn nach Ablauf der Aufbewahrungsfrist die Daten vom Computer
gelöscht und die Festplatte vernichtet bzw. ebenfalls gelöscht wird,
muss der Arzt dafür sorgen, dass die Daten nicht wieder hergestellt
werden können.

Beendigung der Tätigkeit und Übergabe an einen Nachfolger

Selbstverständlich ist auch der Nachfolger zur Einhaltung der ärztlichen
Schweigepflicht verpflichtet. Dies bedeutet, dass eine Einsicht in Patientendaten bzw. eine Datenweitergabe grundsätzlich nur mit Einwilligung des Patienten zulässig ist. Die KVB hält es für den Idealfall, wenn
entsprechende schriftliche Einwilligungserklärungen der Patienten zur
Übergabe der Praxis an den konkret benannten Nachfolger vorliegen.

 Hinweis

Es wird darauf hingewiesen, dass vorsorgliche formularmäßige Ein-
willigungen ohne namentliche Nachfolgerbenennung wegen Unbe-
stimmtheit unwirksam seien.

Die KVB vertritt die Auffassung, dass im Übergabevertrag Regelungen
über die Aufbewahrung der Patientenkarteien durch den Nachfolger
aufgenommen werden können. Der Zugriff auf die Patientenkartei
durch Nachfolger sei nur zulässig, wenn der Patient entweder ausdrücklich oder „schlüssig" (konkludent) durch sein Erscheinen in der Praxis
die Zustimmung hierzu erteile.

 Praxistipp

Inwieweit diese Auffassung seit Inkrafttreten der DSGVO vertreten
werden kann, ist m. E. strittig (s. Kapitel 7.2).

Bezüglich der EDV wird von der KVB darauf verwiesen, dass

1. Verfügungen über den Datenbestand nur möglich sind, wenn eine
Einwilligung des Patienten vorliegt.

2. Liegt keine derartige Einwilligung vor, müssen die Daten gesperrt und mit einem Passwort versehen werden. Das Passwort darf vom Nachfolger nur verwendet werden, nachdem der Patient in die Einsicht schriftlich oder durch sein Erscheinen in der Praxis schlüssig eingewilligt hat (s. Praxistipp).
3. Im Übergabevertrag sollten diesbezügliche Regelungen ausdrücklich aufgenommen werden.

Zur geschilderten Problematik gibt die KVB weitere wichtige Praxishinweise.

- Während der Dauer der Aufbewahrungsfrist hat der Patient jederzeit das Recht, Einsicht in die Patientenkartei zu nehmen. Auf Wunsch sind ihm auch Kopien der Patientenkartei auszuhändigen.
- Entsprechende Auslagen für die Kopie können vom Patienten eingefordert werden (m. E. strittig).
- Der Arzt ist Eigentümer der Patientenkartei, das Original bleibt bei ihm (m. E. durch die DSGVO so fraglich).
- Bezüglich der EDV-Dokumentation hat der Patient einen Anspruch auf eine lesbare Version der Daten.
- Das Recht des Patienten auf Einsichtnahme in die Patientenkartei bzw. auf Aushändigung von Kopien besteht grundsätzlich gegenüber dem ehemaligen Arzt des Patienten (m. E. durch die DSGVO so fraglich).
- Möchte der Patient eines verstorbenen Arztes Einsicht in die Patientenkartei nehmen oder verlangt er die Aushändigung von Kopien, ist hierin auch die Einwilligung in die damit verbundene Einsichtnahme durch die Erben/den Kollegen des Verstorbenen zu sehen.
- Das Praxispersonal – z. B. eine Arzthelferin – darf mit der Verwaltung der Patientendaten betraut werden (m. E. nur bei entsprechender Datenschutz- und Geheimhaltungsverpflichtung).

7.1.3 Das Grundsatzurteil des BGH und das Zwei-Schrank-Modell

Eine Praxisveräußerung einschließlich der Übertragung der Patientenkartei ohne die eindeutige und unmissverständliche Einwilligung der Patienten in die Weitergabe der sie betreffenden Akten ist laut einem eminent wichtigen Grundsatzurteil des BGH vom 11.12.1991 (Az.: VIII ZR 4/91) nichtig.

Leitsatz des BGH

Eine Bestimmung in einem Vertrag über die Veräußerung einer Arztpraxis, die den Veräußerer auch ohne Einwilligung der betroffenen Patienten verpflichtet, die Patienten- und Beratungskartei zu übergeben, verletzt das informationelle Selbstbestimmungsrecht der Patienten und die ärztliche Schweigepflicht (Art. 2 Abs. 1 GG, § 203 StGB), sie ist wegen Verstoßes gegen ein gesetzliches Verbot (§ 134 BGB) nichtig

Diese Rechtsprechung wird seit Jahren von den Gerichten beherzigt. Dies bedeutet, dass jeder Kaufvertrag, aufgrund dessen die Patientendaten ohne Einwilligung übergeben werden, rechtlich ungültig bzw. unwirksam ist.

Zwei-Schrank-Modell als Lösung

Um die Grundsätze des Datenschutzes auch bei einer Praxisübergabe zu wahren, wird von Anwälten und KV seit vielen Jahren das sogenannte „Zwei-Schrank-Modell" empfohlen. Bei diesem Modell verbleiben alle Patientendaten in einem verschlossenen Schrank. Der Praxisverkäufer behält grundsätzlich die „informationsrechtliche Verfügungsbefugnis" – er bleibt Eigentümer der Patientenakten. Der Schrank wird allerdings vom Praxiskäufer verwahrt. Wenn der Patient, dessen Unterlagen sich in dem verschlossenen Schrank befinden, in die Praxis kommt, muss er sein Einverständnis erklären, dass der Praxisnachfolger die Behandlungsunterlagen einsehen und nutzen darf. Wird das Einverständnis erteilt, wird die alte Akte dann bei einem entsprechenden Einverständnis der Patienten entnommen und durch den Praxisnachfolger fortgeführt beziehungsweise mit seiner laufenden Patientenkartei zusammengeführt werden.

 Praxistipp

Das Einverständnis muss in der Akte dokumentiert werden.

Das Zwei-Schrank-Modell lässt sich m. E. auch auf die EDV übertragen. Hier übernimmt dann ein entsprechend gesperrter Festplattenbereich die Funktion des zweiten Schranks.

7.2 Datenschutz nach DSGVO

Seit 25.05.2018 sind die Anforderungen der europäischen Datenschutz-Grundverordnung (DSGVO) in Deutschland geltendes Recht. Die meisten der in der neuen Verordnung (und auch in dem diese flankierenden Bundesdatenschutzgesetz (BDSG)) Datenschutzgrundsätze waren auch bisher schon geltendes Recht. Da die Datenschutzproblematik durchaus komplex ist (die DSGVO allein besteht schon aus 99 Artikeln und mehr als 170 sogenannten Erwägungsgründe), ist es für niedergelassene Ärzte wichtig, die neuen Vorgaben zu kennen und zu beachten. Selbstverständlich hat die DSGVO auch Einfluss auf die Ausgestaltung der Praxisübergabe an einen Nachfolger – schließlich werden hier personenbezogene Daten in Form der elektronischen Patientendatei mit übergeben. Nachfolgend ein Überblick über die Rechte der Patienten nach DSGVO.

7.2.1 Grundlegendes zur DSGVO

Laut Artikel 1 DSGVO enthält die Verordnung Vorgaben

- zum Schutz natürlicher Personen bei der Verarbeitung personenbezogener Daten und
- zum freien Verkehr solcher Daten.

Sie schützt die Grundrechte und Grundfreiheiten natürlicher Personen und insbesondere deren Recht auf Schutz personenbezogener Daten (Absatz 2). Artikel 2 Absatz 1 DSGVO definiert den sachlichen Anwendungsbereich der Verordnung. Die Verordnung gilt danach für die ganz oder teilweise automatisierte Verarbeitung personenbezogener Daten sowie für die nichtautomatisierte Verarbeitung personenbezogener Daten, die in einem Dateisystem gespeichert sind oder gespeichert werden sollen. Wie beim Arbeitsschutz ist auch beim Datenschutz jeder Praxisinhaber für die Einhaltung der Anforderungen gegenüber den Aufsichtsbehörden und den Gerichten persönlich verantwortlich. Die Datenverarbeitung wird rechtlich als „Verbot mit Erlaubnisvorbehalt" angesehen. Dies bedeutet, dass die Datenverarbeitung in Ihrer Arztpraxis aufgrund des Rechtmäßigkeitsprinzips grundsätzlich nur dann erlaubt ist, wenn

- eine gesetzliche Grundlage vorliegt oder
- der Patient eingewilligt hat.

Zu den wichtigsten Grundsätzen der Datenverarbeitung werden auch

- die Verarbeitung für festgelegte und eindeutige Zwecke (Zweckbindung),
- die Beschränkung der Datenverarbeitung auf das notwendige Maß (Erforderlichkeit, Datenminimierung und Speicherbegrenzung)
- und die Transparenz

gezählt. Außerdem müssen die Prinzipien der

- Richtigkeit der Daten und die
- Integrität und Vertraulichkeit der Verarbeitung

beachtet werden. Neu hinzugekommen durch die DSGVO ist, dass der Verantwortliche für die Datenverarbeitung (also Sie) die Einhaltung dieser Grundsätze nachweisen muss (sogenannte „Rechenschaftspflicht"). Jeder niedergelassene Arzt muss im Rahmen seiner Tätigkeit Daten seiner Patienten verarbeiten. Die DSGVO sieht diese als besonders schützenswert an, wie aus Artikel 9 Absatz 1 der Verordnung hervorgeht.

Artikel 9 DS-GVO Absatz 1

(1) Die Verarbeitung personenbezogener Daten, aus denen die rassische und ethnische Herkunft, politische Meinungen, religiöse oder weltanschauliche Überzeugungen oder die Gewerkschaftszugehörigkeit hervorgehen, sowie die Verarbeitung von genetischen Daten, biometrischen Daten zur eindeutigen Identifizierung einer natürlichen Person, Gesundheitsdaten oder Daten zum Sexualleben oder der sexuellen Orientierung einer natürlichen Person ist untersagt.

Eine Verarbeitung dieser Daten ist zunächst also grundsätzlich verboten, wenn nicht eine der in Absatz 2 genannten Ausnahmen greift. Einschlägig sind hier die Buchstaben a, c, h und i des Absatzes.

Artikel 9 Absatz 2 (Auszug)

(2) Absatz 1 gilt nicht in folgenden Fällen:

a) Die betroffene Person hat in die Verarbeitung der genannten personenbezogenen Daten für einen oder mehrere festgelegte Zwecke ausdrücklich eingewilligt, es sei denn, nach Unionsrecht oder dem Recht der Mitgliedstaaten kann das Verbot nach Absatz 1 durch die Einwilligung der betroffenen Person nicht aufgehoben werden,

c) die Verarbeitung ist zum Schutz lebenswichtiger Interessen der betroffenen Person oder einer anderen natürlichen Person erforderlich und die betroffene Person ist aus körperlichen oder rechtlichen Gründen außerstande, ihre Einwilligung zu geben,

h) die Verarbeitung ist für Zwecke der Gesundheitsvorsorge oder der Arbeitsmedizin, für die Beurteilung der Arbeitsfähigkeit des Beschäftigten, für die medizinische Diagnostik, die Versorgung oder Behandlung im Gesundheits- oder Sozialbereich oder für die Verwaltung von Systemen und Diensten im Gesundheits- oder Sozialbereich auf der Grundlage des Unionsrechts oder des Rechts eines Mitgliedstaats oder aufgrund eines Vertrags mit einem Angehörigen eines Gesundheitsberufs und vorbehaltlich der in Absatz 3 genannten Bedingungen und Garantien erforderlich,

i) die Verarbeitung ist aus Gründen des öffentlichen Interesses im Bereich der öffentlichen Gesundheit, wie dem Schutz vor schwerwiegenden grenzüberschreitenden Gesundheitsgefahren oder zur Gewährleistung hoher Qualitäts- und Sicherheitsstandards bei der Gesundheitsversorgung und bei Arzneimitteln und Medizinprodukten, auf der Grundlage des Unionsrechts oder des Rechts eines Mitgliedstaats, das angemessene und spezifische Maßnahmen zur Wahrung der Rechte und Freiheiten der betroffenen Person, insbesondere des Berufsgeheimnisses, vorsieht, erforderlich, oder

Laut Auffassung der Bundesärztekammer (BÄK) erlauben in vielen Fällen gesetzliche Bestimmungen die Verarbeitung von Gesundheitsdaten in der Arztpraxis. Das gilt grundsätzlich für Daten bzgl. der

- Anamnese,
- Befunderhebung sowie
- für die Dokumentation von Diagnostik und Therapie.

Die wichtigste gesetzliche Vorschrift, die die Verarbeitung von Gesundheitsdaten in der Arztpraxis erlaubt, ist Art. 9 Abs. 2 h DSGVO i. V. m. § 22 Abs. 1 Nr. 1 b BDSG. Die zusätzliche Einholung einer Patienteneinwilligung ist hier in aller Regel entbehrlich. Eine Datenverarbeitung ist danach u. a. zulässig, wenn sie

- zum Zweck der Gesundheitsvorsorge,
- für die Beurteilung der Arbeitsfähigkeit des Beschäftigten,
- für die medizinische Diagnostik,
- für die Versorgung oder Behandlung im Gesundheits- oder Sozialbereich oder
- für die Verwaltung von Systemen und Diensten im Gesundheits- und Sozialbereich

erforderlich ist. Im Grunde geht es hier um alle gesundheitsbezogenen Handlungen der Prävention, Diagnostik, Therapie und Nachsorge.

Hier eine Übersicht der wichtigsten Datenschutzrechte des Patienten inklusive der Fundstellen in der DSGVO:

- Transparente Information, Kommunikation und Modalitäten für die Ausübung der Rechte der betroffenen Person (Artikel 12)
- Informationspflicht bei Erhebung von personenbezogenen Daten bei der betroffenen Person (Artikel 13)
- Informationspflicht, wenn die personenbezogenen Daten nicht bei der betroffenen Person erhoben wurden (Artikel 14)
- Auskunftsrecht der betroffenen Person (Artikel 15)
- Recht auf Berichtigung (Artikel 16)
- Recht auf Löschung (Artikel 17)
- Recht auf Einschränkung der Verarbeitung (Artikel 18)
- Mitteilungspflicht im Zusammenhang mit der Berichtigung oder Löschung personenbezogener Daten oder der Einschränkung der Verarbeitung (Artikel 19)
- Recht auf Datenübertragbarkeit (Artikel 20)
- Widerspruchsrecht (Artikel 21)

Praxistipp

Wenn Sie vertiefte Informationen über die neue DSGVO benötigen, empfehle ich Ihnen unseren „QuickCheck Datensicherheit im Gesundheitswesen: Fit für die Praxisbegehung".

7.2.2 DSGVO und Praxisabgabe

Wenn Sie in puncto Datenschutz nach DSGVO auf Nummer sicher gehen wollen, sollten Sie beim Verkauf Ihrer Praxis mit dem Nachfolger separat einen Vertrag über eine Auftragsdatenverarbeitung abschließen. Sonst könnten nicht nur Bußgelder nach DSGVO drohen – ggf. sind falsch aufgesetzte Verträge sogar als solche angreifbar. Ärztliche Aufzeichnungen, die im Rahmen der Dokumentationspflichten angefertigt wurden, müssen für die Dauer von 10 Jahren nach Abschluss der Behandlung aufbewahrt werden, sofern nicht von Gesetzes wegen noch längere Aufbewahrungspflichten vorgeschrieben sind.

 Hinweis

Bei Aufgabe der Praxis müssen Ärzte nach § 10 Absatz 4 MBO-Ärzte diese Aufzeichnungen „in gehörige Obhut" geben (s. Kapitel 7.1)

Aktuell wird die Übergabe der Patientendaten – nach Empfehlung der KV – bezüglich des Datenschutzes in aller Regel in Form des Zwei-Schrank-Modells praktiziert.

Verwahrervertrag kann kritisch gesehen werden

Da die Verantwortung für den Umgang mit den Daten beim abgebenden Arzt verbleibt, wird beim Übergabevertrag meist dazu geraten, einen Verwahrervertrag abzuschließen, mit dem sich der Übernehmer gegen Vertragsstrafe dazu verpflichtet, nach dem Zwei-Schrank-Modell vorzugehen. Ggf. ist dies aber seit Inkrafttreten der DSGVO nicht ausreichen. Die Verordnung stellt nämlich klare Anforderungen an die vertragliche Gestaltung der Verantwortlichkeiten. Es ist aktuell umstritten, ob es sich hier um einen gemeinsamen Verantwortungsbereich nach Art. 26 DSGVO oder um eine Auftragsdatenverarbeitung nach Art. 28 DSGVO handelt. Beide Varianten verlangen nach einer unterschiedlichen vertraglichen Gestaltung. Derzeit gehen die meisten Experten davon aus, dass es sich hier um Auftragsdatenverarbeitung handelt. Der sicherste Weg in Anbetracht der Unklarheiten ist es deshalb, zusätzlich einen Vertrag über eine Auftragsdatenverarbeitung abzuschließen.

 Hinweis

Die meisten KV, aber auch die BÄK haben sich zu diesem Problem noch nicht geäußert.

Einwilligung des Patienten ist unbedingt zu empfehlen

Eine Übergabe der Unterlagen an den Praxisnachfolger ist nur dann rechtlich sicher, wenn entweder die Patienten zuvor darin eingewilligt haben oder der Praxisnachfolger die Unterlagen nicht einsehen kann. Wenn ein Praxisverkauf konkret ansteht, sollten die Patienten daher frühzeitig angeschrieben und um Rückmeldung gebeten werden, ob sie mit der Weitergabe der bisherigen Behandlungsdokumentation an den Praxiserwerber einverstanden sind. Nur wenn sie dies ausdrücklich bejahen, dürfen die Unterlagen von dem Nachfolger zur Kenntnis genommen werden. Prüfen Sie in jedem Fall, ob Sie die nachfolgenden Fragen bejahen können:

Werden Ihre Patienten frühzeitig über den Praxisverkauf unterrichtet und um eine Rückmeldung zur Weitergabe der Behandlungsdokumentation an den Nachfolger gebeten?

Ist die Einhaltung der Schweigepflicht für die Patientenakten beim Praxiserwerber gewährleistet?

Werden auch nach dem Praxisverkauf die gesetzlich oder berufsrechtlich geforderten Aufbewahrungsfristen beachtet?

7.3 Verträge mit ärztlichen Mitarbeitern

Viele Ärzte entscheiden sich für die Übernahme einer etablierten Praxis und damit gegen eine Neugründung. Insbesondere der vorhandene Patientenstamm sowie das überschaubarere Investitionsvolumen bei einer Übernahme sind Faktoren, die Ärzte dazu bewegen, von einer Neugründung Abstand zu nehmen. Die Übernahme einer Einzelpraxis ist die beliebteste Form der Existenzgründung. So entscheiden sich rund 60 % aller Existenzgründer dafür, die Praxis eines anderen und damit auch das dort beschäftigte Personal zu übernehmen. Denn bestehende Arbeitsverträge behalten auch nach einem Inhaberwechsel ihre Gültigkeit.

7.3.1 Praxisübergabe als arbeitsrechtlicher „Betriebsübergang"

Wer eine bestehende Arztpraxis übernimmt, muss wissen, dass er mit der Praxisübernahme nicht nur Rechte erwirbt, sondern auch Pflichten gegenüber den dort tätigen Mitarbeitern übernimmt. Welche das sind und auf welche rechtlichen Aspekte Praxisübergeber und Praxisübernehmer bei einer Praxisübergabe ansonsten noch achten müssen, hängt vor allem davon ab, ob der Inhaberwechsel die Kriterien eines Betriebsübergangs erfüllt. Ein solcher Betriebsübergang im Sinne des § 613a BGB liegt vor, wenn

- ein Betrieb oder ein Betriebsteil (z. B. Abteilung, Filiale, Niederlassung, Geschäftsstelle) übertragen wird,
- ein Inhaberwechsel stattfindet und
- ein Rechtsgeschäft (z. B. Verkauf, Verpachtung, Pächterwechsel, Unternehmensspaltung, Unternehmensfusion) die Grundlage der Übertragung bildet.

7.3.2 Rechte und Pflichten beim Betriebsübergang

Sind die Voraussetzungen eines Betriebsübergangs erfüllt, löst dies die Rechtsfolgen des § 613a BGB aus.

§ 613a Rechte und Pflichten bei Betriebsübergang

(1) Geht ein Betrieb oder Betriebsteil durch Rechtsgeschäft auf einen anderen Inhaber über, so tritt dieser in die Rechte und Pflichten aus den im Zeitpunkt des Übergangs bestehenden Arbeitsverhältnissen ein. Sind diese Rechte und Pflichten durch Rechtsnormen eines Tarifvertrags oder durch eine Betriebsvereinbarung geregelt, so werden sie Inhalt des Arbeitsverhältnisses zwischen dem neuen Inhaber und dem Arbeitnehmer und dürfen nicht vor Ablauf eines Jahres nach dem Zeitpunkt des Übergangs zum Nachteil des Arbeitnehmers geändert werden. Satz 2 gilt nicht, wenn die Rechte und Pflichten bei dem neuen Inhaber durch Rechtsnormen eines anderen Tarifvertrags oder durch eine andere Betriebsvereinbarung geregelt werden. Vor Ablauf der Frist nach Satz 2 können die Rechte und Pflichten geändert werden, wenn der Tarifvertrag oder die Betriebsvereinbarung nicht mehr gilt oder bei fehlender beiderseitiger Tarifgebundenheit im Geltungsbereich einesanderen Tarifvertrags dessen Anwendung zwischen dem neuen Inhaber und dem Arbeitnehmer vereinbart wird.

(2) Der bisherige Arbeitgeber haftet neben dem neuen Inhaber für Verpflichtungen nach Absatz 1, soweit sie vor dem Zeitpunkt des Übergangs entstanden sind und vor Ablauf von einem Jahr nach diesem Zeitpunkt fällig werden, als Gesamtschuldner. Werden solche Verpflichtungen nach dem Zeitpunkt des Übergangs fällig, so haftet der bisherige Arbeitgeber für sie jedoch nur in dem Umfang, der dem im Zeitpunkt des Übergangs abgelaufenen Teil ihres Bemessungszeitraums entspricht.

(3) Absatz 2 gilt nicht, wenn eine juristische Person oder eine Personenhandelsgesellschaft durch Umwandlung erlischt.

(4) Die Kündigung des Arbeitsverhältnisses eines Arbeitnehmers durch den bisherigen Arbeitgeber oder durch den neuen Inhaber wegen des Übergangs eines Betriebs oder eines Betriebsteils ist unwirksam. Das Recht zur Kündigung des Arbeitsverhältnisses aus anderen Gründen bleibt unberührt.

(5) Der bisherige Arbeitgeber oder der neue Inhaber hat die von einem Übergang betroffenen Arbeitnehmer vor dem Übergang in Textform zu unterrichten über:

1. den Zeitpunkt oder den geplanten Zeitpunkt des Übergangs,

2. den Grund für den Übergang,

3. die rechtlichen, wirtschaftlichen und sozialen Folgen des Übergangs für die Arbeitnehmer und

4. die hinsichtlich der Arbeitnehmer in Aussicht genommenen Maßnahmen.

(6) Der Arbeitnehmer kann dem Übergang des Arbeitsverhältnisses innerhalb eines Monats nach Zugang der Unterrichtung nach Absatz 5 schriftlich widersprechen. Der Widerspruch kann gegenüber dem bisherigen Arbeitgeber oder dem neuen Inhaber erklärt werden.

Mit § 613a BGB verlangt der Gesetzgeber, dass bei einem Betriebsübergang durch Rechtsgeschäft – z. B. Praxisverkauf - der Erwerber in alle Rechte und Pflichten der bestehenden Arbeitsverhältnisse eintritt. Demnach gelten die Arbeitsverträge der Mitarbeiter grundsätzlich auch gegenüber dem neuen Praxisinhaber. Mit anderen Worten: Der neue Chef muss das Personal zu unveränderten Konditionen vom Vorgänger übernehmen. Vereinbarungen zwischen den Parteien, um diese Rechtsfolge zu vermeiden, machen keinen Sinn, weil sie unwirksam sind. Praxisübergeber und Praxisübernehmer können allenfalls im Innenverhältnis, d. h. in der Gestaltung des Kaufvertrags, einen finanziellen Ausgleich für den neuen Praxisinhaber vorsehen, wenn dieser ein Team übernehmen muss, das er überhaupt nicht will, weil ihm eine andere personelle Besetzung vorschwebt.

☀ Praxistipp

Beim Betriebsübergang gilt der Grundsatz: Wer die Praxis übernimmt, übernimmt auch das Personal. Deshalb muss sich der Praxisübernehmer im Vorfeld des Betriebsübergangs sämtliche Verträge – insbesondere die bestehenden Arbeitsverträge, – aus denen sich Verbindlichkeiten ergeben, aushändigen lassen, um deren Inhalte und Reichweite für den Fall der Praxisübernahme zu kennen und einschätzen zu können. In der Praxis werden in diesem Zusammenhang häufig die ruhenden Arbeitsverhältnisse (z. B. Elternzeit) bei der Bestandsaufnahme vergessen. Dies gilt es im Interesse beider Vertragsparteien unbedingt zu vermeiden. Offenbart der Praxisübergeber nicht alle Anstellungsverhältnisse, läuft er Gefahr, dass der Praxisübergabevertrag vom Praxisübernehmer später angefochten wird oder dass er sich schadenersatzpflichtig macht.

7.3.3 Übergang des Arbeitsverhältnisses

Im Zuge eines Betriebsübergangs übernimmt der Betriebserwerber die Rechte und Pflichten aus den zum Zeitpunkt des Betriebsübergangs bestehenden Arbeitsverhältnissen, d. h., die Arbeitsverhältnisse gehen „automatisch" vom bisherigen Betriebsinhaber (Praxisübergeber) auf den neuen Betriebsinhaber (Praxisübernehmer) über. Auf den Inhalt der Arbeitsverhältnisse kommt es dabei nicht an, d. h., auch Teilzeitverträge, befristete Arbeitsverhältnisse, Minijobs und Ausbildungsverhältnisse gehen auf den Praxiserwerber über. Die Inhalte der Arbeitsverträge bleiben unverändert und behalten ihre Gültigkeit.

Die von einem Betriebsübergang betroffenen Mitarbeiter haben aber die Möglichkeit, den Übergang ihres Arbeitsverhältnisses auf den neuen Praxisinhaber zu verhindern, indem sie fristgerecht und ordnungsgemäß widersprechen. Der Widerspruch muss innerhalb eines Monats nach dem Bekanntwerden des Betriebsübergangs in Schriftform entweder gegenüber dem alten Arbeitgeber oder dem neuen Praxisinhaber erklärt werden. Erfolgt ein solcher Widerspruch form- und fristgerecht, geht das Arbeitsverhältnis nicht auf den neuen Inhaber über, sondern besteht mit dem bisherigen Arbeitgeber fort. Das ist allerdings nicht ohne Risiko, denn ein widersprechender Mitarbeiter muss mit der Kündigung seines Arbeitsverhältnisses durch seinen bisherigen Arbeitgeber aufgrund fehlender Beschäftigungsmöglichkeit rechnen. Unterhält dieser nämlich keine andere als die übergegangene Praxis, ist eine betriebsbedingte Kündigung des widersprechenden Mitarbeiters mangels Beschäftigungsmöglichkeit grundsätzlich gerechtfertigt.

Praxistipp

Der neue Praxisinhaber kann die auf ihn übergegangenen Arbeits-verhältnisse durch Änderungsvertrag, Abschluss eines neuen Arbeitsvertrags oder eine Änderungskündigung ändern. Es gibt inso-weit keinen Bestandsschutz für die Rechte der Mitarbeiter, weil die einjährige Veränderungssperre (vgl. nachstehenden Hinweis) nicht für individualvertraglich geregelte Rechte gilt.

7.3.4 Tarifvertragliche Regelungen und Betriebsvereinbarungen

Die beim alten Arbeitgeber geltenden kollektivrechtlichen Regelungen (tarifvertragliche Bestimmungen und Betriebsvereinbarungen) werden nach § 613a Abs. 1 Satz 2 BGB Bestandteil der Arbeitsverträge zwischen dem neuen Betriebsinhaber und den Mitarbeitern. D. h., die kollektiv-rechtlichen Regelungen werden in individualvertragliche Vereinbarun-gen transformiert. Die Überführung kollektivrechtlicher Regelungen in das eigentliche Arbeitsverhältnis ist erforderlich, weil die Rechte und Pflichten aus Tarifvertrag und Betriebsvereinbarung nicht automatisch auf den neuen Inhaber übergehen.

 Hinweis

Was die kollektivrechtlichen Regelungen betrifft, unterliegt der Pra-xisübernehmer einer einjährigen Veränderungssperre. Demnach darf er die transformierten Tarifregelungen vor Ablauf eines Jahres nach dem Betriebsübergang weder durch Änderungsvertrag noch durch Änderungskündigung zum Nachteil der Mitarbeiter ändern.

7.3.5 Gesamtschuldnerische Haftung von Praxisübergeber und -übernehmer

Der Praxisübergeber und der Praxisübernehmer haften gemeinsam als sogenannte Gesamtschuldner für alle vor dem Betriebsübergang ent-standenen Verpflichtungen aus den Arbeitsverhältnissen. Dazu zählen insbesondere:

- Löhne und Gehälter
- Gratifikationen

- Sonderzuwendungen
- offene Urlaubsansprüche
- Anwartschaften im Rahmen der betrieblichen Altersversorgung
- Ansprüche aus einer betrieblichen Übung
- Ansprüche aus einer Gesamtzusage

Darüber hinaus bleibt den Mitarbeitern die bisherige Beschäftigungs-dauer als anzurechnende Betriebszugehörigkeitszeit erhalten, die vor allem bei den Kündigungsschutzfristen und eventuellen Abfindungs-zahlungen von Bedeutung ist.

7.3.6 Kündigungsverbot

§ 613a Abs. 4 BGB ordnet ein Kündigungsverbot wegen des Betriebs-übergangs an. D. h., weder der Praxisübergeber noch der Praxisüber-nehmer darf einem der Mitarbeiter wegen des Betriebsübergangs kün-digen.

> **⚠ Hinweis**
>
> „Wegen des Betriebsübergangs" bedeutet, das Motiv der Kündigung ist wesentlich durch den Betriebsinhaberwechsel bedingt. Andere Kündigungen, die unabhängig vom Betriebsübergang ausgespro-chen werden (z. B. wegen Krankheit oder einer Pflichtverletzung), sind vom Kündigungsverbot nicht erfasst und somit zulässig.

7.3.7 Unterrichtungspflichten

Entweder der bisherige oder der neue Praxisinhaber muss gemäß § 613a Abs. 5 BGB die von dem Betriebsübergang betroffenen Mitarbei-ter rechtzeitig vor dem Praxisübergang schriftlich über den Betriebs-übergang informieren (siehe Checkliste). Diese Unterrichtungspflicht dient dabei nicht nur dazu, die Belegschaft mit den wichtigsten Fakten zum Inhaberwechsel zu versorgen, sondern ist darüber hinaus auch Voraussetzung für den Beginn der einmonatigen Widerspruchsfrist nach § 613a Abs. 6 BGB.

7 Besondere Aspekte bei der Praxisübergabe

Prüfen Sie anhand der Checkliste, ob die Unterrichtung der Praxismitarbeiter ordnungsgemäß war	JA	NEIN
Wurden die von der Praxisübergabe betroffenen Mitarbeiter über den geplanten Zeitpunkt des Betriebsübergangs informiert?	☐	☐
Erfolgte eine Unterrichtung der Mitarbeiter über den der Praxisübergabe zugrunde liegenden Anlass?	☐	☐
Wurden die Mitarbeiter über die sie betreffenden rechtlichen, wirtschaftlichen und sozialen Folgen aufgeklärt, die durch den Betriebsübergang ausgelöst werden?	☐	☐
Wurden die Mitarbeiter über die Maßnahmen informiert, die infolge der Praxisübergabe auf sie zukommen?	☐	☐
Fazit: Nur wenn alle Fragen mit „Ja" beantwortet werden können, erfüllt die Unterrichtung die gesetzlichen Anforderungen.		

Tab. 9: Voraussetzungen einer wirksamen Unterrichtung nach § 613a Abs. 5 BGB

 Praxistipp

Als Praxisübergeber sollten Sie Ihre Mitarbeiter frühzeitig über die bevorstehende Praxisübergabe informieren, damit keine Verunsicherung in der Belegschaft entsteht und arbeitsrechtliche Auseinandersetzungen vermieden werden. Im Idealfall informieren der Praxisübergeber und der Praxisübernehmer die Mitarbeiter gemeinsam über den Betriebsübergang.

8 Musterverträge

> ⚠ **Hinweis**
>
> Alle abgedruckten und zahlreiche weitere Musterverträge sowie Arbeitshilfen werden Ihnen in der PREMIUM-Version digital zur Verfügung gestellt.

8.1 Praxisübernahmevertrag einer Einzelpraxis

Praxisübernahmevertrag

zwischen

Herrn _____ (*Name*) wohnhaft _____ (*Straße, PLZ, Ort*).

im Folgenden der Veräußerer.

und

Herrn _____ (*Name*) wohnhaft _____ (*Straße, PLZ, Ort*).

im Folgenden der Erwerber.

wird folgender Vertrag geschlossen:

Präambel

Der Veräußerer betreibt in dem Objekt _____ (*Straße, PLZ, Ort*) eine Praxis als Facharzt für _____ (*konkrete Bezeichnung*). Er ist privat- und vertragsärztlich tätig. Der Erwerber erwirbt die Praxis auf der Grundlage der Bestimmungen dieses Vertrags und wird sie zum _____ (*Datum*) übernehmen.

§ 1 Vertragsgegenstand

Der Veräußerer verkauft auf der Grundlage dieses Vertrags seine Praxis in dem Objekt _____ (*Straße, PLZ, Ort*). Alles, was als Bestandteil und Zubehör gilt, wird mitveräußert. Das wesentliche Inventar ist in einer Anlage erfasst, die diesem Vertrag beigefügt ist. Sämtliche Forderungen, die der Veräußerer bis einschließlich _____ (*Datum*) erworben hat oder noch erwirbt, werden nicht mitveräußert.

§ 2 Kaufpreis

(1) Der Erwerber entrichtet

- für die Praxisgegenstände einen Kaufpreis in Höhe von _____ Euro (*Betrag*),
- für Verbrauchsgüter einen Betrag in Höhe von _____ Euro (*Betrag*) und
- für den ideellen Wert der Praxis eine Abfindung in Höhe von _____ Euro (*Betrag*),

insgesamt einen Kaufpreis in Höhe von _____ Euro (*Betrag in Ziffern und Betrag in Worten*).

(2) Der Kaufpreisermittlung zugrunde gelegen haben die Besichtigung der Praxis durch die Parteien, Abrechnungsunterlagen und Unterlagen des Steuerberaters.

§ 3 Fälligkeit

(1) Der Gesamtpreis gemäß § 2 Ziffer 1 dieses Vertrags in Höhe von _____ Euro (*Betrag*) wird am _____ (*Datum*) fällig.

(2) Die Zahlung des Gesamtpreises hat zum Zeitpunkt der Fälligkeit mit Eingang auf das Konto _____ (*IBAN, BLZ, Name der Bank*) zu erfolgen.

§ 4 Sicherheitsleistung

(1) Der Erwerber übergibt innerhalb eines Zeitraums von zwei Wochen nach erfolgter Unterzeichnung dieses Vertrags, spätestens jedoch 48 Stunden vor der Sitzung des Zulassungsausschusses, dem Veräuße-

rer eine uneingeschränkte Finanzierungsbestätigung einer Bank mit Niederlassung in der Bundesrepublik Deutschland über den Kaufpreis und tritt den Anspruch aus der Finanzierung gegen die Bank in Höhe des Kaufpreises an den Veräußerer ab. Der Veräußerer nimmt die Abtretung an.

alternativ

(1) Zur Absicherung des Kaufpreises wird eine selbstschuldnerische, auf erstes Anfordern fällige Bankbürgschaft einer Bank mit Niederlassung in der Bundesrepublik Deutschland über _____ Euro (*Betrag*) gestellt.

(2) Die Bürgschaft muss den Verzicht auf die Einreden der Vorausklage, der Aufrechenbarkeit sowie der Hinterlegung enthalten und eine Laufzeit von mindestens _____ (*Dauer*) bis zur Rückgabe, spätestens bis zum _____ (*Datum*) aufweisen.

(3) Der Erwerber ist verpflichtet, dem Veräußerer die Bürgschaftsurkunde bis zum _____ (*Datum*) auszuhändigen. Wird die bis zum _____ (*Datum*) auszuhändigende Bürgschaftsurkunde nicht termingerecht vorgelegt, hat der Veräußerer das Recht, vom Vertrag zurückzutreten.

§ 5 Gewährleistung

(1) Der Erwerber ist über die Situation der Praxis, d. h.

- den durchschnittlichen Umsatz,
- den Gewinn,
- die Zahl der abgerechneten Behandlungen,
- die Einrichtung,
- das Inventar entsprechend der Inventarliste,
- den Zustand des Inventars,
- die bestehenden Arbeitsverhältnisse,
- sonstige Dauerschuldverhältnisse sowie
- die Höhe der monatlichen Praxiskosten

vollständig informiert.

(2) Der Erwerber hatte insofern umfassende Prüfungsmöglichkeiten. Der Veräußerer hat ihm die entsprechenden Daten zur Verfügung gestellt, ihn über die Situation der Praxis aufgeklärt und bezüglich der Betätigung der Praxis und der damit verbundenen Chancen und Risiken beraten.

(3) Die Vertragsparteien gehen einvernehmlich davon aus, dass die Praxis zur Durchführung von _____ (*konkrete Bezeichnung der (fach-)ärztlichen Leistungen*) in üblicher Weise beschaffen ist, und sehen dies durch die bisherige Praxisführung als gegeben und belegt an.

(4) Die Veräußerung und Übertragung der Praxis erfolgt ohne Gewährleistung und Zusicherung weiterer Eigenschaften. Insbesondere wird keine Garantie für eine zukünftige Umsatz- und Gewinnentwicklung auch in der Form einer Fortbestandsgarantie gegeben.

(5) Der Veräußerer versichert (soweit in der Inventarliste kein Vorbehalt eingetragen ist), dass die übergebenen Instrumente, Einrichtungsgegenstände und Materialien in seinem alleinigen Eigentum stehen und frei von Rechten Dritter sind. Die Übertragung der Gegenstände erfolgt unter Ausschluss jeglicher Gewährleistung. Der Zustand der Gegenstände ist dem Erwerber bekannt.

(6) Der Veräußerer versichert, dass in der Berufsausübungsgemeinschaft nur die in der Anlage aufgeführten Beschäftigten zu den dem Erwerber bekannt gemachten Bedingungen tätig sind.

(7) Der Veräußerer verpflichtet sich, mit Unterzeichnung dieses Vertrags Änderungen des Inventarbestands, der bestehenden Eigentumsverhältnisse sowie Änderungen der Anstellungsverträge und Neueinstellungen nur dann zuzustimmen, wenn der Erwerber seinerseits seine vorherige Zustimmung hierzu erteilt hat.

(8) Der Veräußerer versichert, dass die Praxis nicht sein gesamtes Vermögen darstellt und er mit diesem Vertrag keine Verpflichtung zur Übertragung seines Vermögens im Sinne der §§ 311b Abs. 3, 1365 BGB eingeht.

§ 6 Übergabe

Die Übergabe der Praxis erfolgt am _____ (*Datum*). Die Parteien sind sich darüber einig, dass das Eigentum zu diesem Zeitpunkt vorbehaltlich der vollständigen Zahlung des gesamten Kaufpreises auf den Erwerber übergeht.

§ 7 Haftungsabgrenzung

Zum Zeitpunkt der Übergabe geht die Haftung für den Vertragsgegenstand sowie seinen Untergang auf den Erwerber über. Sofern dem Veräußerer noch Gewährleistungsansprüche gegen Dritte zustehen, so tritt er diese mit Wirkung ab dem Zeitpunkt der Übergabe am _____ (*Datum*) an den Erwerber ab.

§ 8 Patientenkartei

(1) Die Vertragsparteien verfolgen die Patientenkartei betreffend das Ziel, eine den Grundsätzen der Rechtsprechung des Bundesgerichtshofs (BGH, Urteil vom 11.12.1991, Az. VIII ZR 4/91) sowie den Vorschriften der Datenschutz-Grundverordnung (DSGVO) und dem Bundesdatenschutzgesetz (BDSG) entsprechende Aufbewahrungsweise zu vereinbaren.

(2) Der Veräußerer überlässt dem Erwerber die gesamte Patientenkartei in einer verschlüsselten Datei bzw. in einem verschlossenen Aktenschrank. Der Erwerber verpflichtet sich, die Patientenkartei unter Verschluss zu halten und in die Aufzeichnung der Patientenkartei nur dann Einsicht zu nehmen, wenn ein Patient dem ausdrücklich, insbesondere durch Erscheinen in der Sprechstunde, zugestimmt hat.

(3) Der Erwerber verpflichtet sich, die Patientenkartei sorgfältig aufzubewahren und zumindest die gesetzlich vorgeschriebenen Aufbewahrungsfristen einzuhalten. Nach Ablauf dieser Fristen ist er verpflichtet, die Unterlagen zu vernichten.

(4) Sind Patientendaten in einer EDV-Anlage archiviert, so ist der Erwerber nur dann berechtigt, über diesen Datenbestand zu verfügen, soweit ihm zu diesem Zweck eine explizite Einverständniserklärung der betreffenden Patienten vorliegt.

(5) Existiert keine Einverständniserklärung im Sinne von § 8 Ziffer 4 dieses Vertrags, muss der Erwerber die betreffenden Daten weiterhin unter Verschluss halten und mit dem Passwort versehen von den übrigen Dateien getrennt halten. Der Erwerber darf das Passwort für den Zugriff auf diese Dateien nur verwenden, nachdem der betreffende Patient in die Nutzung des Alt-Datenbestands durch den Erwerber oder durch einen nachbehandelnden Arzt schriftlich eingewilligt hat.

(6) Der Erwerber ist nach Ablauf der in der ärztlichen Berufsordnung vorgeschriebenen Mindestaufbewahrungsfristen zur Löschung der Patientendaten verpflichtet, soweit sich nicht aus anderen einschlägigen Normen etwas anderes ergibt.

(7) Für den Fall, dass Patienten dem Verbleib ihrer Krankenunterlagen oder ihrer auf EDV gespeicherten Daten in der Praxis widersprechen, so kann der Erwerber hieraus keinen Anspruch auf Minderung des Kaufpreises ableiten.

§ 9 Dauerschuldverhältnisse

(1) Der Erwerber tritt anstelle des Veräußerers in die Dauerschuldverhältnisse ein, soweit die diesen zugrunde liegenden Verträge diesem Vertrag beigefügt sind.

(2) Sollte der Erwerber über die Verpflichtung aus den Dauerschuldverhältnissen nach § 9 Ziffer dieses Vertrags hinaus von Dritten aufgrund derartiger Vertragsverhältnisse für die bisherige Praxis in Anspruch genommen werden, stellt ihn der Veräußerer von solchen Verbindlichkeiten frei.

§ 10 Übernahme der Telefonnummer

Der Erwerber ist berechtigt, die Telefonnummer der Praxis beizubehalten.

§ 11 Freistellung

(1) Die Honorare für sämtliche bis zur Übergabe der Praxis am _____ (*Datum*) erbrachten Leistungen stehen dem Veräußerer zu. Honorare für nach dem Übergabezeitpunkt erbrachte Leistungen stehen dem Erwerber zu.

(2) Die Abrechnung vertragsärztlicher Leistungen im _____ (*Bezeichnung*) Quartal sowie die Restzahlung für die vertragsärztliche Tätigkeit im _____ (*Bezeichnung*) Quartal stehen dem Veräußerer zu. Der Veräußerer rechnet Honorare für privatärztliche Leistungen, die von ihm bis zur Übergabe erbracht worden sind, eigenständig ab und zieht die entsprechenden Forderungen selbst ein. Dem Veräußerer zustehende Zahlungen, die dem Erwerber zufließen, führt dieser unverzüglich an den Veräußerer ab.

(3) Der Erwerber haftet nicht für Forderungen und Verbindlichkeiten des Veräußerers, die vor dem Zeitpunkt der Praxisübernahme entstanden sind bzw. noch entstehen. Umgekehrt haftet der Veräußerer nicht für nach dem Zeitpunkt der Praxisübergabe entstehende Verbindlichkeiten. Ab dem Zeitpunkt der Übergabe trägt der Erwerber alle mit der Praxis verbundenen Ausgaben und Abgaben. Der Erwerber stellt den Veräußerer von sämtlichen Ansprüchen frei, die sich aus der Praxis ergeben können.

§ 12 Verfügungsbeschränkung

Vor der vollständigen Zahlung des Kaufpreises ist der Erwerber nicht berechtigt, die Praxis oder Teile derselben ohne Zustimmung des Veräußerers an einen Dritten zu veräußern.

§ 13 Zulassung des Erwerbers

(1) Dieser Vertrag steht – außer § 4 – unter dem Vorbehalt, dass dem Erwerber die Zulassung zur vertragsärztlichen Tätigkeit durch die Zulassungsgremien bei der zuständigen Kassenärztlichen Vereinigung (KV) erteilt wird. Anderenfalls sind beide Parteien dazu berechtigt, den Rücktritt vom Vertrag zu erklären.

(2) Den Vertragsparteien ist bekannt, dass Zulassungsbeschränkungen im Sinne des § 103 SGB V (Fünftes Buch des Sozialgesetzbuchs) für den Vertragsarztsitz des Veräußerers angeordnet sind.

(3) Der Veräußerer verpflichtet sich, alles ihm Mögliche und Zumutbare zu unternehmen, um die Zulassung des Erwerbers zur vertragsärztlichen Tätigkeit zu erreichen. Vor allem wird er das gemäß § 103 Abs. 3a und Abs. 4 SGB V notwendige Nachfolgeverfahren betreiben, auf seine Zulassung zum Zeitpunkt der wirksamen Bestellung seines Nachfolgers verzichten und im Nachfolgeverfahren vorschlagen, den Erwerber für den Vertragsarztsitz in der veräußerten Praxis zuzulassen.

(4) Für den Fall, dass der Veräußerer vor dem _____ (*Datum*) verstirbt, überträgt er dem Erwerber die Verfahrensrechte nach § 103 Abs. 3a und Abs. 4 SGB V zur Nachbesetzung seines Vertragsarztsitzes. Im Fall der Unzulässigkeit einer solchen Übertragung verpflichtet der Veräußerer seine Erben, die Verfahrensrechte nach § 103 Abs. 3a und Abs. 4 SGB V nach Weisung des Erwerbers auszuüben und den Erwerber als Praxisnachfolger zu benennen. Jedenfalls erteilt der Veräußerer dem Erwerber mit Unterzeichnung dieses Vertrags unwiderruflich Vollmacht auch über den Tod hinaus.

(5) Der Erwerber versichert, dass Gründe in seiner Person, die einer Zulassung entgegenstehen könnten, nicht gegeben sind. Er versichert außerdem, alles ihm Mögliche und Zumutbare zu unternehmen, um seine Zulassung zu erreichen. Vor allem verpflichtet er sich, sich auf die Ausschreibung des Vertragsarztsitzes zu bewerben, die Zulassung als Vertragsarzt zu beantragen, das Vorliegen der Voraussetzungen sicherzustellen und alle hierfür erforderlichen Unterlagen vorzulegen sowie den Antrag gegebenenfalls auch auf dem Rechtsweg weiterzuverfolgen.

§ 14 Konkurrenzschutzklausel

(1) Der Veräußerer verpflichtet sich, innerhalb von zwei Jahren im Umkreis von _____ km (*konkrete Angabe*) der übergebenen Praxis sich nicht in eigener Praxis niederzulassen oder als angestellter Arzt in einer niedergelassenen Praxis tätig zu werden. Vertretungen sind hiervon nicht erfasst.

(2) Der Veräußerer erhält für die Dauer der Verpflichtung aus § 14 Ziffer 1 dieses Vertrags eine Entschädigung, die mit dem Kaufpreis abgegolten ist.

(3) Bei einem Verstoß gegen diese Konkurrenzschutzklausel ist der Veräußerer verpflichtet, an den Erwerber eine Vertragsstrafe für jedes angefangene Quartal während des in § 14 Ziffer 1 dieses Vertrags genannten Zeitraums in Höhe von _____ Euro (*konkreter Betrag*) zu zahlen. Die Berechtigung zur Geltendmachung weitergehender Schadenersatz- oder Unterlassungsansprüche wird hierdurch nicht berührt.

§ 15 Schiedsgericht

(1) Für sämtliche Streitigkeiten aus diesem Vertrag und seiner Durchführung vereinbaren die Parteien die Zuständigkeit eines Schiedsgerichts unter Ausschluss des ordentlichen Rechtswegs nach Maßgabe der nachstehend aufgeführten Bestimmungen. Das Schiedsgericht entscheidet auch über Forderungen, mit denen aufgerechnet worden ist.

(2) Das Schiedsgericht besteht aus einem von den Vertragsparteien einvernehmlich zu benennenden Einzelschiedsrichter. Mit Zustellung der Klageschrift muss die Klägerpartei der Beklagtenpartei den Schiedsrichter benennen und sie dazu auffordern, ihrerseits binnen vier Wochen nach Zugang des Schreibens der Benennung des Schiedsrichters zuzustimmen. Kommt die Beklagtenpartei dem nicht oder nicht fristgemäß nach, wird der Schiedsrichter auf Antrag der klagenden Partei von der Ärztekammer oder der zuständigen KV benannt. Der Schiedsrichter muss Jurist mit der Befähigung zum Richteramt sein.

(3) Das Schiedsgericht entscheidet nach dem geltenden materiellen Recht. Es bestimmt das Verfahren nach pflichtgemäßem Ermessen unter Berücksichtigung der §§ 1025 ff. Zivilprozessordnung (ZPO). Der Schiedsspruch ergeht aufgrund mündlicher Verhandlung, sofern die Parteien nicht auf eine mündliche Anhörung schriftlich verzichten.

§ 16 Schriftformklausel

Änderungen und Ergänzungen dieses Vertrags einschließlich der Änderung der Schriftformklausel bedürfen der Schriftform. Nebenabreden sind nicht getroffen.

§ 17 Salvatorische Klausel

Sollten einzelne Bestimmungen dieses Vertrags unwirksam sein oder werden oder sollte sich in diesem Vertrag eine Lücke herausstellen, so ist hiervon die Gültigkeit der übrigen Bestimmungen nicht berührt. Anstelle der unwirksamen Bestimmungen oder zur Ausfüllung der Lücke ist eine angemessene Regelung zu vereinbaren, die – soweit rechtlich möglich – dem am nächsten kommen soll, was die Vertrags- schließenden gewollt haben oder nach Sinn und Zweck des Vertrags gewollt haben würden, soweit sie den Punkt beachtet hätten.

Ort, Datum

_____   _____
Unterschrift Veräußerer   Unterschrift Erwerber

 Hinweis

Dieser Vertrag ist ein Beispiel und stellt nur eine unter zahlreichen Gestaltungsmöglichkeiten des Rechtsverhältnisses dar. Es können Bestimmungen vollständig oder in Teilen geändert, weggelassen oder hinzugefügt werden. Dadurch kann es jedoch zu unzutreffen- den und widersprüchlichen Regelungen kommen. Vor diesem Hin- tergrund sollte stets die Prüfung des Vertragstextes durch einen Angehörigen der rechtsberatenden Berufe in Erwägung gezogen werden. Dritten gegenüber haften die Autoren – gleich aus welchem Rechtsgrund – nicht.

8.2 Praxisübernahmevertrag mit anschließender Anstellung

Praxisübernahmevertrag

zwischen

Herrn _____ (*Name*), wohnhaft _____ (*Straße, PLZ, Ort*)

– im Folgenden der Veräußerer–

und

Herrn _____ (*Name*), wohnhaft _____ (*Straße, PLZ, Ort*)

– im Folgenden der Erwerber–

wird folgender Vertrag geschlossen:

Präambel

Der Veräußerer betreibt in dem Objekt _____ (*Straße, PLZ, Ort*) eine Praxis als Facharzt für _____ (*konkrete Bezeichnung*) und nimmt an der fachärztlichen Versorgung teil. Er ist privat- und vertragsärztlich tätig.

Der Erwerber ist Facharzt für _____ (*konkrete Bezeichnung*) und nimmt an der fachärztlichen Versorgung teil. Er ist in _____ (*Straße, PLZ, Ort*) privat- und vertragsärztlich tätig.

Den Vertragsparteien ist bekannt, dass die Praxis eines Arztes mit ihren materiellen und immateriellen Werten nach herrschender Meinung in der Rechtsprechung und Lehre zwar Gegenstand eines Kaufvertrags sein kann, nicht jedoch die Zulassung zur vertragsärztlichen Versorgung. Die Zulassung wird gegebenenfalls vielmehr durch den Zulassungsausschuss entweder demjenigen Arzt erteilt, der die Praxis eines ausgeschiedenen Vertragsarztes fortführt, oder es wird dem Arzt, zu dessen Gunsten der Veräußerer auf seine Zulassung verzichtet, die Genehmigung erteilt, den Veräußerer anzustellen.

Letzteres vorausgesetzt, beabsichtigt der Erwerber, die Praxis des Veräußerers – mit Ausnahme unbeweglichen Praxisvermögens und stiller Reserven – zu erwerben.

Die Praxis des Veräußerers wird an ihrem bisherigen Standort aufgegeben und der Veräußerer beendet seine freiberufliche Tätigkeit mit eigener Zulassung zur vertragsärztlichen Versorgung. Zu diesem Zweck verzichtet er auf seine Zulassung als Vertragsarzt und wird auf der Grundlage eines gesonderten Anstellungsvertrags mit Genehmigung des Zulassungsausschusses als Angestellter in der Praxis des Erwerbers tätig.

Auf der Grundlage dieses Vertrags kauft der Erwerber die Praxis des Veräußerers.

§ 1 Vertragsgegenstand

Der Veräußerer verkauft auf der Grundlage dieses Vertrags seine Praxis in dem Objekt _____ (*Straße, PLZ, Ort*). Alles, was als Bestandteil und Zubehör gilt, wird mitveräußert. Das wesentliche Inventar ist in einer Anlage erfasst, die diesem Vertrag beigefügt ist. Sämtliche Forderungen, die der Veräußerer bis einschließlich _____ (*Datum*) erworben hat oder noch erwirbt, werden nicht mitveräußert.

§ 2 Kaufpreis

(1) Der Erwerber entrichtet

- für die Praxisgegenstände einen Kaufpreis in Höhe von _____ Euro (*Betrag*),
- für Verbrauchsgüter einen Betrag in Höhe von _____ Euro (*Betrag*) und
- für den ideellen Wert der Praxis eine Abfindung in Höhe von _____ Euro (*Betrag*),

insgesamt einen Kaufpreis in Höhe von _____ Euro (*Betrag in Ziffern und Betrag in Worten*).

(2) Der Kaufpreisermittlung zugrunde gelegen haben die Besichtigung der Praxis durch die Parteien, Abrechnungsunterlagen und Unterlagen des Steuerberaters.

§ 3 Fälligkeit

(1) Der Gesamtpreis gemäß § 2 Ziffer 1 dieses Vertrags in Höhe von _____ Euro (*Betrag*) wird am _____ (*Datum*) fällig.

(2) Die Zahlung des Gesamtpreises hat zum Zeitpunkt der Fälligkeit mit Eingang auf das Konto _____ (*IBAN, BLZ, Name der Bank*) zu erfolgen.

§ 4 Gewährleistung

(1) Der Erwerber ist über die Situation der Praxis, d. h.

- den durchschnittlichen Umsatz,
- den Gewinn,
- die Zahl der abgerechneten Behandlungen,
- die Einrichtung,
- das Inventar entsprechend der Inventarliste,
- den Zustand des Inventars,
- die bestehenden Arbeitsverhältnisse,
- sonstige Dauerschuldverhältnisse sowie
- die Höhe der monatlichen Praxiskosten

vollständig informiert.

(2) Der Erwerber hatte insofern umfassende Prüfungsmöglichkeiten. Der Veräußerer hat ihm die entsprechenden Daten zur Verfügung gestellt und ihn über die Situation der Praxis aufgeklärt. Die Übertragung erfolgt ohne Gewährleistung und Zusicherung weiterer Eigenschaften.

(3) Der Veräußerer versichert (soweit in der Inventarliste kein Vorbehalt eingetragen ist), dass die übergebenen Instrumente, Einrichtungsgegenstände und Materialien in seinem alleinigen Eigentum stehen und

frei von Rechten Dritter sind. Die Übertragung der Gegenstände erfolgt unter Ausschluss jeglicher Gewährleistung. Der Zustand der Gegenstände ist dem Erwerber bekannt.

§ 5 Übergabe

Die Übergabe der Praxis erfolgt am _____ (*Datum*). Die Parteien sind sich darüber einig, dass das Eigentum zu diesem Zeitpunkt vorbehaltlich der vollständigen Zahlung des gesamten Kaufpreises auf den Erwerber übergeht.

§ 6 Haftungsabgrenzung

Zum Zeitpunkt der Übergabe geht die Haftung für den Vertragsgegenstand sowie seinen Untergang auf den Erwerber über. Sofern dem Veräußerer noch Gewährleistungsansprüche gegen Dritte zustehen, so tritt er diese mit Wirkung ab dem Zeitpunkt der Übergabe am _____ (*Datum*) an den Erwerber ab.

§ 7 Patientenkartei

(1) Die Vertragsparteien verfolgen die Patientenkartei betreffend das Ziel, eine den Grundsätzen der Rechtsprechung des Bundesgerichtshofs (BGH, Urteil vom 11.12.1991, Az. VIII ZR 4/91) sowie den Vorschriften der Datenschutz-Grundverordnung (DSGVO) und dem Bundesdatenschutzgesetz (BDSG) entsprechende Aufbewahrungsweise zu vereinbaren.

(2) Der Veräußerer überlässt dem Erwerber die gesamte Patientenkartei in einer verschlüsselten Datei bzw. in einem verschlossenen Aktenschrank. Der Erwerber verpflichtet sich, die Patientenkartei unter Verschluss zu halten und in die Aufzeichnung der Patientenkartei nur dann Einsicht zu nehmen, wenn ein Patient dem ausdrücklich, insbesondere durch Erscheinen in der Sprechstunde, zugestimmt hat.

(3) Der Erwerber verpflichtet sich, die Patientenkartei sorgfältig aufzubewahren und zumindest die gesetzlich vorgeschriebenen Aufbewahrungsfristen einzuhalten. Nach Ablauf dieser Fristen ist er verpflichtet, die Unterlagen zu vernichten.

(4) Sind Patientendaten in einer EDV-Anlage archiviert, so ist der Erwerber nur dann berechtigt, über diesen Datenbestand zu verfügen, soweit ihm zu diesem Zweck eine explizite Einverständniserklärung der betreffenden Patienten vorliegt.

(5) Existiert keine Einverständniserklärung im Sinne von § 8 Ziffer 4 dieses Vertrags, muss der Erwerber die betreffenden Daten weiterhin unter Verschluss halten und mit dem Passwort versehen von den übrigen Dateien getrennt halten. Der Erwerber darf das Passwort für den Zugriff auf diese Dateien nur verwenden, nachdem der betreffende Patient in die Nutzung des Alt-Datenbestands durch den Erwerber oder durch einen nachbehandelnden Arzt schriftlich eingewilligt hat.

(6) Der Erwerber ist nach Ablauf der in der ärztlichen Berufsordnung vorgeschriebenen Mindestaufbewahrungsfristen zur Löschung der Patientendaten verpflichtet, soweit sich nicht aus anderen einschlägigen Normen etwas anderes ergibt.

(7) Für den Fall, dass Patienten dem Verbleib ihrer Krankenunterlagen oder ihrer auf EDV gespeicherten Daten in der Praxis widersprechen, so kann der Erwerber hieraus keinen Anspruch auf Minderung des Kaufpreises ableiten.

§ 8 Dauerschuldverhältnisse

(1) Der Erwerber tritt nicht anstelle des Veräußerers in etwaige Dauerschuldverhältnisse des Veräußerers ein. Sollte der Erwerber von Dritten hieraus für die bisherige Praxis in Anspruch genommen werden, so stellt ihn der Veräußerer diesbezüglich frei.

(2) Der Veräußerer versichert, dass sämtliche Anstellungsverträge mit nahen Angehörigen bereits aufgehoben wurden, spätestens jedoch bis zum _____ (*Datum*) aufgehoben werden.

(3) Zurzeit beschäftigt der Veräußerer den/die Mitarbeiter _____ (*Namen*) auf der Basis der diesem Vertrag beigefügten Anstellungsverträge. Diese Arbeitsverhältnisse gehen gemäß § 613a BGB im Wege des

Betriebsübergangs auf den Erwerber über. Die davon betroffenen Mitarbeiter werden von den Parteien dieses Vertrags nach § 613a Abs. 5 BGB über den Übergang ihrer Arbeitsverhältnisse unterrichtet.

§ 9 Freistellung

(1) Die Honorare für sämtliche bis zur Übergabe der Praxis am _____ (*Datum*) erbrachten Leistungen stehen dem Veräußerer zu. Der Veräußerer rechnet Honorare für privatärztliche Leistungen, die von ihm bis zur Übergabe erbracht worden sind, selbst ab und zieht die entsprechenden Forderungen eigenständig ein.

(2) Der Erwerber haftet nicht für Forderungen und Verbindlichkeiten des Veräußerers, die vor dem Zeitpunkt der Praxisübernahme entstanden sind bzw. noch entstehen. Umgekehrt haftet der Veräußerer nicht für nach dem Zeitpunkt der Praxisübergabe entstehende Verbindlichkeiten. Ab dem Zeitpunkt der Übergabe trägt der Erwerber alle mit der Praxis verbundenen Ausgaben und Abgaben. Der Erwerber stellt den Veräußerer von sämtlichen Ansprüchen frei, die sich aus der Praxis ergeben können.

§ 10 Genehmigung der Anstellung durch Zulassungsausschuss

(1) Der Veräußerer verpflichtet sich, alles ihm Mögliche und Zumutbare zu unternehmen, dass die Genehmigung für seine Anstellung als Angestellter in der Praxis des Erwerbers durch den zuständigen Zulassungsausschuss erteilt wird. Der Veräußerer verpflichtet sich insbesondere, auf seine Zulassung zum Zweck der Anstellung beim Erwerber zu verzichten und den diesem Vertrag als Anlage beigefügten Anstellungsvertrag zu unterzeichnen.

(2) Der Erwerber verpflichtet sich, seinerseits ebenfalls den Anstellungsvertrag zu schließen und beim Zulassungsausschuss die Genehmigung der Anstellung des Veräußerers zu beantragen.

(3) Beide Parteien verpflichten sich, die Genehmigung der Anstellung notfalls durch das Beschreiten des Rechtswegs zu verfolgen.

§ 11 Schiedsgericht

(1) Für sämtliche Streitigkeiten aus diesem Vertrag und seiner Durchführung vereinbaren die Parteien die Zuständigkeit eines Schiedsgerichts unter Ausschluss des ordentlichen Rechtswegs nach Maßgabe der nachstehend aufgeführten Bestimmungen. Das Schiedsgericht entscheidet auch über Forderungen, mit denen aufgerechnet worden ist.

(2) Das Schiedsgericht besteht aus einem von den Vertragsparteien einvernehmlich zu benennenden Einzelschiedsrichter. Mit Zustellung der Klageschrift muss die Klägerpartei der Beklagtenpartei den Schiedsrichter benennen und sie dazu auffordern, ihrerseits binnen vier Wochen nach Zugang des Schreibens der Benennung des Schiedsrichters zuzustimmen. Kommt die Beklagtenpartei dem nicht oder nicht fristgemäß nach, wird der Schiedsrichter auf Antrag der klagenden Partei von der Ärztekammer oder der zuständigen KV benannt. Der Schiedsrichter muss Jurist mit der Befähigung zum Richteramt sein.

(3) Das Schiedsgericht entscheidet nach dem geltenden materiellen Recht. Es bestimmt das Verfahren nach pflichtgemäßem Ermessen unter Berücksichtigung der §§ 1025 ff. Zivilprozessordnung (ZPO). Der Schiedsspruch ergeht aufgrund mündlicher Verhandlung, sofern die Parteien nicht auf eine mündliche Anhörung schriftlich verzichten.

§ 12 Schriftformklausel

Änderungen und Ergänzungen dieses Vertrags einschließlich der Änderung der Schriftformklausel bedürfen der Schriftform. Nebenabreden sind nicht getroffen.

§ 13 Salvatorische Klausel

Sollten einzelne Bestimmungen dieses Vertrags unwirksam sein oder werden oder sollte sich in diesem Vertrag eine Lücke herausstellen, so ist hiervon die Gültigkeit der übrigen Bestimmungen nicht berührt. Anstelle der unwirksamen Bestimmungen oder zur Ausfüllung der Lücke ist eine angemessene Regelung zu vereinbaren, die – soweit rechtlich möglich – dem am nächsten kommen soll, was die Vertragsschließenden gewollt haben oder nach Sinn und Zweck des Vertrags gewollt haben würden, soweit sie den Punkt beachtet hätten.

§ 14 Aufschiebende Bedingung

Dieser Vertrag steht – mit Ausnahme der §§ 3, 5, 6 und 10 – unter der aufschiebenden Bedingung der bestandskräftigen Genehmigung der Anstellung des Veräußerers beim Erwerber. Tritt diese Bedingung nicht ein, sind die nach §§ 3, 5 und 6 auszutauschenden Leistungen gegenseitig zurückzugewähren.

Ort, Datum

_____   _____
Unterschrift Veräußerer   Unterschrift Erwerber

⚠ Hinweis

Dieser Vertrag ist ein Beispiel und stellt nur eine unter zahlreichen Gestaltungsmöglichkeiten des Rechtsverhältnisses dar. Es können Bestimmungen vollständig oder in Teilen geändert, weggelassen oder hinzugefügt werden. Dadurch kann es jedoch zu unzutreffenden und widersprüchlichen Regelungen kommen. Vor diesem Hintergrund sollte stets die Prüfung des Vertragstextes durch einen Angehörigen der rechtsberatenden Berufe in Erwägung gezogen werden. Dritten gegenüber haften die Autoren – gleich aus welchem Rechtsgrund – nicht.

8.3 Praxisübernahmevertrag mit Eintritt in die Berufsausübungsgemeinschaft

Praxisübernahmevertrag

zwischen

Herrn _____ (*Name*), wohnhaft _____ (*Straße, PLZ, Ort*)

–im Folgenden der Veräußerer–

und

Herrn _____ (*Name*), wohnhaft _____ (*Straße, PLZ, Ort*)

–im Folgenden der Erwerber –

wird folgender Vertrag geschlossen:

Präambel

Der Veräußerer ist unter der Adresse _____ (*Straße, PLZ, Ort*) als Facharzt für _____ (*konkrete Bezeichnung*) in Berufsausübungsgemeinschaft mit Herrn _____ (*Name*), Facharzt für _____ (*konkrete Bezeichnung*) und Herrn _____ (*Name*), Facharzt für _____ (*konkrete Bezeichnung*) niedergelassen. Er nimmt an der privat- und vertragsärztlichen Versorgung teil. Gemäß dem der Berufsausübungsgemeinschaft zugrunde liegenden Vertrag sind der Veräußerer und seine Partner zu gleichen Teilen am Vermögen (materielle und immaterielle Werte) der Berufsausübungsgemeinschaft beteiligt.

Der Erwerber erwirbt mit diesem Vertrag den bisher vom Veräußerer gehaltenen Anteil am Vermögen der Berufsausübungsgemeinschaft. Der Erwerber wird die Berufsausübungsgemeinschaft anstelle des Veräußerers fortführen. Zu diesem Zweck treffen die Vertragspartner im Einzelnen die folgenden Bestimmungen:

§ 1 Vertragsgegenstand

(1) Der Veräußerer verkauft mit diesem Vertrag seinen Anteil (materielle und immaterielle Werte) an der Berufsausübungsgemeinschaft Dres. _____ (Namen) im Objekt _____ (Straße, PLZ, Ort) an den Erwerber auf der Grundlage dieses Vertrags.

(2) Das Sachanlagevermögen in seinem materiellen Bestand ist in der diesem Vertrag als Anlage beigefügten Inventarliste aufgeführt.

(3) Nicht mitveräußert werden sämtliche Forderungen, die die Berufsausübungsgemeinschaft bis zum Zeitpunkt der Praxisübergabe erworben hat oder noch erwirbt.

§ 2 Kaufpreis

(1) Der Erwerber entrichtet einen Kaufpreis in Höhe von _____ Euro (Betrag in Ziffern und Betrag in Worten), wovon _____ Euro (Betrag) auf den Anteil am Sachanlagevermögen und _____ Euro (Betrag) auf den Anteil am ideellen Wert der Praxis entfallen.

(2) Der Kaufpreisermittlung zugrunde gelegen haben neben der Besichtigung der Praxis durch die Parteien sowie den Abrechnungsunterlagen und Unterlagen des Steuerberaters auch die Inventarliste zum Sachanlagevermögen per Datum. In der Zeit vom _____ (Datum) bis zum _____ (Datum) getätigte Erweiterungsinvestitionen sollen bei der Höhe des Kaufpreises noch angemessen berücksichtigt werden, indem dieser um den anteiligen Buchwert des neu angeschafften bzw. hergestellten Gegenstands zum Übertragungsstichtag erhöht wird.

(3) Eventuell zur Finanzierung der Investitionen erforderliche Darlehen werden von dem Erwerber anteilig übernommen. Der anteilige Wert des Darlehensbetrags zum Übertragungsstichtag reduziert den Kaufpreis.

(4) Soweit der Erwerber bestehende Darlehensverbindlichkeiten vom Veräußerer übernimmt, reduziert sich der Kaufpreis um den Betrag, in dem das Darlehen zum Stichtag der Übertragung valutiert.

§ 3 Fälligkeit

(1) Der Gesamtpreis gemäß § 2 Ziffer 1 dieses Vertrags in Höhe von _____ Euro (*Betrag*) wird eine Woche nach Bestandskraft der Zulassung von dem Erwerber zur vertragsärztlichen Versorgung als Nachfolger des Veräußerers, frühestens jedoch am _____ (*Datum*), zur Zahlung fällig.

(2) Die Zahlung des Gesamtpreises hat zum Zeitpunkt der Fälligkeit mit Eingang auf das Konto _____ (*IBAN, BLZ, Name der Bank*) zu erfolgen.

§ 4 Sicherheitsleistung

Der Erwerber übergibt innerhalb eines Zeitraums von zwei Wochen nach erfolgter Unterzeichnung dieses Vertrags, spätestens jedoch 48 Stunden vor der Sitzung des Zulassungsausschusses, dem Veräußerer eine uneingeschränkte Finanzierungsbestätigung einer Bank mit Niederlassung in der Bundesrepublik Deutschland über den Kaufpreis und tritt den Anspruch aus der Finanzierung gegen die Bank in Höhe des Kaufpreises an den Veräußerer ab. Der Veräußerer nimmt die Abtretung an.

§ 5 Gewährleistung

(1) Der Erwerber ist über die Situation der Praxis, d. h.

- den durchschnittlichen Umsatz,
- den Gewinn,
- die Zahl der abgerechneten Behandlungen,
- die Einrichtung,
- das Inventar entsprechend der Inventarliste,
- den Zustand des Inventars,
- die bestehenden Arbeitsverhältnisse,
- sonstige Dauerschuldverhältnisse sowie
- die Höhe der monatlichen Praxiskosten

vollständig informiert.

(2) Die Übertragung erfolgt ohne Gewährleistung und Zusicherung weiterer Eigenschaften, insbesondere wird eine Garantie für eine zukünftige Umsatz- und Gewinnentwicklung auch in der Form einer Fortbestandsgarantie nicht gegeben.

(3) Der Veräußerer versichert (soweit in der Inventarliste kein Vorbehalt eingetragen ist), dass die übergebenen Instrumente, Einrichtungsgegenstände und Materialien in seinem alleinigen Eigentum stehen und frei von Rechten Dritter sind und dass in der Berufsausübungsgemeinschaft nur die in der diesem Vertrag beigefügten Anlage aufgeführten Beschäftigten zu den dem Erwerber bekannt gegebenen Bedingungen beschäftigt sind.

(4) Der Veräußerer verpflichtet sich, ab Unterzeichnung dieses Vertrags, Änderungen des Inventarbestands, der bestehenden Eigentumsverhältnisse sowie Änderungen der Anstellungsverträge und Neueinstellungen nur zuzustimmen, wenn der Erwerber seinerseits seine vorherige Zustimmung hierzu erteilt hat.

(5) Der Veräußerer versichert, dass sein Anteil an der Praxis nicht sein gesamtes Vermögen darstellt und er mit diesem Vertrag keine Verpflichtung zur Übertragung seines Vermögens im Sinne der §§ 311b Abs. 3, 1365 BGB eingeht.

§ 6 Übergabe

(1) Die Übertragung sämtlicher Beteiligungsrechte erfolgt am_____ (*Datum*).

§ 7 Vertragsverhältnisse

(1) Die in der beigefügten Anlage aufgeführten Vertragsverhältnisse werden von dem Erwerber übernommen. Verpflichtungen und Verbindlichkeiten des Veräußerers – unabhängig vom zugrunde liegenden Rechtsgrund - werden von dem Erwerber nur übernommen, wenn dies in der beigefügten Anlage entsprechend vereinbart ist.

(2) Die Vertragsparteien treffen gemeinsam mit dem Vermieter der Praxisräume eine dreiseitige Vereinbarung, wonach der Erwerber in das Mietverhältnis eintritt und der Veräußerer hieraus entlassen wird.

§ 8 Haftungsbegrenzung

(1) Für den Fall, dass es aufgrund des fehlenden Einverständnisses des Vermieters nicht zu der unter § 7 Ziffer 2 dieses Vertrags genannten Vereinbarung kommt, stellt der Erwerber den Veräußerer mit Wirkung zum _____ (*Datum*) hinsichtlich aller Verpflichtungen aus dem Mietverhältnis im Innenverhältnis frei. Davon sind auch etwaige Rückbauverpflichtungen umfasst. Der Erwerber bestätigt, in den Mietvertrag Einsicht genommen zu haben, der diesem Vertrag als Anlage beigefügt ist. Der Erwerber erklärt ausdrücklich, dass er Kenntnis von allen übernommenen Verpflichtungen aus dem Mietverhältnis hat. Etwaige Ansprüche und Verpflichtungen im Zusammenhang mit Betriebskosten werden zeitanteilig zugeordnet. Zu diesem Zweck findet eine Ablesung der Zählerstände zum _____ (*Datum*) statt.

(2) Sollte der Erwerber im Außenverhältnis von Dritten aus Vertragsverhältnissen, Verpflichtungen oder Verbindlichkeiten von dem Veräußerer oder der Berufsausübungsgemeinschaft Dres. _____ (*konkrete Bezeichnung*), die vor dem Übergabezeitpunkt entstanden sind und die der Erwerber nicht übernommen hat, in Anspruch genommen werden, so stellt er den Erwerber von solchen Verbindlichkeiten frei. Dies gilt insbesondere für Verpflichtungen und Verbindlichkeiten aus Honorarkürzungen, Regressen und sonstigen Schäden, für Steuer- und Abgabenforderungen (einschließlich Sozialabgaben) sowie Haftpflichtschäden des Veräußerers, die auf die Zeit vor der Anteilsübertragung entfallen.

§ 9 Zulassung in Berufsausübungsgemeinschaft

(1) Den Vertragsparteien ist bekannt, dass Zulassungsbeschränkungen nach § 103 SGB V (Fünftes Buch des Sozialgesetzbuchs) für den Vertragsarztsitz des Veräußerers angeordnet sind.

(2) Der Veräußerer verpflichtet sich, alles ihm Mögliche und Zumutbare zu unternehmen, um die Zulassung des Erwerbers als Vertragsarzt im Nachfolgeverfahren zu erreichen. Vor allem wird er auf seine Zulassung

zum Zeitpunkt der bestandskräftigen Zulassung seines Nachfolgers verzichten, die Durchführung des Nachbesetzungsverfahrens und die Ausschreibung seines Vertragsarztsitzes beantragen und den Erwerber als seinen Nachfolger im Nachfolgeverfahren den Zulassungsgremien vorschlagen.

(3) Der Erwerber versichert, alles ihm Mögliche und Zumutbare zu unternehmen, um die Zulassung als Nachfolger des Veräußerers zur vertragsärztlichen Versorgung zu erhalten, insbesondere verpflichtet er sich, sich auf den Vertragsarztsitz des Veräußerers zu bewerben und seine Zulassung zu beantragen. Er versichert, die Zulassungsvoraussetzungen zu erfüllen.

(4) Der Erwerber verpflichtet sich zudem, mit den bisherigen Praxispartnern des Veräußerers einen Vertrag über eine Berufsausübungsgemeinschaft zu schließen und mit ihnen gemeinsam die Genehmigung der Berufsausübungsgemeinschaft zu beantragen.

(5) Die bisherigen Praxispartner des Veräußerers, Herr _____ (Name), Facharzt für _____ (konkrete Bezeichnung) und Herr _____ (Name), Facharzt für _____ (konkrete Bezeichnung) verpflichten sich ihrerseits durch Mitunterzeichnung dieses Vertrags, mit dem Erwerber einen Vertrag über eine Berufsausübungsgemeinschaft zu schließen. Der Inhalt des Vertrags über die Berufsausübungsgemeinschaft ergibt sich aus dem diesem Vertrag beigefügten Entwurf.

(6) Für den Fall, dass der Veräußerer nach der Vertragsunterzeichnung und vor dem Übertragungsstichtag berufsunfähig wird oder verstirbt, so wird er bzw. werden seine Erben alles Mögliche und Zumutbare unternehmen, um den Vertrag schnellstmöglich zu erfüllen.

(7) Für den Fall, dass der Erwerber nach der Vertragsunterzeichnung und vor dem Übertragungsstichtag berufsunfähig wird oder verstirbt, ist dieser Vertrag – unabhängig von der aufschiebenden Wirkung nach § 10 dieses Vertrags – unwirksam. Gegenseitige Leistungen sind dann zurückzugewähren.

§ 10 Aufschiebende Bedingung

(1) Dieser Vertrag steht unter den aufschiebenden Bedingungen der Zulassung des Erwerbers als Nachfolger des Veräußerers sowie der Bildung und Genehmigung der Berufsausübungsgemeinschaft mit dem Erwerber.

(2) Die Bestimmungen der §§ 4, 9 Abs. 2 bis 5 sowie 10 gelten abweichend von Absatz 1 unbedingt.

(3) Sollten eine oder mehrere der vorstehenden Bedingungen nicht eintreten, werden die Vertragsparteien die Durchsetzung der Zulassung des Erwerbers als Nachfolger des Veräußerers und die Genehmigung der Berufsausübungsgemeinschaft Dres. _____ (konkrete Bezeichnung) bis zur rechtskräftigen Entscheidung des Sozialgerichts in erster Instanz verfolgen. Für den Fall, dass die aufschiebenden Bedingungen bis dahin nicht bestandskräftig eintreten, haben die Vertragspartner das Recht, von diesem Vertrag zurückzutreten. Sie sind dann zur Rückgewähr, nicht aber zum Schadenersatz verpflichtet.

§ 11 Konkurrenzschutzklausel

(1) Der Veräußerer verpflichtet sich, innerhalb von zwei Jahren ab Übergabe des Anteils im Umkreis von 5 km des bisherigen Standortes sich nicht wieder in eigener Praxis als Facharzt für _____ (konkrete Bezeichnung) niederzulassen oder als solcher angestellt im Rahmen der ambulanten vertragsärztlichen Versorgung tätig zu werden.

(2) Der Veräußerer ist verpflichtet, im Falle eines Verstoßes gegen das Wettbewerbsverbot im Rahmen der von § 11 Abs. 1 dieses Vertrags bestimmten Zeit den auf den ideellen Wert entfallenden Kaufpreis gemäß § 2 Abs. 1 dieses Vertrags als Vertragsstrafe an den Erwerber zu zahlen. Unterlassungs- und/oder Schadenersatzansprüche des Erwerbers bleiben von dieser Vertragsstrafenvereinbarung unberührt.

(3) Der Veräußerer erhält für die Dauer des Wettbewerbsverbots eine Entschädigung, die mit dem Kaufpreis abgegolten ist.

§ 12 Schriftformklausel

Änderungen und Ergänzungen dieses Vertrags, einschließlich der Änderung der Schriftformklausel bedürfen, der Schriftform. Nebenabreden sind nicht getroffen.

§ 13 Salvatorische Klausel

Sollten einzelne Bestimmungen dieses Vertrags unwirksam sein oder werden oder sollte sich in diesem Vertrag eine Lücke herausstellen, so ist hiervon die Gültigkeit der übrigen Bestimmungen nicht berührt. Anstelle der unwirksamen Bestimmungen oder zur Ausfüllung der Lücke ist eine angemessene Regelung zu vereinbaren, die - soweit rechtlich möglich - dem am nächsten kommen soll, was die Vertragsschließenden gewollt haben oder nach Sinn und Zweck des Vertrags gewollt haben würden, soweit sie den Punkt beachtet hätten.

Ort, Datum

_____   _____
Unterschrift Veräußerer   Unterschrift Erwerber

> **⚠ Hinweis**
>
> Dieser Vertrag ist ein Beispiel und stellt nur eine unter zahlreichen Gestaltungsmöglichkeiten des Rechtsverhältnisses dar. Es können Bestimmungen vollständig oder in Teilen geändert, weggelassen oder hinzugefügt werden. Dadurch kann es jedoch zu unzutreffenden und widersprüchlichen Regelungen kommen. Vor diesem Hintergrund sollte stets die Prüfung des Vertragstextes durch einen Angehörigen der rechtsberatenden Berufe in Erwägung gezogen werden. Dritten gegenüber haften die Autoren – gleich aus welchem Rechtsgrund – nicht.

8.4 Vertrag über eine Berufsausübungsgemeinschaft

Vertrag über eine Berufsausübungsgemeinschaft

zwischen

Herrn _____ (*Name*), wohnhaft _____ (*Straße, PLZ, Ort*)

und

Herrn _____ (*Name*), wohnhaft _____ (*Straße, PLZ, Ort*)

Präambel

Herr _____ (*Name*) hat bisher unter der Anschrift _____ (*Straße, PLZ, Ort*) und Herr _____ (*Name*) hat bisher unter der Anschrift _____ (*Straße, PLZ, Ort*) eine Praxis als Einzelpraxis betrieben.

Die Praxis am Standort von Herrn _____ (*Name*) wird aufgegeben. Es ist beabsichtigt, dass Herr _____ (*Name*) und Herr _____ (*Name*) ihre Tätigkeit in einer Berufsausübungsgemeinschaft am Standort _____ (*Straße, PLZ, Ort*) gemeinschaftlich ausüben. Zu diesem Zweck treffen die Vertragsparteien in dieser Vereinbarung die nachstehenden Bestimmungen.

§ 1 Vertragszweck

Herr _____ (*Name*) und Herr _____ (*Name*) verbinden sich ab dem _____ (*Datum*) zur gemeinsamen Ausübung ihrer vertrags- und privatärztlichen Tätigkeit in einer Berufsausübungsgemeinschaft als Gesellschaft bürgerlichen Rechts (GbR), auf die die Vorschriften der §§ 705 ff. des Bürgerlichen Gesetzbuchs (BGB) Anwendung finden, soweit in diesem Vertrag nichts anderes bestimmt ist.

§ 2 Sitz der Gesellschaft

(1) Sitz der Berufsausübungsgemeinschaft ist _____ (*Straße, PLZ, Ort*).

(2) Sie tritt unter dem Namen _____ (*konkrete Bezeichnung*) Berufsaus-übungsgemeinschaft _____ (*Name/Dr. med.*) und _____ (*Name/Dr. med.*)Fachärzte für _____ (*konkrete Bezeichnung*) auf.

(3) Die Gesellschafter sorgen zu Beginn der Berufsausübungsgemein-schaft dafür, dass die notwendigen Voraussetzungen vorliegen. Das gilt insbesondere für das Betreiben der Verfahren zur Erteilung aller not-wendigen Zulassungen und Genehmigungen.

§ 3 Gemeinsame Berufsausübung

(1) Beide Vertragspartner stellen grundsätzlich ihre volle Arbeitskraft der Berufsausübungsgemeinschaft zur Verfügung.

(2) Die Vertragspartner verpflichten sich zur kollegialen Zusammenar-beit, zur konsiliarischen Beratung untereinander sowie zur gegenseiti-gen Vertretung im Falle der Abwesenheit. Sie informieren sich gegen-seitig über alle wesentlichen Vorgänge der Berufsausübungs-gemeinschaft.

§ 4 Freie Arztwahl

(1) Die Vertragspartner gewähren die freie Arztwahl und individuelle Betreuung der Patienten. Sie üben ihre Tätigkeit selbstständig, eigen-verantwortlich und leitend aus.

(2) Jeder Vertragspartner ist insbesondere im Falle der Abwesenheit des anderen Vertragspartners allein verantwortlich für sämtliche mit der fachlichen und wirtschaftlichen Führung der Praxis zusammenhängen-den Aspekte nach Maßgabe dieses Vertrags, soweit hierzu nicht eine abweichende Sonderregelung getroffen worden ist.

(3) Nebentätigkeiten der Vertragspartner werden nur nach Zustimmung untereinander übernommen.

§ 5 Beteiligung

(1) Das Gesellschaftsvermögen der Berufsausübungsgemeinschaft (materielles Sachanlagevermögen und immaterielle Werte) besteht aus dem Praxisvermögen der beiden bislang betriebenen Praxen.

(2) Das Sachanlagevermögen wird in einer Inventarliste erfasst. Herr _____ (*Name*) ist zu _____ % (*Anzahl*) und Herr _____ (*Name*) zu _____ % (*Anzahl*) am Vermögen beteiligt.

(3) Herr _____ (*Name*) verfügt über die Möglichkeit, aufgrund eines für diesen Fall abzuschließenden gesonderten Vertrags einen weiteren Anteil am Vermögen der Berufsausübungsgemeinschaft bis zu einer _____%igen (*Anzahl*) Beteiligung zu erwerben. Von dieser Möglichkeit kann er frühestens zwei Jahre nach Beginn der Berufsausübungsgemeinschaft Gebrauch machen.

§ 6 Geschäftsführung

(1) Die Vertragspartner sind dazu angehalten, die Angelegenheiten der Berufsausübungsgemeinschaft im gegenseitigen Einvernehmen zu regeln. Kommt keine Einigung zustande, so gibt frühestens am folgenden Tag die Stimme von Herrn_____ (*Name*) den Ausschlag.

(2) Für die nachstehend aufgeführten Geschäfte sind – unabhängig von dem Vorstehenden – einstimmige Gesellschafterbeschlüsse erforderlich:

• Grundstücksgeschäfte jeglicher Art
• Aufnahme von Krediten
• Vergabe von Darlehen
• Eingehen von Bürgschaften und Wechselverpflichtungen (unabhängig von der Höhe)
• Auflösung der Gesellschaft
• Änderung der Beteiligung von Gesellschaftern am Vermögen
• Aufnahme neuer Gesellschafter
• Rechtsgeschäfte zwischen der Gesellschaft und einem der Gesellschafter
• Abschluss, Änderung und Kündigung von Leasingverträgen
• Umwandlung der Berufsausübungsgemeinschaft in ein Medizinisches Versorgungszentrum
• Investitionen mit einem Wert von über 50.000 Euro

(3) Die Gesellschafterversammlung tritt grundsätzlich nach Bedarf zusammen, soll aber mindestens einmal jährlich stattfinden. Jeder Gesellschafter hat das Recht, eine Gesellschafterversammlung mit einer Frist von zwei Wochen unter Angabe der Tagesordnung schriftlich einzuberufen. Auf zum Zeitpunkt der Einberufung bekannte Abwesenheiten ist Rücksicht zu nehmen. Das Recht der Gesellschafter, unter Verzicht auf Form und Frist einvernehmlich jederzeit Gesellschafterversammlungen abzuhalten oder Beschlüsse schriftlich (ggf. per Telefon, Telefax oder E-Mail) im Umlaufverfahren zu fassen, bleibt unberührt.

(4) Jeder Gesellschafter ist verpflichtet, an Gesellschafterversammlungen persönlich teilzunehmen. Erweist sich die Gesellschafterversammlung als nicht beschlussfähig, kann im Rahmen einer einwöchigen Frist und unter erneuter Angabe der (inhaltsgleichen) Tagesordnung eine weitere Gesellschafterversammlung einberufen werden. Diese Gesellschafterversammlung ist im Hinblick auf die in der Tagesordnung angegebenen Punkte beschlussfähig, worauf es in der wiederholten Einberufung hinzuweisen gilt.

(5) Die Beschlüsse der Gesellschafter werden auf Wunsch eines der Gesellschafter schriftlich in einem Protokoll niedergelegt, sofern diese nicht ohnehin zu protokollieren sind.

(6) Die rechtsgeschäftliche Vertretung der Berufsausübungsgemeinschaft nach außen erfolgt durch die Vertragspartner grundsätzlich gemeinsam. In den Fällen, in denen einstimmige Gesellschafterbeschlüsse erforderlich sind, muss eine gemeinsame Vertretung erfolgen. Zur Erledigung notwendiger laufender und wiederkehrender Geschäfte der täglichen Praxisroutine bis zu _____ Euro (Betrag) im Einzelfall, jedoch nicht mehr als _____Euro (Betrag) im Monat kann ein Gesellschafter die Berufsausübungsgemeinschaft allein vertreten. Bei der Eingehung laufender Verbindlichkeiten kommt es jeweils auf die Höhe des insgesamt zu zahlenden Betrags an.

(7) Ist die zur gemeinschaftlichen Geschäftsführung bzw. rechtsgeschäftlichen Vertretung erforderliche Zustimmung eines Gesellschafters nicht zu bekommen, weil dieser durch Abwesenheit oder aus anderen Gründen an einer Willensbekundung gehindert ist, sind nur unauf-

schiebbare Entscheidungen – soweit möglich unter Berücksichtigung des mutmaßlichen Willens des verhinderten Gesellschafters – durch die übrigen Gesellschafter zu treffen. Der verhinderte Gesellschafter ist umgehend über die getätigten Geschäfte zu informieren.

§ 7 Sprechstundenzeiten

(1) Die Sprechstundenzeiten werden von den Vertragspartnern im gegenseitigen Einvernehmen festgelegt und geändert. Die Ankündigung erfolgt nach den einschlägigen berufsrechtlichen und vertragsarztrechtlichen Vorschriften.

(2) Die Vertragspartner bestimmen, dass während der angekündigten Sprechstundenzeiten zumindest ein Arzt in der Praxis anwesend ist. Einzelheiten sind unter Berücksichtigung der jeweiligen individuellen Interessen der Vertragspartner festzulegen.

§ 8 Geschäftsjahr

Geschäftsjahr ist das Kalenderjahr.

§ 9 Bisherige Verbindlichkeiten

(1) Die bis einschließlich _____ (Datum) entstehenden Forderungen der bisherigen Praxis fließen noch Herrn _____ (Name) zu. Herr _____ (Name) steht für Verbindlichkeiten, die bis zum _____ (Datum) entstanden sind, nicht ein. Sollte Herr _____ (Name) von Dritten in Anspruch genommen werden, stellt Herr _____ (Name) Herrn _____ (Name) von Ansprüchen im Innenverhältnis frei.

(2) Für alle ab dem _____ (Datum) im Rahmen dieser Berufsausübungsgemeinschaft neu begonnenen oder weitergeführten Leistungen gilt die Gewinn- und Verlustverteilungsregelung dieses Vertrags. Herr _____ (Name) tritt neben Herrn _____ (Name) den Dauerschuldverhältnissen (Arbeitsverträge, Mietvertrag, Versicherungsverträge, Wartungsvertrag usw.) bei.

§ 10 Buchführung und Jahresabschluss

(1) Die Buchführung und die Ermittlung des Jahresergebnisses erfolgen jeweils zum 31.12. gemäß den steuerlichen Grundsätzen für die Berechnung des Gewinns als Überschuss der Betriebseinnahmen über die Betriebsausgaben (Einnahmenüberschussrechnung nach § 4 Abs. 3 Einkommensteuergesetz).

(2) Die Berufsausübungsgemeinschaft beauftragt einen Angehörigen der steuerberatenden Berufe mit der Führung und der Erstellung des Jahresabschlusses. Dieser stellt Gewinn und Verlust für das Geschäftsjahr auf. Das Ergebnis wird durch Gesellschafterbeschluss für die Gesellschafter verbindlich. Der festgestellte Überschuss wird entsprechend den vertraglichen Vereinbarungen verteilt.

(3) Jeder Vertragspartner ist zur Einsichtnahme in sämtliche Bücher und Geschäftsunterlagen berechtigt, soweit sie die Berufsausübungsgemeinschaft betreffen. Zu diesem Zweck kann auch ein zur Verschwiegenheit verpflichteter Angehöriger der steuer- und wirtschaftsberatenden Berufe beauftragt werden.

§ 11 Konto

Ab dem _____ (*Datum*) fließen sämtliche Honorare der Berufsausübungsgemeinschaft einem gemeinsamen Konto der Gesellschafter zu. Für dieses Konto erhält jede Vertragspartei einzeln Zeichnungsvollmacht.

§ 12 Entnahmerechte

Jeder Vertragspartner entnimmt aus dem gemeinsamen Konto auf seinen Gewinnanteil im Voraus monatliche Teilbeträge, die einvernehmlich festgelegt werden. Sofern es die Situation der Berufsausübungsgemeinschaft erfordert, verpflichten sich die Vertragspartner, diesen Betrag entsprechend anzupassen.

§ 13 Gewinnverteilung

(1) Sämtliche Honorareinnahmen aus der ärztlichen Tätigkeit im Zusammenhang mit der Berufsausübungsgemeinschaft gelten als Einnahmen dieser Gemeinschaft.

(2) Die Betriebsausgaben der Berufsausübungsgemeinschaft werden wie folgt bereinigt und wie folgt aufgeteilt (Einzelheiten legt der Steuerberater fest):

- Sonderbetriebsausgaben
- Fortbildungskosten fallen unter die Sonderbetriebsausgaben, sofern nichts anderes geregelt ist
- Beiträge zum Berufsverband müssen von jedem Partner getragen werden
- Beiträge zu persönlichen Vorsorgeaufwendungen sind persönliche Ausgaben
- Kosten für private Pkw und Handys

(3) Zu den Betriebsausgaben zählen ansonsten alle durch den Betrieb der Berufsausübungsgemeinschaft veranlassten Ausgaben, insbesondere:

- Miete
- Kosten für Heizung, Wasser, Strom
- Personalkosten
- Kosten für Telefon, Büromaterial, Praxisbedarf, Wartezimmerliteratur sowie Portokosten
- Kosten für Steuer- und Rechtsberatung der Berufsausübungsgemeinschaft
- Kosten für Reparatur und Wartung von Einrichtungsgegenständen
- Führung von Gehaltskonten, ärztliche/privatwirtschaftliche Verrechnungsstelle, Laborgemeinschaften usw.
- Kosten für Versicherungen, sofern sie nicht persönlich zugerechnet werden
- Kosten für praxisbedingte Geschenke

(4) Aus den Einnahmen und dem verbleibenden Restausgabenblock wird der sich daraus ergebende Überschuss/Fehlbetrag zwischen den Partnern wie folgt geteilt:

Herr _____ (Name) erhält _____% (Anzahl)

Herr _____ (Name) erhält _____ % (Anzahl)

Für den Fall einer Änderung der Beteiligung von Herrn _____ (Name) werden die Parteien die Verteilung von Überschuss/Fehlbetrag entsprechend ändern.

§ 14 Haftung

(1) Wird einer der Gesellschafter von einem Dritten aufgrund einer in Ausübung der ärztlichen Tätigkeit begangenen unerlaubten Handlung oder Vertragsverletzung des anderen Gesellschafters als Gesamtschuldner der Berufsausübungsgemeinschaft in Anspruch genommen, ist dieser andere Gesellschafter verpflichtet, ihn im Innenverhältnis von der Haftung insoweit freizustellen, als dieser Gesellschafter den Schaden allein verschuldet hat und der Schaden nicht durch die Berufshaftpflichtversicherung gedeckt ist.

(2) Die Gesellschafter schließen – jeder selbstständig und für sich – eine Berufshaftpflichtversicherung mit Mindestdeckungssumme ab. Sollte es zwischen den Gesellschaftern hinsichtlich der Höhe der Mindestdeckungssumme zu Meinungsverschiedenheiten kommen, soll die Auskunft des Berufsverbands der _____ ärzte (konkrete Bezeichnung des Facharztverbands) eingeholt werden. Diese ist für die Gesellschafter verbindlich. Die Angemessenheit der Deckungssumme wird von den Gesellschaftern in regelmäßigen Zeitabständen überprüft.

(3) Die alleinige Verantwortlichkeit in strafrechtlichen, disziplinarischen und berufsgerichtlichen Verfahren bleibt unberührt.

§ 15 Personal

(1) Arbeitgeber des gemeinsamen Personals sind die Gesellschafter Herr _____ (Name) und Herr _____ (Name). Abschluss, Änderung und Kündigung von Dienstverträgen erfolgen im Einvernehmen beider Gesellschafter.

(2) Der Einsatz der Mitarbeiter in der Berufsausübungsgemeinschaft wird im gegenseitigen Einvernehmen geregelt.

§ 16 Urlaub

(1) Jeder Gesellschafter hat Anspruch auf einen jährlichen Erholungsurlaub von _____ (Anzahl) Tagen bei _____ (Anzahl) Arbeitstagen pro Woche (z. B. 30 Urlaubstage bei einer 5-Tage-Woche). Die Gesellschafter legen die Urlaubstermine einvernehmlich fest. Es besteht die Möglichkeit, Mehrurlaub zu vereinbaren.

(2) Ist ein Vertragspartner aus familiären Gründen auf die Schulferienzeit angewiesen, soll dies bei der Festlegung der Urlaubstermine Berücksichtigung finden. Kommt es nicht zu einer Einigung, wird der Vorrang bei der Wahl wie folgt geregelt: Bei der Wahl für das Urlaubsjahr hat Herr _____ (Name) den Vorrang vor Herrn _____ (Name). In den folgenden Jahren wechselt der Vorrang jeweils.

(3) Jeder Gesellschafter hat Anspruch auf Fortbildungsurlaub für die Dauer von _____ (Anzahl) Arbeitstagen.

§ 17 Krankheit

(1) Die Gesellschafter verpflichten sich – jeder selbstständig und für sich–, eine ausreichende Krankenversicherung einschließlich Krankentagegeldversicherung abzuschließen.

(2) Im Falle einer Erkrankung eines Gesellschafters wird dieser bis zu _____ (Anzahl) Arbeitstagen von dem nichterkrankten Gesellschafter kollegial vertreten.

(3) Kann der nichterkrankte Gesellschafter die kollegiale Vertretung nicht vornehmen, muss unter Berücksichtigung der arzt- und vertragsarztrechtlichen Voraussetzungen ein Vertreter eingestellt werden. Über die Person und die Vergütung des Vertreters soll möglichst eine Einigung der Gesellschafter herbeigeführt werden. Die Vergütung des Vertreters geht ggf. ab dem _____ (*Anzahl*) Arbeitstag zulasten des Gewinnanteils des erkrankten Gesellschafters. Wahlweise kann der nichterkrankte Gesellschafter die Vertretung gegen Vergütung oder Zeitausgleich auch selbst übernehmen.

§ 18 Dauer der Gesellschaft

Die Berufsausübungsgemeinschaft wird zum _____ (*Datum*) vorbehaltlich der Genehmigung des Zulassungsausschusses gegründet. Der Vertrag wird für die Zeit vom _____ (*Datum*) auf unbestimmte Zeit geschlossen. Er kann von jeder Partei mit einer Frist von _____ (*Anzahl*) Monaten zum Quartalsende gekündigt werden. Die Kündigung muss schriftlich erfolgen und bedarf keiner Begründung. Erfolgt eine Anschlusskündigung, wird die Gesellschaft liquidiert.

§ 19 Kündigung

(1) Das Recht zur fristlosen Kündigung aus wichtigem Grund bleibt unberührt. Die Kündigung muss schriftlich erfolgen. Liegt in der Person des Vertragspartners ein wichtiger Grund vor, kann der andere Gesellschafter den Vertrag selbst fristlos kündigen oder den anderen Gesellschafter ausschließen. Als wichtiger Grund gilt vor allem, wenn ein Gesellschafter eine ihm nach dem Vertrag über die Berufsausübungsgemeinschaft obliegende wesentliche Verpflichtung vorsätzlich oder grob fahrlässig verletzt oder wenn die Erfüllung einer solchen Verpflichtung unmöglich wird. Letzteres ist der Fall bei Berufsunfähigkeit oder bei Arbeitsunfähigkeit an mehr als _____ (*Anzahl*) Arbeitstagen innerhalb von zwei aufeinanderfolgenden Jahren. Ein wichtiger Grund ist auch bei einem groben Verstoß gegen die Interessen der Berufsausübungsgemeinschaft gegeben.

(2) Als wichtiger Grund zur fristlosen Kündigung gilt auch

• der rechtskräftige Widerruf der Approbation als Arzt,
• das rechtskräftige Ruhen der Approbation,

- die Anordnung des Ruhens der Approbation unter Anordnung der sofortigen Vollziehung,
- die Eröffnung des Insolvenzverfahrens über das Vermögen,
- von dritten Personen veranlasste Zwangsvollstreckungsmaßnahmen in den Gesellschaftsanteil der Berufsausübungsgemeinschaft (sofern es dem betroffenen Gesellschafter nicht gelingt, binnen Monatsfrist ab Zustellung der Zwangsvollstreckungsmaßnahme für deren Beseitigung zu sorgen) sowie
- die rechtskräftige oder sofort vollziehbare Entziehung der Zulassung.

Über eine Antragstellung auf Eröffnung eines Insolvenzverfahrens ist der andere Gesellschafter unverzüglich zu informieren.

§ 20 Ausscheiden

(1) Nach Beendigung dieses Vertrags über die Berufsausübungsgemeinschaft durch ordentliche oder außerordentliche Kündigung oder den Tod eines Gesellschafters wird die Berufsausübungsgemeinschaft ohne Liquidation ggf. als Einzelpraxis fortgeführt.

(2) Scheidet ein Gesellschafter aus der Berufsausübungsgemeinschaft aus, wird dessen Anlagevermögen nach einer Abfindungsbilanz mit Aktiva und Passiva über den Substanzwert von dem anderen Gesellschafter übernommen. Der Ermittlung des Werts des Vermögens werden die Hinweise zur Bewertung von Arztpraxen der Bundesärztekammer und der Kassenärztlichen Bundesvereinigung (KV) in ihrer jeweils aktuellen Fassung (zuletzt bekannt gemacht mit Stand vom 09.09.2008 im Deutschen Ärzteblatt, Jg. 105, Heft 51-52, S. 2778 ff. modifizierte Ertragswertmethode) zugrunde gelegt. Im Falle eines Streits über den Wert des Vermögens entscheidet auf Verlangen eines der Gesellschafter das Schiedsgericht gemäß § 24 dieses Vertrags, ggf. unter Hinzuziehung eines von der Ärztekammer _____ (*konkrete Bezeichnung*) zu benennenden vereidigten Sachverständigen für Praxisbewertungen, für alle Vertragsparteien als Schiedsgutachter verbindlich. Es bleibt vorbehalten, dass der Gesellschaftsanteil des ausscheidenden Gesellschafters im Einvernehmen mit dem verbleibenden Gesellschafter an einen Dritten übertragen werden kann, mit dem der verbleibende Gesellschafter die Berufsausübungsgemeinschaft fortführt.

(3) Bei Übernahme des Praxisanteils von dem ausscheidenden Gesellschafter wird dessen Anlagevermögen nach einer Abfindungsbilanz mit Aktiva und Passiva über den Substanzwert von dem verbleibenden Gesellschafter übernommen. Bei Beachtung der Konkurrenzschutzklausel steht ihm neben dem Anspruch auf Substanzwert auch ein Anspruch auf den seinem Anteil am Gesellschaftsvermögen entsprechenden Goodwill der Berufsausübungsgemeinschaft zu.

(4) Das Abfindungsguthaben des ausscheidenden Gesellschafters ist unverzinslich binnen sechs Monaten nach dem Ausscheiden an den ausgeschiedenen Gesellschafter auszubezahlen.

(5) Scheidet ein Gesellschafter aus der Berufsausübungsgemeinschaft aus und kann ein Nachfolgeverfahren gemäß § 103 SGB V (Fünftes Buch des Sozialgesetzbuchs) durchgeführt werden, so verpflichtet er sich für den Fall der Übernahme seines Anteils durch den anderen Gesellschafter, dass er bzw. seine Erben in dem Nachfolgeverfahren alles Mögliche und Zumutbare unternehmen, dass mit der Zulassung nach dem Wunsch des verbliebenen Gesellschafters verfahren wird. Der ausscheidende Gesellschafter bevollmächtigt den verbliebenen Gesellschafter zur Antragstellung und Abgabe sämtlicher Anträge – sofern eine Bevollmächtigung rechtlich zulässig ist. Anderenfalls soll nach entsprechender Weisung verfahren werden.

§ 21 Konkurrenzschutzklausel

(1) Scheidet ein Gesellschafter aus der Berufsausübungsgemeinschaft aus, wird er sich innerhalb eines Zeitraums von zwei Jahren nicht in einem Umkreis mit einem Radius von drei Kilometern niederlassen. Er wird insbesondere keine Praxis eröffnen, sich nicht an einer anderen Praxis beteiligen und keine Stelle als angestellter Arzt in niedergelassener Praxis annehmen.

(2) Bei einem Verstoß gegen diese Konkurrenzschutzklausel ist der ausscheidende Gesellschafter verpflichtet, an den verbleibenden Gesellschafter eine Vertragsstrafe für jedes angefangene Quartal während des unter Absatz 1 genannten Zeitraums in Höhe von _____ Euro (*Betrag*) zu zahlen. Die Berechtigung zur Geltendmachung weitergehender Schadenersatz- oder Unterlassungsansprüche ist hiervon nicht berührt.

§ 22 Schriftformklausel

Änderungen und Ergänzungen dieses Vertrags einschließlich der Änderung der Schriftformklausel bedürfen der Schriftform. Nebenabreden sind nicht getroffen.

§ 23 Salvatorische Klausel

Sollten einzelne Bestimmungen dieses Vertrags unwirksam sein oder werden oder sollte sich in diesem Vertrag eine Lücke herausstellen, so ist hiervon die Gültigkeit der übrigen Bestimmungen nicht berührt. Anstelle der unwirksamen Bestimmungen oder zur Ausfüllung der Lücke ist eine angemessene Regelung zu vereinbaren, die – soweit rechtlich möglich – dem am nächsten kommen soll, was die Vertragsschließenden gewollt haben oder nach Sinn und Zweck des Vertrags gewollt haben würden, soweit sie den Punkt beachtet hätten.

§ 24 Schiedsgericht

(1) Für sämtliche Streitigkeiten aus diesem Vertrag und seiner Durchführung vereinbaren die Parteien die Zuständigkeit eines Schiedsgerichts unter Ausschluss des ordentlichen Rechtswegs nach Maßgabe der nachstehend aufgeführten Bestimmungen. Das Schiedsgericht entscheidet auch über Forderungen, mit denen aufgerechnet worden ist.

(2) Das Schiedsgericht besteht aus einem von den Vertragsparteien einvernehmlich zu benennenden Einzelschiedsrichter. Mit Zustellung der Klageschrift muss die Klägerpartei der Beklagtenpartei den Schiedsrichter benennen und sie dazu auffordern, ihrerseits binnen vier Wochen nach Zugang des Schreibens der Benennung des Schiedsrichters zuzustimmen. Kommt die Beklagtenpartei dem nicht oder nicht fristgemäß nach, wird der Schiedsrichter auf Antrag der klagenden Partei von der Ärztekammer oder der zuständigen KV benannt. Der Schiedsrichter muss Jurist mit der Befähigung zum Richteramt sein.

(3) Das Schiedsgericht entscheidet nach dem geltenden materiellen Recht. Es bestimmt das Verfahren nach pflichtgemäßem Ermessen unter Berücksichtigung der §§ 1025 ff. Zivilprozessordnung (ZPO). Der Schiedsspruch ergeht aufgrund mündlicher Verhandlung, sofern die Parteien nicht auf eine mündliche Anhörung schriftlich verzichten.

Ort, Datum

---------------------------------   ---------------------------------

Unterschrift   Unterschrift

 Hinweis

Dieser Vertrag ist ein Beispiel und stellt nur eine unter zahlreichen Gestaltungsmöglichkeiten des Rechtsverhältnisses dar. Es können Bestimmungen vollständig oder in Teilen geändert, weggelassen oder hinzugefügt werden. Dadurch kann es jedoch zu unzutreffenden und widersprüchlichen Regelungen kommen. Vor diesem Hintergrund sollte stets die Prüfung des Vertragstextes durch einen Angehörigen der rechtsberatenden Berufe in Erwägung gezogen werden. Dritten gegenüber haften die Autoren – gleich aus welchem Rechtsgrund – nicht.

8.5 Anstellungsvertrag

Anstellungsvertrag

zwischen

Herrn _____ (*Name*)

– im Folgenden: Arbeitgeber –

und

Herrn _____ (*Name*)

– im Folgenden Arbeitnehmer –

Präambel

Der Arbeitgeber stellt mit diesem Vertrag den Arbeitnehmer auf Basis des § 95 Abs. 9 SGB V (Fünftes Buch des Sozialgesetzbuchs) in seiner Praxis an.

Der Arbeitgeber hat sich – in erster Linie durch Einsichtnahme in die Approbationsurkunde – vergewissert, dass der Arbeitnehmer zur Berufsausübung als Facharzt für _____ (*konkrete Bezeichnung*) berechtigt ist.

Der Arbeitgeber hat sich davon überzeugt, dass der Arbeitnehmer über die erforderlichen Fortbildungen verfügt, um gegenüber der Kassenärztlichen Vereinigung (KV) den Fortbildungsnachweis gemäß § 95d SGB V fristgerecht zu führen.

§ 1 Begründung des Anstellungsverhältnisses

(1) Das Anstellungsverhältnis beginnt am _____ (*Datum*), frühestens zum Zeitpunkt der Genehmigung der Tätigkeit des Arbeitnehmers durch den Zulassungsausschuss (Vertragsbeginn).

(2) Der Arbeitgeber stellt beim zuständigen Zulassungsausschuss den Antrag auf Genehmigung der Anstellung des Arbeitnehmers, gibt die für die Genehmigung der Anstellung geforderten Erklärungen ab und bringt die notwendigen Unterlagen in der erforderlichen Form bei.

(3) Der Arbeitnehmer versichert, im Arztregister eingetragen zu sein.

§ 2 Anzuwendende Normen

Auf das Anstellungsverhältnis finden die arbeitsrechtlichen Vorschriften gemäß § 611 ff. BGB Anwendung, sofern in diesem Vertrag nichts anderes vereinbart ist.

§ 3 Probezeit

(1) Die ersten sechs Monate ab Beginn des Anstellungsverhältnisses gelten als Probezeit.

(2) Innerhalb der Probezeit kann das Anstellungsverhältnis von dem Arbeitgeber oder von dem Arbeitnehmer mit einer Frist von zwei Wochen zum Ende des Kalendermonats gekündigt werden.

§ 4 Rechte und Pflichten

(1) Der Arbeitgeber ist gegenüber dem Arbeitnehmer weisungsbefugt und verpflichtet sich, die Vorgaben des Berufsrechts zu beachten.

(2) Der Arbeitnehmer ist verpflichtet, den organisatorischen und arbeitsrechtlichen Weisungen des Arbeitgebers Folge zu leisten. Die Vorschriften der Berufsordnung bleiben unberührt.

(3) Das Weisungsrecht des Arbeitgebers umfasst nicht die unmittelbare Behandlung von Patienten. Der Arbeitnehmer ist bei der Ausübung der Behandlung seinem Gewissen unterworfen. Er ist verpflichtet, die Behandlung gewissenhaft auszuführen, Patienten über die beabsichtigte Diagnostik, Therapie und etwaige Alternativen aufzuklären und die Behandlung ordnungsgemäß zu dokumentieren. Die berufsrechtlichen Bestimmungen sind einzuhalten.

(4) Der Arbeitnehmer kennt die einschlägigen vertragsarztrechtlichen Vorschriften und verpflichtet sich, diese einzuhalten. Die Ausübung der Rechte des Arbeitnehmers als Mitglied der Kassenärztlichen Vereinigung unterliegt nicht dem Weisungsrecht des Arbeitgebers.

(5) Der Arbeitnehmer übernimmt die in der Praxis – gegebenenfalls an weiteren Tätigkeitsorten – anfallenden und ihm übertragenen Aufgaben, vor allem die Betreuung von Patienten und deren Behandlung im Rahmen seines/ihres Fachgebiets. Genehmigungspflichtige Leistungen werden nur bei Vorliegen der entsprechenden Genehmigung erbracht.

(6) Der Arbeitnehmer ist verpflichtet, die festgelegten Arbeitszeiten einzuhalten.

(7) Der Arbeitnehmer ist gegenüber dem Praxispersonal weisungsberechtigt, soweit nicht der Arbeitgeber sein Weisungsrecht ausübt.

§ 5 Nebenpflichten

(1) Der Arbeitgeber verpflichtet sich, den Arbeitnehmer zur gesetzlichen Unfallversicherung und erforderlichenfalls zur gesetzlichen Sozialversicherung anzumelden.

(2) Die Berufshaftpflichtversicherung des Arbeitgebers deckt die persönliche Haftpflicht des Arbeitnehmers aus seiner Tätigkeit im Rahmen dieses Vertrags _____ (ab/nicht ab).

(3) Der Arbeitgeber verpflichtet sich, dem Arbeitnehmer ein qualifiziertes Zeugnis über die Zeit der Beschäftigung nach Beendigung des Anstellungsverhältnisses zu erteilen, das ihm bei seinem weiteren beruflichen Fortkommen förderlich ist.

(4) Der Arbeitnehmer ist verpflichtet, sich den vorgeschriebenen ärztlichen Untersuchungen, die aufgrund seiner Tätigkeit erforderlich werden, zu unterziehen. Besteht ein berechtigter Anlass und ist ein Gesundheitsnachteil zu befürchten, darf der Arbeitgeber weitere ärztliche Untersuchungen fordern. Soweit die arbeitsvertraglich geschuldete Einsatzfähigkeit des Arbeitnehmers betroffen ist, entbindet der Arbeitnehmer den untersuchenden Arzt von der Schweigepflicht.

(5) Sämtliche im Rahmen der Praxis vorkommenden wichtigen Gegebenheiten teilt der Arbeitnehmer dem Arbeitgeber unverzüglich mit.

(6) Der Arbeitnehmer ist verpflichtet, die Praxisausstattung pfleglich zu behandeln und nur zweckgemäß und sorgsam damit umzugehen. Auf Sauberkeit und Hygiene ist stets besonders zu achten.

(7) Der Arbeitnehmer haftet dem Arbeitgeber gegenüber für vorsätzliches oder grob fahrlässiges Verhalten.

§ 6 Geheimhaltung

(1) Der Arbeitnehmer ist verpflichtet, sämtliche Vorgänge in der Praxis, wozu auch die Patienten zählen, geheim zu halten. Das gilt auch für die Zeit nach Beendigung des Anstellungsverhältnisses.

(2) Der Arbeitnehmer ist verpflichtet, bei Beendigung des Anstellungsverhältnisses sämtliche in seinem Besitz befindlichen Unterlagen und Aufzeichnungen, entsprechende Kopien sowie nichtkörperliche Informationen, wie Computerprogramme, Dateien und Sicherungskopien, an den Arbeitgeber herauszugeben. Ein diesbezügliches Zurückbehaltungsrecht ist ausgeschlossen.

§ 7 Fortbildung

(1) Der Arbeitnehmer ist zur fachlichen Fortbildung nach Maßgabe der Regelungen der Kassenärztlichen Vereinigung verpflichtet. Die entsprechenden Fortbildungsnachweise müssen sorgfältig aufbewahrt und auf Verlangen des Arbeitgebers zwecks Nachweises gegenüber der Kassenärztlichen Vereinigung vorgelegt werden. Die Kosten der Fortbildung trägt _____ (konkrete Angabe, wer die Kosten trägt).

(2) Zeitpunkt und Dauer der Fortbildung müssen die betrieblichen Belange der Praxis berücksichtigen und sind rechtzeitig im Einvernehmen der Vertragspartner festzulegen. Für Fortbildung werden _____ (Anzahl) Arbeitstage gewährt. Für nicht in Anspruch genommene Fortbildungstage erhält der Arbeitnehmer keinen Ausgleich.

§ 8 Arbeitszeit

(1) Der Arbeitnehmer wird in _____ (*Vollzeit/Teilzeit*) beschäftigt. Die durchschnittliche wöchentliche Arbeitszeit beträgt _____ (*Anzahl*) Stunden. Der zeitliche Einsatz des Arbeitnehmers erfolgt nach Weisung des Arbeitgebers. Bei entsprechendem Bedarf ist der Arbeitnehmer zur Erbringung von Überstunden sowie zu Samstags-, Sonntags- und Feiertagsarbeit verpflichtet.

(2) Der Arbeitnehmer ist verpflichtet, nach Absprache mit dem Arbeitgeber am ärztlichen Bereitschaftsdienst teilzunehmen.

§ 9 Nebentätigkeit

Während der Dauer des Anstellungsverhältnisses ist jede auf Erwerb gerichtete Nebenbeschäftigung des Arbeitnehmers ausschließlich mit Zustimmung des Arbeitgebers gestattet.

§ 10 Vergütung

(1) Der Arbeitnehmer erhält für seine Tätigkeit eine monatliche Vergütung in Höhe von _____ Euro (*Betrag*) brutto.

(2) Die Beiträge zur Sozialversicherung werden von den vertragsschließenden Parteien entsprechend den gesetzlichen Bestimmungen getragen. In der vereinbarten Bruttovergütung ist der Arbeitnehmeranteil am Sozialversicherungsbeitrag enthalten.

(3) Die Vergütung nach § 10 Abs. 1 dieses Vertrags ist jeweils am letzten Tag eines Monats fällig und wird auf ein dem Arbeitgeber zu benennendes Konto überwiesen.

(4) Zusätzliche Zahlungen, z. B. Weihnachts-, Urlaubsgeld oder sonstige Gratifikationen und Sonderzahlungen, werden grundsätzlich nicht gewährt. Sollten abweichend hiervon zusätzliche Zahlungen vonseiten des Arbeitgebers geleistet werden, so erfolgen diese freiwillig und ohne Rechtsanspruch hierauf. Auch durch wiederholte Zahlungen wird kein Rechtsanspruch für die Zukunft begründet.

(5) Mit der in § 10 Abs. 1 dieses Vertrags vereinbarten Vergütung sind einschließlich einer etwaigen Teilnahme am Bereitschaftsdienst bis zu _____ (*Anzahl*) Überstunden abgegolten. Darüber hinausgehende Überstunden werden, soweit in diesem Vertrag nichts anderes vereinbart ist, in Freizeit abgegolten.

§ 11 Benutzung von Kraftfahrzeugen

(1) Der Arbeitnehmer benutzt für praxisbedingte Fahrten seinen eigenen Pkw.

(2) Der Arbeitnehmer erhält für jeden gefahrenen Kilometer eine Entschädigung in Höhe von 0,30 Euro.

(3) Fahrten zwischen Wohnort und Tätigkeitsort des Arbeitnehmers gelten nicht als praxisbedingte Fahrten.

§ 12 Arbeitsverhinderung

(1) Persönliche Angelegenheiten muss der Arbeitnehmer außerhalb seiner Arbeitszeit erledigen.

(2) Ein Fernbleiben vom Arbeitsplatz zur Erledigung persönlicher Angelegenheiten ist nur nach vorheriger ausdrücklicher Zustimmung des Arbeitgebers gestattet. Kann diese Zustimmung aufgrund besonderer Umstände nicht rechtzeitig eingeholt werden, ist der Arbeitnehmer verpflichtet, den Arbeitgeber unverzüglich über das Fernbleiben und seine Gründe zu informieren.

(3) Der Arbeitnehmer ist verpflichtet, jede Arbeitsverhinderung sowie ihre voraussichtliche Dauer dem Arbeitgeber unverzüglich anzuzeigen. Auf Verlangen des Arbeitgebers muss ihm der Arbeitnehmer die Hinderungsgründe mitteilen.

(4) Erkrankt der Arbeitnehmer, so ist er verpflichtet, dem Arbeitgeber vor Ablauf des dritten Kalendertags nach Beginn der Arbeitsunfähigkeit eine ärztliche Bescheinigung über die Arbeitsunfähigkeit und ihre voraussichtliche Dauer unaufgefordert vorzulegen.

(5) Der Arbeitnehmer ist verpflichtet, sich auf Verlangen des Arbeitgebers durch einen von diesem zu benennenden Facharzt oder durch einen Amtsarzt untersuchen zu lassen

(6) Dauert die Arbeitsunfähigkeit länger als mitgeteilt und in der ärztlichen Bescheinigung angegeben, so gelten die vorstehenden Absätze 3, 4 und 5 entsprechend.

(7) Im Falle krankheitsbedingter Arbeitsunfähigkeit erhält der Arbeitnehmer sein Gehalt fortgezahlt gemäß den Bestimmungen des Entgeltfortzahlungsgesetzes (EFZG).

(8) Etwaige Leistungen der gesetzlichen Unfallversicherung oder der gesetzlichen Krankenversicherung werden auf die Krankenbezüge angerechnet.

§ 13 Urlaub

(1) Der Arbeitnehmer hat Anspruch auf bezahlten Urlaub. Der gesetzliche Urlaubsanspruch beträgt 20 Arbeitstage pro Jahr. Samstage, Sonn- und Feiertage gelten dabei nicht als Arbeitstage.

(2) Über den gesetzlichen Urlaubsanspruch hinaus erhält der Arbeitnehmer weitere _____ (*Anzahl*) Tage bezahlten Jahresurlaub.

(3) Die Übertragung übergesetzlicher Urlaubstage in das folgende Kalenderjahr ist nur mit Zustimmung des Arbeitgebers möglich. Ein Ausgleich für nicht in Anspruch genommene übergesetzliche Urlaubs- und/oder Fortbildungstage findet nicht statt.

(4) Die Festlegung des Urlaubs erfolgt unter Berücksichtigung der Wünsche des Arbeitnehmers und der Interessen des Arbeitgebers. Urlaubsabwesenheiten werden rechtzeitig im Voraus abgestimmt.

(5) Zu Beginn bzw. Ende der Beschäftigung während eines Kalenderjahres wird der Urlaub zeitanteilig gewährt. Der Urlaubsanspruch entsteht erstmals nach einer sechsmonatigen Tätigkeit des Arbeitnehmers.

§ 14 Kündigung des Anstellungsverhältnisses

(1) Eine ordentliche Kündigung vor dem Beginn des Anstellungsverhältnisses ist ausgeschlossen.

(2) Das Anstellungsverhältnis kann von jedem Vertragspartner mit einer Frist von sechs Wochen zum Quartalsende gekündigt werden.

(3) Das Recht zur Kündigung aus wichtigem Grund gemäß § 626 Abs. 1 BGB bleibt unberührt. Kündigungen müssen nach § 623 BGB schriftlich erfolgen.

(4) Das Anstellungsverhältnis endet, ohne dass es einer Kündigung bedarf, am Ende des Kalendervierteljahres, in dem der Arbeitnehmer das _____ (Anzahl) Lebensjahr vollendet hat.

§ 15 Ausschlussfrist

(1) Sämtliche Ansprüche aus dem Anstellungsverhältnis sowie Ansprüche, die mit dem Anstellungsverhältnis in Verbindung stehen, verfallen, wenn sie nicht innerhalb von drei Monaten nach Fälligkeit gegenüber dem anderen Vertragspartner schriftlich geltend gemacht worden sind.

(2) Ansprüche, die nicht innerhalb der Frist nach § 15 Abs. 1 dieses Vertrags von dem Berechtigten oder seinem Bevollmächtigten geltend gemacht werden, sind verwirkt.

§ 16 Schriftformklausel

(1) Mündliche Nebenabreden zu diesem Vertrag bestehen nicht.

(2) Änderungen und Ergänzungen dieses Vertrags bedürfen zu ihrer Wirksamkeit der Schriftform.

(3) Spätere mündliche Nebenabreden, soweit rechtlich zulässig, dürfen diesen Vertrag nicht in den wesentlichen Punkten ändern. Aus dem einseitigen Verhalten des Arbeitgebers entstehen keine Rechtsansprüche des Arbeitnehmers.

§ 17 Salvatorische Klausel

(1) Sind einzelne Bestimmungen dieses Vertrags unwirksam, so berührt dies nicht die Wirksamkeit der übrigen Bestimmungen.

(2) Das Anstellungsverhältnis ist nicht tarifgebunden.

(3) Die Vertragsparteien erklären mit der Unterschrift unter diesen Vertrag, eine schriftliche Ausfertigung dieses Vertrags erhalten zu haben.

Ort, Datum

_____   _____

Unterschrift Arbeitnehmer   Unterschrift Arbeitgeber

⚠ Hinweis

Dieser Vertrag ist ein Beispiel und stellt nur eine unter zahlreichen Gestaltungsmöglichkeiten des Rechtsverhältnisses dar. Es können Bestimmungen vollständig oder in Teilen geändert, weggelassen oder hinzugefügt werden. Dadurch kann es jedoch zu unzutreffenden und widersprüchlichen Regelungen kommen. Vor diesem Hintergrund sollte stets die Prüfung des Vertragstextes durch einen Angehörigen der rechtsberatenden Berufe in Erwägung gezogen werden. Dritten gegenüber haften die Autoren – gleich aus welchem Rechtsgrund – nicht.

Stichwortverzeichnis